PROPHETIC VOCATION
IN
THE NEW TESTAMENT AND TODAY

SUPPLEMENTS TO
NOVUM TESTAMENTUM

VOLUME XLV

LEIDEN
E. J. BRILL
1977

PROPHETIC VOCATION
IN
THE NEW TESTAMENT AND TODAY

EDITED BY

J. PANAGOPOULOS

LEIDEN
E. J BRILL
1977

ISBN 90 04 04923 1

CONTENTS

PREFACE

The papers and reports published in this collective volume were produced within the framework of a consultation with biblical scholars at the Ecumenical Institute, Bossey, Switzerland from 12-17 September 1975. It provides evidence of a new step taken by the Institute in its activities. There was, in fact, a strong feeling that biblical exegesis, although it had naturally played a decisive part since the beginnings of the ecumenical movement, should be called upon anew in a more systematic way in order to promote and deepen the ecumenical dialogue between separated Christians. Full advantage needed to be taken of the extensive progress in modern biblical studies so as to think through the common old and new problems of Christian and ecumenical existence and to examine new areas of understanding and rapprochement. Closely related to this was the concern to investigate the biblical basis of interconfessional dialogue and to guard against its petering out. The ecumenical movement, indeed, has run some times into the danger of concentrating one-sidedly upon current issues and losing contact with the resources. On the other hand, the ecumenical concern was to provide a strong challenge to the biblical exegetes not to lose sight of the contemporary and acute questions of the present world situation.

Both the main theme and the individual papers and reports of the working groups of this first biblical consultation were designed to relate to this dual concern. The phenomenon of early Christian prophecy, which has been much in the forefront of New Testament exegesis since the sixties, was an obvious choice for this new effort. The related work done in the past made it possible not only to gain new access to the wide realms of early Christian thought and life but also to open up new perspectives for re-appraising a hidden or lost aspect of Christian existence, which was extremely important for the early Church. It therefore enabled the consultation to make a promising advance into the present situation and problems of the churches today. Of course, one cannot and should not over-estimate the outcome of this meeting. Its virtue consists above all of having subjected the many-faceted phenomenon of early Christian prophecy to discussion again from the point of view of its historical and theological relevance, and to have done so in the context of a biblical consultation with an ecumenical approach. Apart from the scientific imput the positive result of this meeting could be seen in its strong awareness of the prophetic ministry of the Church and of the urgent necessity to gain new insights towards its actualisation (cf. the three Group Reports). We make the documents from this consultation available to the general public in the belief that they will stimulate further reflection both on related historical and theological issues.

This publication has received strong support and assistance from several quarters. The editor must express gratitude to the Editorial Board of "Supplements to Novum Testamentum" and to its President for kindly including it in that series. Without the generous financial support from the Gutachterausschuss der Vereinigten Evangelisch-Lutherischen Kirche von Westfalen from the Landeskirchenamt der Evangelischen Kirche von Westfalen and from an English colleague who prefers to remain anonymous, this publication would never have come about. My thanks go to all those responsible, particularly to Landesbischof Dr. Ed. Lohse (Hannover, W. Germany) and to Präses D. Thimme (Düsseldorf, W. Germany). I also wish to thank Dr. J. Reiling (Bilthoven, Netherlands) and his collaborators, Mr. A. J. Noordhoeke, and Mrs A. D. Reiling for compiling the indices, the team of the Ecumenical Institute at Bossey and all the contributors to this volume for their sympathetic cooperation.

Ecumenical Institute   The Editor
Bossey, Switzerland

DIE URCHRISTLICHE PROPHETIE

Ihr Charakter und ihre Funktion

VON

JOHANNES PANAGOPOULOS

Die Erforschung der urchristlichen Prophetie ist durch einen unerwarteten Anstoss in den achtziger Jahren des vorigen Jahrhunderts in Gang gebracht worden.[1] Obwohl man damals die immense Relevanz der Prophetie besonders für das Leben und die Verfassung der Urkiche erkannt hatte, blieb das Interesse daran relativ schwach. Erst seit den letzten 20 Jahren ist die Frage nach der urchristlichen Prophetie wieder in neuer Aktualität gestellt.[2] In bedeutenden Einzeluntersuchungen oder in allgemeinen theologischen Nachschlagewerken

---

[1] Die Diskussion ist mit der Veröffentlichung der Didaché von ihrem Entdecker, dem Metropoliten Philotheos Bryennios im Jahre 1883 eröffnet worden. Ein Jahr danach hat N. Bonwetsch die erste systematische Darstellung der urchristlichen Prophetie geliefert : "Die Prophetie im apostolischen und nachapostolischen Zeitalter", *Zeitschr. f. kirchl. Wissens. und kirchl. Leben* 5 (1884), 408-424, 460-477. A. v. Harnack hat sich aus dem gleichen Anlass intensiv mit dieser Frage beschäftigt : "Die Lehre der zwölf Apostel, nebst Untersuchungen zur ältesten Geschichte der Kirchenverfassung und des Kirchenrechts", *TU* II, 1-2, Leipzig 1884, 93-158 (vgl. ders. *Mission und Ausbreitung des Christentums in den ersten drei Jahrhunderten*, Leipzig 1924[4], 346-357). In diesem Zeitraum gehören auch die wenig bekannten Arbeiten von E. G. Selwyn, *The Christian Prophets and the Prophetic Apocalypse*, London 1900; J. Bénazeck, *Le Prophétisme chrétien depuis les origines jusqu'au Pasteur d'Hermas*, Paris 1901 und J. Alizon, *Étude sur le Prophétisme chrétien depuis les origines jusqu'à l'an 150*, Paris 1911 (beide Thèses). Einen entscheidenden Impuls lieferten allerdings die in dieser Zeit veröffentlichten Arbeiten von H. Gunkel, *Die Wirkungen des Heiligen Geistes nach den populären Anschauungen der apostolischen Zeit und der Lehre des Apostels Paulus*, Göttingen 1888, 1900[3] und H. Weinel, *Die Wirkungen des Geistes und der Geister im nachapostolischen Zeitalter bis Irenaeus*, Freiburg 1899. E. Fascher's, *ΠΡΟΦΗΤΗΣ. Eine sprach- und religionsgeschichtliche Untersuchung*, Giessen 1927 markiert sicherlich den Abschluss der ersten Phase in der Erforschung der urchristlichen Prophetie.

[2] Das Marburger Referat von E. Käsemann, "Sätze heiligen Rechtes im Neuen Testament", *NTSt* I (1954/5), 248-260 (nachgedruckt in *Exeg. Versuche und Besinnungen* II, Göttingen 1964, 69-82) dürfte als der Ansatz für das erneuerte Interesse an der Prophetie gelten. Der konstruktive Aufsatz von H. Greeven, "Propheten, Lehrer, Vorsteher bei Paulus", *ZNW* 44 (1952/53), 1ff geht primär der Frage nach der Eigenart, bzw. dem Trägerkreis und der Art der Wirksamkeit dieser drei "Ämter" nach.

erörtert man nun historische, literarische und theologische Fragen. Man muss trotzdem zugeben, dass dieses Phänomen erst am Rande auftaucht und noch nicht im Zentrum der Forschung steht. Für das neuerwachte Interesse für die Prophetie könnte man zwei Ansätze nennen, die fast nichts miteinander zu tun haben : Erstens ist es die historisch-kritische Arbeit an den Formen und Typen des urchristlichen Kerygmas, die die Anfänge der christlichen Theologie markieren sollen. Zweitens sind es die starken charismatischen Bewegungen und das wache Anliegen einzelner Christen seit den sechziger Jahren, die das geistige Potenzial der Urkirche entdeckten und es neu zu aktualisieren versuchen, entweder innerhalb oder am Rande der traditionellen Kirchen.[3]

Die Erforschung der urchristlichen Prophetie ist kein leichtes Unternehmen. Das hängt sicherlich mit der Natur der Sache selbst und der Spärlichkeit unserer Quellen zusammen. Die bisherigen Arbeiten befassen sich fragmentarisch mit Teilaspekten dieses Phänomens und sind weit davon entfernt, ein zusammenhängendes und an sich geschlossenes Bild von ihm zu ermitteln. Die Spärlichkeit der Informationen macht es auch notwendig, dass man sich mit Hilfskonstruktionen helfen muss. Ausserdem sprechen die urchristlichen Autoren mit erstaunlicher Selbstverständlichkeit von der Prophetie, die nur einen Ausschnitt von ihrer immensen Relevanz und Vielgestaltigkeit spüren lässt. Es kommt auch hinzu, dass das Phänomen der Prophetie aus dem Leben der Urkirche rasch verschwunden ist, so dass wir heute keinen unmittelbaren Zugang zu ihr haben.

Die bisher gewonnenen Erkenntnisse über die urchristliche Prophetie eröffnen uns einen weiten und vielversprechenden Horizont. Um diesem lebendigen, vielgestaltigen und zentralen Phänomen im Leben der Urkiche gerecht zu werden, müssen wir jedoch zunächst den rechten Zugang zu ihm finden. Die Aufgabe einer sachgemässen Forschung an der urchristlichen Prophetie scheint mir eine doppelte zu sein. Erstens müssen wir die Prophetie als umfassendes geschichtliches Phänomen erfassen und beschreiben. Zweitens müssen wir uns die Frage nach

---

[3] Vgl. den Beitrag von A. Bittlinger in diesem Sammelband. Man könnte noch die nach Anregung des Vaticanums II gestellte und viel diskutierte Frage nach den Ämtern der Kirche und ihrer Erneuerung erwähnen, die vorwiegend im französischen Sprachraum erörtert wurde. Leider kommt dabei die urchristliche Prophetie zu kurz ins Gespräch, vgl. die Sammelbände : *L'Église de Vatican II, Unam Sanctam,* Nr. 51b, tom. II, Paris 1966 und *Le ministère et les ministères selon le Nouveau Testament* (besorgt von J. Delorme), Paris 1974.

ihrer theologischen Relevanz und Aktualität für die Kirche neu stellen. Historisches und theologisches Interesse an der Prophetie müssen Hand in Hand gehen, sich gegenseitig ergänzen und notfalls korrigieren. In meinem Referat werde ich versuchen, in gebotener Kürze und ziemlich verallgemeinernd : a) die methodologische Frage zu erläutern, b) die Hauptkonturen der urchristlichen Prophetie und ihre Bedeutung zu skizzieren, c) die Frage nach ihrer Legitimation und Funktion zu beleuchten und schliesslich d) die Formen und die Aktualität des prophetischen Wortes für die Urkirche aufzuzeigen.

I. *Methodologische Vorbemerkungen*

1. Die neuere Forschung an der Prophetie hat sich mehrfach bemüht, als Ausgangsbasis eine möglichst umfassende Definition von ihr zu gewinnen. Man hat sich dazu vorwiegend von literarischen, religions-, formgeschichtlichen oder theologischen Beobachtungen leiten lassen. Paulus und der Verfasser der Apokalypse gelten herkömmlicherweise als die Hauptzeugen für die herrschenden zwei Grundtypen von Prophetie, die Gemeinde- und die apokalyptische Prophetie. Man ist geneigt, die Prophetie bei den übrigen nt'lichen Schriften nach dem Vorbild dieser zwei Typen zu urteilen und zu messen.[4] Dazu ist zunächst folgendes zu bemerken :

a) Die urchristlichen Schriftsteller haben die Prophetie grundsätzlich als Charisma verstanden, das seine Träger in besonderer Weise qualifiziert. Sie ist also eine Gradengabe im Leben der Urkirche und zwar die höchste und wichtigste für ihre Existenz. Als solche gehört die Prophetie nicht einfach dem 'geistigen', 'charismatischen' Bereich, der dem 'amtlichen', administrativen entgegengesetzt werden könnte. Die überkommene, fatale Polarität zwischen Charisma und Amt, die moderne Denkschemata in das Leben und das Denken der Urkirche hineinprojiziert, dürfte endgültig überholt sein. Ein ausserordentliches Charisma als Manifestation des Geistbesitzes beinhaltet zwangsweise eine Autorität in sich ; umgekehrt wirkt sich jede Dienstleistung als charismatische Funktion, als Dienst am Leibe Christi aus.[5] *Erst*

---

[4] Obwohl G. Dautzenberg, *Urchristliche Prophetie*, Stuttgart 1975, diesen Sachverhalt deutlich sieht, fällt er jedoch der gleichen Versuchung anheim, indem er die Prophetie grundsätzlich von der prophetischen Erkenntnis der göttlichen Geheimnisse her verstanden wissen will ; vgl. auch seinen Beitrag in diesem Sammelband.

[5] Diese Beobachtungen dürften der Ertrag der Auseinandersetzung zwischen

*wenn man die urchristliche Auffassung vom Charisma wiedergewonnen
hat, kann man die Prophetie in ihrer wahren Natur und Funktion
erfassen und voll bewerten.*

b) Das NT und die Urkirche sprechen meistens von der Prophetie
nicht in abstracto, sondern vielmehr von Propheten und ihrer Funktion,
vom prophetischen Akt und seinen Auswirkungen. Wir begegnen in
der Urkirche einer verwirrenden Vielfalt von 'prophetischen' Erscheinungen und Handlungen, die schwerlich unter einem Nenner gebracht
werden können. Bevor man die urchristliche Prophetie zu definieren
beginnt, scheint es geboten, sie in allen ihren Wegen, Erscheinungen
und Gestalten zu verfolgen, um ein *möglichst ganzheitliches Bild von
ihr zu gewinnen.* Dazu ist es sachgemäss, dass man sich nicht nur
auf die nt'lichen Zeugen beschränkt. Die nachapostolische Literatur
bis zum Montanismus liefert ein buntes und kompaktes Bild von der
Prophetie. Viele Autoren dieser Zeit, z.B. Justin, Athenagoras,
Hippolyt, Epiphanius, Origenes, vor allem Irenäus und der Antimon-
tanist des Eusebius, reflektieren über ihre Anfänge, bestätigen zur
Genüge ihre ursprüngliche Funktion und erklären die eingetretene
Entwicklung. Sie gehören also mit zum Studium der urchristlichen
Prophetie.

2.   Das Studium der urchristlichen Prophetie wurde bekanntlich
durch formgeschichtliche Beobachtungen angeregt. Man möchte
zunächst *die verschiedenen Formen und Typen prophetischer Rede im
NT* ausfindig machen. Über die literarischen Beobachtungen hinaus
glaubte man, Rückschlüsse über den Ursprung, den Ort, die Funktion,
die Stellung und die Zielsetzung der Prophetie in der Urkirche
gewinnen zu können. Als leitendes Prinzip galten die bekannten
klassischen Formen prophetischer Rede im AT, die Redeformen der
jüdischen Apokalyptik und die hellenistisch-gnostische Offenbarungs-
rede. Es ist leicht festzustellen, dass man sich dabei zu stark von
diesen literarischen Formen leiten lässt, so dass man der urchristlichen Prophetie mit vorgebildeten Schemata begegnet. Ausserdem
beschränkt man sich entweder auf einzelne Sprüche oder neuerdings
auf das Phänomen prophetischer Predigt.[6] Man gelangt damit zu

---

A. v. Harnack und R. Sohm sein, vgl. dazu E. Schweizer, *Das Leben des Herrn in der
Gemeinde und seinen Diensten*, Zürich 1946, 55ff.

[6] U. B. Müller, *Prophetie und Predigt im Neuen Testament. Formgeschichtliche Untersuchungen zur urchristlichen Prophetie*, Gütersloh 1975.

einer doppelten Verkürzung. Erstens, weil man das prophetische Wort als direkt eingegebenes Herren- oder Geisteswort auffasst, sucht man nach der Legitimations- oder Botenformel echter Prophetie, entweder also 'Ich-Sprüche' oder eine Rede im Namen des Herrn oder des Geistes. Es ist aber durch nichts bewiesen, dass bei solchen Formen immer prophetische Rede vorhanden ist. Bei diesem Verfahren gerät man leicht in die Gefahr, echte Jesusworte in Prophetenworte zu verwandeln.

Zweitens, das an überlieferte Formen gebundene Interesse an der Prophetie hat nicht alle prophetische Erscheinungen in der Urkirche decken können, z.B. bei solchen Fällen, in denen diese Formen nicht zu finden sind. Ich denke zunächst an die vielfältigen 'prophetischen' Hymnen, Segenssprüche oder Gebete im NT, an konkrete Anweisungen der Propheten, die das Gemeindeleben regulieren sollen, an Paränese, Bekenntnisformeln usw. Damit soll natürlich die Relevanz der formgeschichtlichen Forschung nicht im geringsten bestritten werden. Sie kann aber nur Teilaspekte der Prophetie aufdecken. Von ihr angeregt, müsste man tiefer vorstossen können, um etwas vom Leben, von der Dynamik, vom Pathos der Urkirche zu spüren. Gerade bei der Erforschung der urchristlichen Prophetie sollte man stets darauf achten, dass sie ein sehr eigentümliches, unvergleichbares Phänomen ist, das seine einzige Legitimation in der Freiheit des unberechenbar wirkenden Geistes hat.

3. In der heutigen Diskussion über die Prophetie wird meistens *der urchristliche Enthusiasmus und die nachösterliche Apokalyptik* als ihr treibendes Motiv angenommen. Nach den Worten von E. Käsemann, die wohl einen breiten Konsensus representieren : « Wie in der späteren Heidenchristenheit war Prophetie und die prophetisch geleitete Gemeinde Trägerin des nachösterlich-judenchristlichen Enthusiasmus. Ihr Merkmal ist, dass sie im Geistbesitz das Unterpfand der bevorstehenden Parusie und die Vollmacht ihrer Sendung erblickte, Enthusiasmus und apokalyptische Theologie sich bei ihr darum mit innerer Notwendigkeit vereinen ».[7] Obwohl diese Beobachtungen einen

---

[7] "Die Anfänge christlicher Theologie", in : *Exeg. Versuche und Besinnungen* II, Göttingen 1964, 91, vgl. U. Müller, ebenda, S. 238 : "Prophetie und Nah-, ja Nächsterwartung gehören zusammen. Als die eschatologische Hochstimmung nachliess, verkümmerte auch die Prophetie, sie konnte wieder Kraft gewinnen, als die Naherwartung neu entflammte (Montanismus)".

neuen Zugang zum historischen Jesus und zu dem komplizierten Prozess der Bildung des Kerygmas ermöglichen, muss man doch gestehen, dass sie die Prophetie als historisches Phänomen kaum berühren. Die dabei gewonnene Erkenntnis, dass die Prophetie der letzte Versuch sei, die enthusiastisch-apokalyptische Naherwartung aufrechtzuerhalten, setzt sie jedenfalls ein verkürztes Verständnis von ihr voraus, das sich bei der Vielfalt der diesbezüglichen Informationen nicht verifizieren lässt. Prophetie stellt sich in diesem Fall zwangsläufig als ein Unterscheidungsmerkmal einer apokalyptisch orientierten Strömung innerhalb des Urchristentums dar, die sich bald, wie wir wohl zur Genüge wissen, als häretische Gruppe von der Urkirche abspalten musste (Ebionitisches Judenchristentum, später der Montanismus).[8] Gerade der historische Ausgang dieser enthusiastischen Prophetie müsste uns davor bewahren, ihren Ort ausschliesslich in der Apokalyptik zu suchen. Das Bild von der nt'lichen Apokalyptik, das wir heute gewonnen haben, zeigt vielmehr, dass sie organisch zum ursprünglichen Kerygma gehört und zwar nicht primär als Lehre über das Ende,[9] sondern vielmehr als Hinweis auf die sichere Gegenwarts- und Zukunftstat Gottes. Als solche dient die Apokalyptik der Paränese; sie wird nicht selbständig behandelt, sondern als Motivation zur Nüchternheit.[10] Ausserdem hat die Prophetie keine apokalyptischen Themata neu entwickelt;[11] sie rekurriert vielmehr auf die überlieferte Tradition. Der urchristliche Enthusiasmus scheint daher nicht der eigentliche Ort der Prophetie, sondern ihr überliefertes Thema zu sein. Prophetie hat, wie wir sehen werden, mit dem geschichtlichen Leben der Kirche und mit ihrer Mission in der Welt zu tun; darin ist ihr Ort zu suchen. Von dieser Perspektive aus scheint es also geboten, das Bild von der Apokalyptik neu zu durchdenken.

---

[8] Hier gilt m.E. die wenig beachtete Feststellung von O. Cullmann, *Die Christologie des Neuen Testaments*, Tübingen 1963[3], 45f., dass die verabsolutierte eschatologische Naherwartung die Grenzen zwischen dem apokalyptischen Judentum und der Urkirche markiert.

[9] Es wäre hier angebracht, an 2 Thess. 2, 2 zu erinnern, wo Paulus gerade die enthusiastische Prophetie, die die unmittelbare Nähe der Parousie verkündete, stark bekämpft.

[10] Die Aufnahme und Aktualisierung des eschatologischen Motivs in den paränetischen Partien der Pastoralbriefe zeigen ja deutlich, in welchem Verhältnis der frühchristliche Enthusiasmus zur Prophetie in jener Zeit gestanden hat.

[11] Gerade bei den Fällen, bei denen dies tatsächlich geschehen ist (u.a. Simon Magus, Elkasai, Ebioniter, Montanismus, ausserkanonische apokalyptische Literatur), handelt es sich entweder um Häresien oder um Randerscheinungen im Leben der Kirche.

4. Von fundamentaler Relevanz für das Verständnis der urchristlichen Prophetie ist die Herausarbeitung der *theologischen Konvergenz
und Divergenz zwischen der Prophetie im Alten und im Neuen Testament.*
Die Auffassung von der at'lichen Prophetie bei den nt'lichen Autoren
macht es wahrscheinlich, dass die eigentliche Natur der urchristlichen Prophetie nicht einfach aus dem Wesen der Prophetie, die bis
Jesus reicht, bestimmt werden kann.[12] Denn die Urkirche ist der
festen Überzeugung, dass alle Prophetie des AT's auf Jesus Christus
(und die eschatologische Gemeinde) hin orientiert ist. Daraus ergibt
sich für das Verständnis der urchrlichen Prophetie :

a) Die Prophetie des AT's wird als Zukunftsweissagung aufgefasst.
Die durch sie vermittelte Offenbarung ist daher partial und unvoll-
kommen; sie weist selber auf ihre Vollendung hin.

b) Jesus Christus ist zugleich die Erfüllung und das Ende der alten
Prophetie; er ist ihre Zusammenfassung und ihre Überbietung. Nach
ihm werden keine Propheten mehr im at'lichen Sinne auftreten.
Denn an der Stellung der Verheissung ist jetzt die Erfüllung getreten.[13]

c) Prophetie als Arbeitsbegriff bedeutet zunächst im NT und in
der Urkiche die Verkündigung der in Jesus Christus geschehenen
Erfüllung und vollkommenen Offenbarung, so dass sie ihr Zentrum
und ihren Grund in ihm hat. Einzelne Motive und Formen der at'lichen
prophetischen Rede (z.B. Weck-, Bussruf, Gericht, Mahnung, Trost-
oder Heilspredigt) werden ohne weiteres übernommen, ohne jedoch
Wesen und Funktion nt'licher Prophetie entscheidend zu prägen.

d) Prophetie versteht sich als Gabe des Geistes an die eschatologische
Gemeinde, so dass sie erst nach Pfingsten möglich wird. Sie erscheint
also grundsätzlich nicht nur als ausserordentliche Gabe an einzelnen
Gläubigen, sondern vielmehr als Qualifikation der ganzen Gemeinde.

Über diese Grundsätze hinaus kann man ganz wenige konkrete

---

[12] Vgl. W. Schmauch, *Koexistenz? Proexistenz!* (*Evang. Zeitstimmen* 20), Hamburg
1964, 39.

[13] Man hat zur Genüge bewiesen, dass die Auffassung von Jesus als (den) Propheten
eine altertümliche christologische Interpretation im NT ist (O. Cullmann, ebenda,
S. 30; Frd. Hahn, *Christologische Hoheitstitel*, Göttingen 1966, 351ff. 397); sie wurde
aber primär bei manchen von seinen Zeitgenossen und nicht von christlichen Kreisen
vertreten. Für sie war Jesus das "mehr". Die synoptische Tradition über Jesus als
Propheten wurde mehrfach untersucht, vgl. R. Meyer, *Der Prophet aus Galiläa*, Darmstadt (Neudruck) 1970; J. Panagopoulos, *Der Prophet aus Nazareth*, Athen 1973
(griechisch); Fr. Schnider, *Jesus der Prophet*, Freiburg (Schweiz) 1973; sie muss für
das Verständnis der urchristliche Prophetie fruchtbar gemacht werden.

Gemeinsamkeiten zwischen dem Propheten im AT und im NT im Enzelnen feststellen, die jedoch fast nichts zum Verständnis der urchristlichen Prophetie beitragen. Für die letztere sind die Formen der at'lichen Prophetie nicht ausschlaggebend. Ein Vergleich zwischen ihnen sollte primär die theologische Differenz deutlich hervortreten lassen.

5. *Die Frage nach den Trägern der Prophetie* muss im Prinzip von vorneherein geklärt werden. Obwohl unsere Informationen darüber keine definitive Rückschlüsse erlauben, kann man jedoch mindestens drei Auffassungen in der Urkirche über den prophetischen Besitz unterscheiden :

a) Die Prophetie erscheint zunächst als freie, *ausserordentliche Gnadengabe* des Hl. Geistes. Sie ist bestimmten Personen gewährt und zugleich zeitlich und örtlich stark begrenzt. Diese Propheten üben keine 'administrative' Funktion aus, obwohl sie innerhalb der Gemeinde stehen; sie dienen vielmehr allgemein der Paraklese und Erbauung der Kirche. Ihr prophetisches Zeugnis ist nicht an bestimmbaren Ausdrucksformen gebunden und äussert sich in allen Bereichen des Gemeindelebens. Diese Propheten sind die charismatischen Geistträger der Urkirche schlechthin.

b) An vielen Stellen begegnen wir einzelnen Gemeindegliedern, die als Propheten auftreten. Wir kennen manche von ihnen mit Namen. Hier ist die Prophetie ein *persongebundenes Charisma*. Diese Propheten sind teils mit einer lokalen Gemeinde verbunden, teils wandern sie durch mehrere Gemeinden. Sie stehen in zeitlicher oder in anderer Verbindung mit den Aposteln und gelten wie sie als Fundament der Kirche. Sie gehören manchmal zur Leitung der lokalen Gemeinde und üben öfters auch 'administrative' Funktion aus. Es ist nicht zu sehen, wie diese Propheten entstanden sind (z.B. Nachfolger der Apostel oder ihre Mitarbeiter, Erstlinge einer Gemeinde usw).[14] Sie sind jedenfalls nicht zahlreich; von einer Nachfolge dieser Propheten ist nichts zu spüren. Diese Prophetie hat sicher ein Ende gehabt.

c) Die Prophetie erscheint zuletzt als das Charisma schlechthin in

---

[14] Vgl. die aufschlussreiche Notiz des Eusebius, *H.E.* III 37, 1f, in der er von Jüngern (μαθηταί) der Apostel spricht, die "τὴν πρώτην τάξιν τῆς τῶν ἀποστόλων ἐπέχοντες διαδοχῆς". Sie werden im Zusammenhang mit den Propheten Quadratus und den Töchtern des Philippus erwähnt; ihre Aufgabe besteht darin, die von den Aposteln gegründeten Gemeinden aufzuerbauen (ἐπῳκοδόμουν).

der Kirche. In diesem Fall spricht man nicht von ihren einzelnen Trägern, sondern im allgemeinen als der höchsten und wichtigsten Manifestation des Hl. Geistes im Leben der Gläubigen. Prophetie ist also hier die alles umfassende und im äussersten aktualisierte Qualifikation christlicher Existenz, *die jedoch als Möglichkeit für alle Gläubigen besteht.* Aus der Gewissheit des allgemeinen Geistbesitzes erwächst das Postulat, sich die Gnade des Geistes in vollem Masse anzueignen. Prophetie als solche ist also ein zu erwerbendes Charisma; man muss danach streben, sich dafür bereit machen und halten. Es versteht sich von selbst, dass Prophetie mit den äussersten Möglichkeiten der christlichen Existenz zu tun hat und den Stand des 'vollkommenen' Christen markiert; sie ist ein Ideal, das letzte Ziel aller Gläubigen.

Es ist nur bei wenigen Einzelfällen möglich, zwischen diesen drei Typen von Propheten deutlich zu unterscheiden. In den meisten Fällen erlauben unsere Aussagen eine Vieldeutigkeit, so dass wir nicht genau wissen, um welche Propheten es sich jeweils handelt. Diese Tatsache ist sicher nicht zufällig. Die Urkirche hat keine scharfe Trennung zwischen den Charismatikern gemacht und sie nicht über die Kirche gestellt. Es ist bemerkenswert, dass die Urkirche, mit Ausnahme des Lukas, fast keine Prophetennamen kennt. Die wenigen Propheten, die wir kennen, dürften erst bei den Montanisten in einer Liste aufgenommen sein; ihnen lag ja viel daran, die Sukzession der Propheten bis zu ihrer Zeit nachzuweisen, um eben ihren Anspruch auf Prophetie zu legitimieren. Die Kirche war grundsätzlich nicht daran interessiert. Diese Haltung entspricht der Auffassung, dass die Prophetie als Charisma nicht an einzelne Gläubigen gebunden ist. Denn die ganze Kirche ist ja das σωματεῖον τῆς προφητικῆς τάξεως, nach der bekannten und alten Formulierung eines Oxyrhynchus Papyrus.[15] Damit ist natürlich die Frage nach den Trägern der

---

[15] Der volle Text lautet: "*Τὸ προφητικὸν πνεῦμα τὸ σωματεῖόν ἐστι τῆς προφητικῆς τάξεως, ὅ ἐστιν τὸ σῶμα τῆς σαρκὸς Ἰησοῦ Χριστοῦ τὸ μιγὲν τῇ ἀνθρωπότητι διὰ Μαρίας*" (Nach B. P. Grenfell-A. S. Hunt, *The Oxyrhynchus Papyri* I, London 1898, V, 8f). A. v. Harnack vermutet, dieses Stück stamme aus der verlorenen Schrift des Meliton von Sardes *Περί προφητείας* (vgl. Eus., *H.E.* IV 26, 1-2) und gebe eine geläufige Auffassung von der Prophetie um das Jahr 200 n. Chr. wieder (*Die Mission und Ausbreitung des Christentums in den ersten drei Jahrhunderten* I, Leipzig 1924⁴, 363, Anm. I). Es ist nicht ausgeschlossen, dass die Bezeichnung προφητικὴ τάξις aus gnostischen Kreisen stammt; sie kommt im Johanneskommentar des Herakleon vor, bei Origenes, *In Joh.*, tom. VI, 12.

Prophetie nicht entschieden. Entschieden ist dagegen die Tatsache, dass alle Träger des prophetischen Charismas sich nur aus dem Bewusstsein der prophetischen Qualifikation der ganzen Kirche legitimieren lassen können.

II. *Die Vielfalt der prophetischen Erscheinungen in der Urkirche*

Wenn es unmöglich ist, die Vielfalt der prophetischen Erscheinungen und Auffassungen in der Urkirche nach ihrer Form und nach ihrem Inhalt genau zu bestimmen und einzuordnen, kann man jedoch erstaunlicherweise klare Folgerungen über ihren Ort und ihre Funktion ziehen. Denn allen diesen verschiedenen Auffassungen ist dies gemeinsam, dass die Prophetie im allgemeinen als Funktion des Leibes Christi, der Kirche gesehen wird. Wir werden im folgenden genauer sehen, wie diese Überzeugung im einzelnen zur Geltung kommt. Hier müssen wir uns zunächst eine Grundmotivation vergegenwärtigen, die diese Frage definitiv klärte. Es war nämlich das allgemein herrschende Verständnis von der Natur der Prophetie selbst. Da sie schon von Anbeginn, gemäss der herrschenden at'lichen Überlieferung, deutlich als die Gabe des eschatologischen Geistes angesehen wurde, war der Gedanke der eschatologischen Gemeinde implizit vorhanden. In diesem Sinne verstanden sich alle Glieder dieser Gemeinde, die den Geist bekommen haben, als prophetisch qualifiziert, ohne sich jedoch dabei einer konkreten Vorstellung darüber bewusst zu sein; prophetisch ist ja die neu geschaffene Existenz aller Gläubigen. Die Verbindung also von Geist und Prophetie als theologisches Prinzip löste die Frage nach ihren Trägern, ihrem Ort und ihrer Funktion. Dass man auch in Wirklichkeit diese Frage für geklärt empfunden hat, beweist die Tatsache, dass es überall im NT und in den nachapostolischen Schriften, in denen von Prophetie die Rede ist, der Geist immer direkt oder indirekt mitgemeint ist. Dass es sich jedoch nuancierte Auffassungen von Fall zu Fall ergaben, darf nicht verwundern. Im folgenden wollen wir die bei den Hauptzeugen der Urkirche stark hervortretenden Grundsätze und -intentionen summarisch in den Blick fassen. Dabei ergeben sich folgerichtig manche interessante Einsichten, die die Forschung an der urchristlichen Prophetie fruchtbar bereichern dürften.

1. Es entspricht allgemeiner urchristlichen Überzeugung, dass von Prophetie erst nach Pfingsten, wie man es auch immer auffasst, strikt

die Rede sein kann. Die Ansätze sind jedoch viel früher, in der Zeit des historischen Jesus zu suchen und zwar in der Berufung, in der doppelten Aussendung und in der Mission der Jünger Jesu. Heute wird ernsthaft der Versuch unternommen, *das Apostolat im Lichte des at'lichen Prophetenamtes* zu sehen.[16] Die Berichte der Synoptiker über die Berufung der ersten Jünger Jesu machen diese Vermutung sehr wahrscheinlich. Verschiedene Gemeinsamkeiten lassen sich deutlich erkennen. Diese Auffassung von den Aposteln-Jüngern kommt jedenfalls erst nach Ostern, den Erscheinungen des Auferstandenen, der Verheissung des Hl. Geistes und nach der zweiten Aussendung sehr stark zum Ausdruck. Die breit in der Urkirche gekannte Verbindung von Aposteln und Propheten dürfte ihre historische Berechtigung in dieser Auffassung haben; das wird auch dadurch bestätigt, dass tatsächlich manche Apostel als Propheten bekannt sind (vgl. unten). Darin dürfte ebenfalls die Auffassung von den Aposteln und den Propheten als dem Fundament der Kirche ihre Begründung finden. Darüber muss natürlich noch viel gearbeitet werden. Eins ist jedoch klar : Die prophetische Funktion der Apostel, wie man immer ihre Aufgabe versteht, bestimmt die Existenz und die Mission der Kirche und rechtfertigt ihr eschatologisches und zugleich geschichtliches Selbstbewusstsein. Prophetie und Apostolat sollten in ihrer eigentümlichen Verbindung und Funktion neu untersucht werden.

2. *Paulus* hebt bekanntlich in aller Schärfe die Kirche als den Ort der Prophetie hervor. Er betrachtet die Prophetie als die höchste Manifestation des Hl. Geistes, er mahnt darum alle Gläubigen, nach ihr zu streben. Ihre Natur, ihre Zielsetzung und ihren Vollzug bestimmt er innerhalb des gottesdienstlichen Geschehens. Dabei lässt er sich nicht einfach von praktischen Erwägungen leiten; vielmehr ist bei ihm die Prophetie tief in dem Mysterium der Kirche verwurzelt. Seine Ausführungen über die Prophetie sowohl in I Kor. 12 und 14 als auch in Röm. 12:6 stehen bekanntlich unter dem Zentralbegriff des Leibes ($\sigma\hat{\omega}\mu\alpha$). Dieser Begriff ist aber nicht bloss ein Symbol, sondern drückt die Realität der Kirche aus. Die Kirche als Leib

---

[16] Ich nenne hier die Beiträge von E. Cothenet, Prophétisme et ministère d'après le Nouveau Testament, *La maison-Dieu* 1971, nr. 108, 35ff und "Prophétisme dans le Nouveau Testament", in *Supplément au Dictionnaire de la Bible* VIII, 1270f, 1307f (mit Literaturangaben) sowie H. Kraft, "Die Anfänge des geistlichen Amts", *ThLZ* 100 (1975), 81ff, besonders 90ff (vgl. auch seinen Beitrag in diesem Sammelband).

Christi realisiert sich danach konkret im Vollzug des liturgischen
Aktes.[17] Innerhalb dieses Aktes hat die Prophetie ihren Sitz im Leben.
Auch in den Gedankengängen von Eph. 2:20ff dominiert der Begriff
der Kirche als des Tempels ($\nu a\acute{o}s$) Gottes, der im liturgischen Geschehen wächst und auferbaut wird. Prophetie hat demzufolge mit
dem Mysterium der Erbauung und des Wachstums, bzw. des Werdens
der Kirche zu tun, das zunächst in der Liturgie als Realität erfahren
wird. Auf Grund dieser Überzeugung war es nicht mehr notwendig,
Natur und Formen der Prophetie genau zu bestimmen. Denn hier
geht es wohl nicht um ein bestimmtes partielles Charisma, das sich
in fest abgegrenzten Formen äussert. Was zur Oikodomé der Kirche
beiträgt (Paulus rechnet wohl alle Formen der inspirierten Rede und
Handlung dazu), kann ohnehin als prophetisch bezeichnet werden.
*Der Verlust der liturgischen Auffassung von der Kirche führt zwangs-
läufig zum Missverständnis der Prophetie.* Nach Paulus ist also Prophetie
unbedingt ein Thema der Ekklesiologie und kann nicht selbständig
behandelt werden. Die Diskussion über die urchristliche Prophetie
muss diesem paulinischen Grundsatz unbedingt Rechnung tragen.

3.　*Lukas* vertritt eine ähnliche Auffassung von der Prophetie als
Gemeindefunktion, er verschiebt aber stark die Perspektiven. Für ihn
ist Pfingsten der Geburtstag der erneuerten eschatologischen Gemeinde,
da der Geist Gottes über sie ausgegossen ist. Nach Lukas, der die
jüdische Auffassung vom Pneuma als Geist der Prophetie teilt, ist die
Zeit der durch den Geist getragenen Kirche prophetische Zeit. Lukas
spannt indessen zu weit aus. Alle im Namen Jesu Getauften, die die
Gabe des Geistes empfangen haben, sind zum Propheten berufen
worden. Ohne diesen Grundsatz weiter zu entfalten, greift er einen
Zentralaspekt der Prophetie auf. Für ihn ist ja Prophetie vornehmlich
die Vergegenwärtigung Jesu Christi in der Welt durch die geist-
inspirierte Predigt seiner Jünger.[18] Zu dieser prophetischen Predigt
gehören aber nicht einfach vereinzelte Sprüche oder Worte des Herrn
und des Geistes, sondern das Evangelium von Jesus Christus schlechthin.[19] Die Pfingstrede des Petrus soll demnach die erste christliche

---

[17] Vgl. 1 Kor. 14:23 : "$\dot{\epsilon}\grave{a}\nu$ $o\mathring{v}\nu$ $\sigma\upsilon\nu\dot{\epsilon}\lambda\theta\eta$ $\dot{\eta}$ $\dot{\epsilon}\kappa\kappa\lambda\eta\sigma\acute{\iota}a$ $\ddot{o}\lambda\eta$ $\dot{\epsilon}\pi\grave{\iota}$ $\tau\grave{o}$ $a\mathring{v}\tau\acute{o}$", und V 26.

[18] Bei mehreren Fällen sieht Lukas als Wirkung solcher prophetischen Predigt die
Paraklesis und die Oikodomé (vgl. Act. 2:40; 11:23; 13:15; 14:22 und die klassische
Stelle 9:31, dazu Eph. 3:8ff; 1 Petr. 2:9).

[19] Schon die "Propheten" der lukanischen Vorgeschichte (Zacharias, Elisabeth,

Prophetie sein und Petrus der erste in die Öffentlichkeit aufgetretene christliche Prophet. Die Komposition dieser Rede (wie auch der übrigen Missionsreden in Acta) ermittelt demzufolge die ideale Form einer christlichen prophetischen Predigt. Diese Auffassung von Prophetie, die das Wirken des Hl. Geistes voraussetzt, konzentriert sich auf die Vergegenwärtigung des Wortes von Jesus Christus als die den Menschen unbedingt angehende Realität.[20] Prophetie ist also bei Lukas mit dem verkündigten Evangelium von Jesus Christus gleichzusetzen.[21] Diese Auffassung von der Prophetie gehört organisch zu der Theologie des Wortes Gottes und muss neu gewonnen werden. Man sollte auch hier den ekklesiologischen Rahmen konsequent berücksichtigen.

4. Einen fundamentalen Aspekt der Prophetie vermitteln *die johanneischen Schriften*. Der Ausgangspunkt sollte in der johanneischen Auffassung vom Pneuma gesucht werden. Man neigt heute stark dahin, seine Funktion als prophetisch zu bezeichnen.[22] In den fünf Parakletsprüchen wird sein Werk vor allem als die Vergegenwärtigung der Wahrheit und der Person Jesu verstanden. Dabei schliesst der Verfasser wohl die Erinnerung an die Geschichte Jesu, das Überführen in seine Wahrheit, das Zeugnis-Ablegen von ihr, das Richten durch sie, die Enthüllung der Geschichte und zuletzt die Verherrlichung Jesu ein. Im Zusammenhang der johanneischen Theologie qualifizieren alle diese Sachverhalte die Zeit der Kirche als die Zeit der vollen Erkenntnis und, was noch wichtiger ist, der persönlichen Erfahrung von der Wahrheit Jesu. Letzten Endes geht es Johannes

---

Symeon, Anna, Mutter Jesu) sehen im voraus das Geheimnis Jesu und verkünden die Frohbotschaft von seinem Kommen und seinem Werk.

[20] Jede solche prophetische Verkündigung des Evangeliums von Jesus Christus bedingt die Entblössung der Hörer und den ernsten Schrei : "was sollen wir tun?" (vgl. Act. 2:37).

[21] Es verwundert also nicht, wenn Lukas unbedacht Prophetie mit Glossolalie restlos identifiziert (Act. 2) ; die Rede des Stephanus (kap. 7) und die des Paulus (kap. 13), die die Interpretation der Geschichte Israels zum Gegenstand haben, wären in seinem Sinne prophetische Reden.

[22] Vgl. E. Cothenet, "Prophétisme dans le Nouveau Testament", *Suppl. au Dictionnaire de la Bible* VIII, 1320f (mit Literaturangaben). Es sei hier noch an die Hypothese von A. Kragerud, *Der Lieblingsjünger im Johannesevangelium*, Oslo-Hamburg 1959, 84-112, erinnert, wonach der Verfasser des 4. Evangeliums ein Repräsentant des charismatischen Wanderprophetismus sei. Vgl. O. Cullmann, *Der johanneische Kreis*, Tübingen 1975, 14ff.

um die Doxa Jesu, d.h. um das Ereignis seiner Wahrheit, seines Logos mitten in der Welt. Diese Doxa Jesu dürfte für Johannes der Inbegriff der Prophetie sein, die zugleich die prophetische Aufgabe der Kirche in der Welt prägnant definiert.[23]

In welcher Weise die Kirche diese prophetische Funktion in der Welt vollziehen soll, zeigt am besten der Verfasser der Apokalypse. Abgesehen von der Stellung der Propheten und ihrer Funktion innerhalb der Gemeinden des Verfassers, sollte man heute die Botschaft der sieben Sendschreiben und die Aufgabe der zwei Zeugen neu entdecken und aktualisieren. Denn sie beide visieren nicht nur die Situation der zeitgenössischen Kirche an; sie wollen vielmehr der Kirche aller Zeiten bis zur Parousie das Programm ihrer Mission und Aufgabe in der Welt einschärfen. Johannes blickt ja voraus die Situation der Kirche in der Welt und ihren Kampf gegen deren Mächte. Er stellt sie als die Krisis und die Überwindung der Welt und ihrer Möglichkeiten dar. Die Kirche, die ihre prophetische Aufgabe wahrnimmt, soll ja gerade diese charismatische Nüchternheit besitzen, die Grenzen, die zwischen der Herrschaft Christi und seiner Widersacher stehen, scharf zu sehen und sie aufrechtzuerhalten. Sollte diese prophetische Nüchternheit verblassen, dann fällt die Kirche der Versuchung der kompromissvollen Anpassung an die Welt anheim. Für diesen Kampf vertraut aber der Verfasser der Apokalypse der militanten Kirche ein Vermächtnis an, nämlich den sicheren Sieg des geschlachteten Lammes über alle Mächte. Diese Gewissheit ist zugleich das Treibmotiv für die Prophetie der Kirche.

5.   Die meisten von *den späteren nt'lichen Schriften wie auch die apostolischen Väter* setzen das Wirken von Propheten voraus. Bei ihnen ist es bezeichnend, dass die Propheten einen konkreten Dienst innerhalb der lokalen Gemeinden leisten. Man stellt u.a. fest, dass sie als die Garanten der wahren und unverfälschten Lehre der Kirche auftreten; sie sind auch verantwortlich für die authentische Überlieferung der überkommenen Lehre. Diese Aufgabe erfüllen sie mündlich oder sogar schriftlich. Darüber hinaus gelten die Propheten als die authentischen Ausleger des AT's. Sie verteidigen die reine Lehre

---

[23] Zu erwähnen wäre hier die Tatsache, dass Johannes keinen scharfen Unterschied zwischen den Jüngern Jesu und den Gläubigen macht, so dass alle Reden Jesu an seine Jünger zugleich Worte des Verherrlichten an seine Kirche sind. Dies bestätigen auch die vielfältigen Formulierungen in 1. Person Plural (z.B. 1:14; 3:11; 1 Joh. 1:1ff u.a.).

gegen allerlei Verfälschungen und Häresien. Sie übernehmen manchmal soziale Initiativen für die Betreuung notleidender Mitglieder der Gemeinde. Sie nehmen eine führende Rolle in der Liturgie der Kirche ein. Sie arbeiten eng mit der Leitung der örtlichen Gemeinde zusammen. Sie gelten als Vorbilder aller Gläubigen und der sich allmählich bildenden Ämter. Als solche werden sie geehrt und respektiert. Dazu verkündigen die Propheten das Wort Christi und den Willen Gottes in Bezug auf die konkrete Situation ihrer Gemeinden. Die historische Forschung hat auf diesem Gebiet eine umfangreiche Aufgabe zu vollziehen. Dabei muss man aber nicht vergessen, dass bei allen diesen Fällen die Propheten innerhalb der Gemeinde funktionieren und von ihr ihre Legitimation beanspruchen können. Das ist besonders wichtig. Die Kirche gilt als das Kriterium und der eigentliche Ort jeder prophetischen Betätigung. Unbeachtet der komplexen geschichtlichen Situation dieser Zeit sollte man diese kontrolierende, leitende und abgrenzende Funktion der Kirche in Bezug auf den Vollzug der Prophetie in vollem Ausmass einsehen und eventuell neu gewinnen.

6. In *der Zeit der montanistischen Krise* wird die akute Frage nach den Kriterien wahrer Prophetie lebhaft gestellt. Wenn es als sicher gilt, dass die 'neue Prophetie' des Montanus den Versuch darstellt, das angeblich verlorengegangene freie prophetische Charisma für die Kirche neu zu aktualisieren, so muss man zugleich annehmen, dass eben er und seine Kreise die herrschende Auffassung von der Prophetie missverstanden haben. Dabei ging es unmissverständlich um die Frage nach dem Ort der Prophetie, die von Anfang an entschieden war. Die Antimontanisten rekurrieren ständig auf die herrkömmliche Tradition, die das Kriterium für die Bekämpfung der 'neuen Prophetie' lieferte. Nicht die Prophetie als solche wurde also bekämpft, sondern ihre Loslösung von der Kirche. Gerade in dieser Frage entscheidet sich der wahre Charakter der Prophetie. Dass man in der montanistischen Debatte zu vielen Übertreibungen überging, bestätigt gerade die allgemein geltende Auffassung. Es ist bezeichnend, dass man dabei den Begriff 'Prophetie' den Häretikern endgültig entrissen hat und sie jetzt als Goëten oder Wahrsager (Mantis) brandmarkte. Das Wort Prophetie hat man nunmehr auf die Schriften des AT's bezogen und nicht mehr in einem anderen Sinne gebraucht. Diese Entwicklung wurde beschleunigt durch das Aufblühen der heidnischen Divination im 2. Jahrh., die schriftliche Fixierung des Kanons des NT's, die

zunehmende Bedeutung des monarchischen Episkopats, das in sich alle Charismen vereinte und durch das Aufkommen von Märtyrern und Heiligen, die in einem neuen Sinne als Nachfolger der Propheten galten. Bei vielen Unklarheiten in Bezug auf die montanistische Krise muss man sich davor hüten, vom Ende der urchristlichen Prophetie allgemein zu sprechen; denn niemals vertrat man eine strikt abgegrenzte Auffassung von ihr. Es scheint vielmehr berechtigt, vom Ende der apokalyptisch-enthusiastischen, ethisch-rigoristischen, von der Kirche losgelösten freien ekstatischen Betätigung zu sprechen, die sich absolute Autorität über die Kirche angemasst hatte. Es handelt sich also um eine Prophetie, die ihre Legitimation verloren hatte und welche natürlich nun als Häresie erscheinen musste. Der Montanismus hat der Kirche eben den grossen Dienst geleistet, dass sie durch seine Provokation gezwungen war, was immer als selbstverständlich galt, nun konkret, auf Synoden oder bei einzelnen Reaktionen, neu zu durchdenken und endgültig als quasi offizielle Lehre der Kirche zu formulieren. Bei der montanistischen Krise geht es strikt um die ekklesiologische Frage.

III. *Legitimation der urchristlichen Prophetie*

Die im vorigen Abschnitt gewonnene Erkenntnis, dass die Prophetie grundsätzlich als Funktion des Leibes Christi legitimiert wird, müssen wir weiter begründen und entfalten. Wir haben vorher erwähnt, dass man zunächst nicht an eine Theorie von der Prophetie, an ihre Definition, an ihre Natur, Funktion und Zielsetzung bewusst dachte. Erst als Entstellungen und Missbräuche auftauchten, die die überkommene Auffassung gefährdeten, hatte man die Prophetie davon abgegrenzt. Dabei hielt man sich fest an der herkömmlichen Tradition. Die jeweils vertretene Auffassung von der Prophetie wurde vornehmlich von der herrschenden Auffassung von der Kirche mitbestimmt. Eben deswegen ist es nicht verwunderlich, wenn man die Prophetie zu weit aufgefasst hat. Wenn man nun genau die urchristliche Prophetie in ihrer geschichtlichen Entwicklung bis zum Montanismus verfolgt, wird man leicht verschiedene *Konstanten* feststellen, die die Prophetie als kirchliche Funktion bestimmten. Diese Konstanten gelten zugleich als die normativen Kriterien der wahren Prophetie. Wir wollen sie uns summarisch veranschaulichen.

1. Bei allen Stellen, in denen ausdrücklich von Propheten oder

von prophetischer Handlung geredet wird, ist auch der *Hl. Geist* mitgemeint. Indes geht es nicht um eine besondere und partikuläre Funktion des Geistes, auch nicht um eine besondere Befähigung oder Beschaffenheit des Charismatikers. Die Prophetie qualifiziert die durch den Geist neugeschaffene Existenz der Gläubigen. Diese prophetische Qualifikation ist aber nicht Thema der Reflexion, sondern überwältigende Erfahrung. Nach paulinischer Prämisse erkennt man den Geistbesitz an den konkreten Manifestationen des Geistes (φανερώσεις τοῦ πνεύματος). Man hält jedoch daran fest, dass der Gläubige kein Recht auf den Geist erheben kann und seines Besitzes nie sicher sein kann; er ist vielmehr der ganzen Kirche verheissen und bleibt in ihr. Bei konkreten Fällen wird er frei und unberechenbar verliehen. Als Grundsatz gilt aber immer, dass der Einzelne nur als Mitglied der Kirche des Geistes teilhaftig wird. Die Ausnahmefälle bestätigen diese Auffassung (vgl. Act 8:14-17; 19:1-3). Es versteht sich demzufolge, warum die Kirche um den Geist immer betete und sich selbst als ein sich erneuerndes und dauerndes Pfingsten verstand. Unter dieser Auffassung konnte man kaum von der Prophetie als definierbares und festumrissenes Phänomen sprechen. Geist und Prophetie gehören ja organisch zusammen, so dass man von ihr als einer unberechenbaren und doch konkreten Manifestation des Hl. Geistes im Leben der Kirche sprechen musste. Prophetie ist also zunächst grundsätzlich das Zeichen der neuen durch Christus geschaffenen Existenz der Gläubigen, die im Geiste ermöglicht und durch ihn getragen wird.[24]

2. Die Prophetie als Funktion der Kirche *beinhaltet und verkündigt das Evangelium von Jesus Christus.* Dabei wird nicht immer genau zwischen allen Gläubigen als Trägern des Geistes und den einzelnen Propheten unterschieden; die Grenzen sind meistens fliessend. Von den charismatischen Propheten erfahren wir, dass sie das Mysterium der Weisheit Gottes, das in und durch Jesus Christus offenbart wurde, kennen und es öffentlich verkünden (Kol. 1:25ff; Eph. 2:20; Apok.

---

[24] Es erhebt sich hier die Frage, ob der Pneumatikos überhaupt mit dem Propheten gleichzusetzen ist. Für Paulus läge diese Gleichsetzung nicht fern, wie vor allem die viel besprochene Stelle 1 Kor. 14:37 zeigt. Denn hier sollen beide, der Pneumatikos oder der Prophet, die Gabe besitzen, den Willen Christi, der von dem Apostel Paulus verkündet wird, erkennen und akzeptieren. Sie üben also die gleiche Funktion aus, obwohl sie verschiedentlich genannt werden können. Hier dürfte ein konkretes Beispiel dafür vorliegen, wie Paulus die prophetische διάκρισις verstanden wissen will.

10:7). Wir haben zwar wenige direkte Aussagen über diese Funktion der Propheten und wir kennen namentlich keine einzelne Propheten, die direkt mit der Verkündigung des Evangeliums beauftragt waren. Man könnte z.B. diese Funktion am Beispiel der Diakonen Stephanus, Phillipus oder des 'schriftgelehrten' Apollos erkennen, falls man sie für Propheten gehalten hat, wogegen nichts sprechen würde. Dass der Prophet in seiner Tätigkeit dem Evangelium verpflichtet war, dürfte nicht nur aus 1 Kor. 9:14; Gal. 1:8, 11ff; Eph. 3:5 oder Kol. 1:26f deutlich sein. Denn, was der Verfasser der Apokalypse 19:10 sagt: 'Das Zeugnis von Jesus Christus ist der Geist der Prophetie' dürfte als allgemeiner Grundsatz gelten. Abgesehen davon stellt man mit Erstaunen fest, dass die Verkündigung des Evangeliums als prophetischer Dienst aufgefasst wird, der nicht nur bestimmten Beauftragten, sondern der ganzen Gemeinde auferlegt ist. Dabei muss man zunächst die Vielfalt der Träger beachten, die keine feste Bezeichnung haben. Paulus z.B. ist zugleich Apostel, Evangelist, Prophet, Diakon, Verwalter, Hirt usw., Timotheus und Titus sind Evangelisten, Propheten, Lehrer, Bischöfe, desgleichen auch Barnabas u.a. Alle Gläubige tragen die gleiche Verantwortung für die Verkündigung des Evangeliums, wodurch sie ihre prophetische Qualifikation manifestieren sollen. Das kann man an einzelnen Beispielen erläutern. Jud. 17 z.B. spricht von den Aposteln als Trägern des Evangeliums und Tradenten der Worte Jesu; man könnte hier an prophetische Tätigkeit denken. Die Verfasser der Katholischen Briefe und der Didache, Ignatius, Klemens, der Verfasser des Barn. u.a. dürften den Reihen der Propheten angehören. Die λαλοῦντες τὸν λόγον, die zugleich als ἡγούμενοι in den Gemeinden gelten, gehören wahrscheinlich auch dazu (vgl. Hebr. 13:7, 17; 1 Thes. 5:12). Wenn es auch heisst, dass das verkündigte Evangelium sich in Kraft und Erkenntnis ereignet (1 Thes. 1:5) und in den Gläubigen reichlich in Weisheit, Lehre oder Mahnung 'wohnt' (Kol. 3:16), könnte man ebenfalls an die Tätigkeit von Propheten denken. Solche Propheten sind τύποι Χριστοῦ (Phil. 3:17; 4:8), durch sie prophezeit Jesus Christus selbst (Barn. 16:9); sie erinnern an die Worte Jesu (2 Petr. 1:12; 1 Tim. 5:17; 2 Tim. 2:8; 4:17 u.a.), sie tragen seine Didaché weiter (2 John. 10); ihre Aufgabe bezweckt grundsätzlich die Oikodomé und das Wachstum der Kirche (Kol. 2:19). Durch die Tätigkeit der Propheten gelangen die Gläubigen zur Erkenntnis des Mysteriums Gottes (Kol. 2:2; Hebr. 8:11; Eph. 1:9; 1 Kor. 2:12), während alle Mächte und Gewalten dieser Welt die Weisheit Gottes erkennen (Eph. 3:10, 18f). Man könnte mehrere ähnliche Beobachtungen aneinander reihen. Abgesehen davon, wie man sich über die dahinter liegenden Vorgänge entscheidet, wird die Verkündigung des Evangeliums als vom Geiste getragener Dienst verstanden, der gewisse Menschen frei in diesem Dienst stellt. Wenn man hinzu nimmt, dass das durch den Geist vermittelte feste Bekenntnis zu Jesus Christus (vgl. 1 Kor. 12:1; 1 Joh. 4:2; 5:6) als Kriterium aller Verkündigung gilt, dann sollte man den Propheten eine erstrangige Stellung im Prozess des Kerygmas zuerkennen, wie vor allem der Zusammenhang in 1 Kor. 12:1 deutlich macht.

3. Die urchristliche Prophetie ist an der *überlieferten Lehre oder Paradosis der Kirche* gebunden und wird nach ihr gemessen. Dass das Kerygma sehr früh in der Urkirche sich feste Formen angenommen hat, die als Glaubenssätze und Masstab galten, dies bezeugen nicht nur die festen Formulierungen abba Vater (Röm. 8:15; Gal. 4:6) oder maranatha (1 Kor. 16:22; Did. 10:6, die griechische Übersetzung in Apok. 22:20), sondern auch Paulus selbst in den klassischen Stellen Röm. 6:17; Gal. 1:8f; 2 Thes. 3:6 u.a., explizit dann vor allem in 1 Kor. 11:23-25; 15:3-5; Gal. 4:4ff; Phil. 2:5-11.[25] Über die enorme Relevanz, die die feste Didaché oder Pistis oder Paradosis, Paratheke, Didaskalia usw. (man machte keine scharfe Unterscheidung zwischen ihnen) in der Urkirche besass, braucht man kein Wort zu verlieren. Dass es dabei nicht um toten Buchstaben oder eine petrifizierte Lehre, sondern um das sich jeweils ereignende lebendige Wort des Herrn ging, bezeugen die Formulierungen sogar der jüngeren Schriften des NT's. Hier wird diese Paratheke als Wort des Glaubens (1 Tim. 4:6), Wort der Wahrheit (2 Tim. 2:15, vgl. 2 Petr. 1:12, 13), Bekenntnis der Hoffnung (Hebr. 10:23), Wort des lebendigen Gottes (1 Petr. 1:23) usw. verstanden. Als Grundsatz dürfte jedenfalls 1 Petr. 4:11 gelten: 'Wenn einer redet, so (rede er) wie Worte Gottes'. In diesem Zusammenhang heisst es weiter, dass die Gläubigen in der wahren Gnade 'stehen' (Röm. 5:2; 1 Petr. 5:12), sie werden auf der Gnade unseres heiligsten Glaubens auferbaut (Jud. 20); durch die gesunde Lehre wird Gesundheit im Glauben gewährt (Tit. 1:13) usw. Es überrascht also nicht, wenn von Anbeginn die Propheten mit der Überlieferung des

---

[25] Die feste bekenntnisartige Formulierung 1 Kor. 15:3-5 dürfte sich schon 4-5 Jahren nach der Auferstehung des Herrn gebildet haben, vgl. M. Hengel, "Christologie und neutestamentliche Chronologie", in *Neues Testament und Geschichte*, Festschr. O. Cullmann, Zürich-Tübingen 1972, 43ff.

festen Kerygmas beauftragt waren. Es war ja schon feste Überzeugung, dass das Wort Gottes durch den Geist geoffenbart wird,
als solches in der Ewigkeit bleibt (1 Petr. 1:23); die gute Paratheke
wird auch durch den Geist bewahrt (2 Tim. 1:14). Am Geistbesitz
kann man erkennen, ob jemand in der Wahrheit bleibt (1 Joh. 3:24;
4:13; 5:6).

Ob und in welchem Masse die Propheten selbst an der Formulierung
des Glaubensinhaltes aktiv beteiligt waren, das lässt sich nicht sicher
entscheiden. Man hat z.B. gemeint, dass anhand von gewissen in der
Prophetie beheimateten synoptischen Sprüchen (wie z.B. Matt. 5:17;
9:13; 12:32; 10:13f, 26, 34; Luk. 12:49 u.a.) das Interesse des Kerygmas
sich so etwas wie erste Summarien des Evangeliums geschaffen hat.[26]
Der Urkirche war es prinzipiell von fundamentaler Bedeutung, dass
jede Prophetie sich κατὰ τὴν ἀναλογίαν τῆς πίστεως, nach dem Masstab
des Glaubens (Röm. 12:6)[27] oder nach dem Mass des Kanons (2 Kor.
10:13; Eph. 4:7) vollzog. In diesem Sinne sind die Propheten an dem
überlieferten Bekenntnis gebunden (1 Kor. 12:1; 1 Joh. 4:2), das
zugleich die Norm des wahren Glaubens ist.

Aus diesem Grunde mussten die Propheten die gleiche Didaché
überbringen (2 Joh. 10), d.h. was man von Anfang an gehört und
gesehen hat (1 Joh. 1:1ff; 2:24; 2 Joh. 9), an die 'gegenwärtige' Wahrheit erinnern (2 Petr. 1:12, 13). Diese Aufgabe erfüllten die Propheten
mündlich oder sogar schriftlich (2 Thes. 2:15; 1 Petr. 1:25; 2 Petr.
3:2; Jud. 5, 17). Für den letzteren Fall sind der Hebr., die Katholischen
Briefe, die Apok., die Did., der Barn., der Hirt des Hermas usw.
charakteristisch. Letzten Endes ging es darum, dass die Gemeinden
die eine Paradosis hören, lernen, empfangen und 'besitzen' (1 Kor.
11:2; Phil. 4:9) müssen, d.h. also die gleiche 'Gesinnung' in Christus
haben (Phil. 2:5; 3:15). Diese Paradosis musste in der Anwesenheit
von Zeugen verkündigt und würdigen Gläubigen anvertraut werden
(2 Tim. 2:2). Dass die Propheten an diesem Prozess aktiv beteiligt
waren, können wir sicher aus mehreren Verhältnissen entnehmen.
Wenigstens in einem Fall wird die Pistis (Glaubensinhalt) mit der
Prophetie gleichgesetzt (1 Tim. 1:18).[28] Wir wissen dazu, dass die

---

[26] E. Käsemann, Die Anfänge christlicher Theologie, *Exeg. Versuche und Besinnungen*
II, Göttingen 1964, 96.

[27] Mit vielen Auslegern (zuletzt E. Käsemann, *An die Römer*, Tübingen 1974⁴,
329f) meinen wir, dass dieser Ausdruck den normativen überlieferten Glaubensinhalt
impliziert, wie er sich schon sehr früh kristallisiert hat.

[28] Wir möchten behaupten, die Partizipkonstruktion κατὰ τὰς προαγούσας ἐπὶ σὲ

Propheten der Jerusalemer Gemeinde die kirchlichen Entscheidungen nach Antiochien überbringen, sie dort erläutern und ihre Legitimität garantieren (Act. 15:27, 30-33). Bei Johannes der Apokalypse ist es selbstverständlich, dass der λόγος τῆς προφητείας der Inhalt seiner Botschaft ist, ähnlich auch bei Hermas. Der Verfasser der Didaché schärft seinen Lesern die feste Lehre ein und macht sie zum Kriterium der christlicher Lehre (vgl. 6:1; 11). Das gleiche gilt für Ignatius und den Verfasser des Barn. Der Bischof von Sardes Meliton über-liefert Prophetien, die die Paradosis der Kirche für seine Zeit aktualisieren.[29]

Ob diese Beobachtungen allgemein herrschende Verhältnisse wieder-geben, kann man nicht entscheiden. Es ist aber wichtig, diese Tat-bestände in der Diskussion um die Kreativität der urchristlichen Propheten bei der Aufnahme, Weitergabe oder Gestaltung des Kerygmas mitzuberücksichtigen. Die Priorität der fest formulierten Lehre macht jedenfalls die Hypothese der freien, unkontrollierbaren Kreativität der Propheten am Kerygma sehr diskutabel. Origenes dürfte Recht haben, wenn er den Grundsatz prägnant wiedergibt, wonach : 'Qui ecclesiastice docent verbum prophetae sunt Christi'.[30]

4. Die urchristliche Prophetie ist in der *zur Eucharistie versam-melten Gemeinde* beheimatet. Denn, wie schon bemerkt, realisiert sich die Kirche als Ereignis im Vollzug der Eucharistie, so dass sie als Zentrum aller Handlungen und Aktivität gilt. Wie die Prophetie zu ihrer vollen Auswirkung in der Eucharistie kommt, erläutert unmissverständlich Paulus in den Ausführungen von 1 Kor. 11:4f. und Kap. 14. Das brauchen wir hier nicht auszuführen.[31] Darüber hinaus wissen wir, dass die Propheten in Antiochien dem Herrn

---

προφητείας zunächst mit dem prophetischen "Amt" des Timotheus, das gemäss eines prophetischen Spruches ihm anvertraut wurde, zu tun hat. Der Plural προφητεῖαι und der Finalsatz "auf dass du in ihrem Sinne den guten Kampf kämpfest" deuten vielmehr daraufhin, dass es sich hier um die παραγγελία handelt, die Paulus dem Timotheus einschärft; sie wird im V 19 mit Pistis gleichgesetzt.

[29] Es handelt sich um eine bis jetzt wenig beachtete Prophetie in der Rede des Bischofs Περὶ τοῦ Πάσχα (§§ 101-103, Text bei *Sources Chrétiennes* 123, hrsg. von O. Perler, Paris 1966, 120ff).

[30] Comm. ser. 47 in Matth., *MPG* 13, 1669 A, vgl. dazu Epiphanius, *Panar.* 48, 11, 2; Klemens Alex., *Eclog.* 23, 2f, vor allem Irenäus, *Adv. Haer.* III 1, 1; 24, 1 u.a.

[31] Ich verweise nur auf die Arbeit von J. M. Nielen, *Gebet und Gottesdienst im Neuen Testament*, Freiburg i.Br. 1963², 191ff.

dienen (λειτουργεῖν), d.h. indem sie ihr prophetisches Charisma während der Liturgie ausüben, empfangen sie, nach Fasten und Beten, konkrete Anweisungen für die Mission der Kirche (Act. 13:2-3; vgl. Herm. vis. III 10:6). Der Prophet Johannes empfängt seine Offenbarungen am Sonntag wahrscheinlich während der Eucharistieversammlung (Apok. 1:10). Im allgemeinen soll das prophetische Wort während der Versammlung gesucht werden (vgl. Barn. 4:10). Zu erwähnen ist auch, dass Lukas die Propheten seiner Vorgeschichte im Tempel lokalisiert, während die Prophetinen des Paulus in der Liturgie stehen (1 Kor. 11:5). Es ist auch nicht ausgeschlossen, dass die Töchter des Philippus, die als Prophetinen und παρθένοι bekannt sind, erst im Rahmen der Liturgie ihre Tätigkeit ausüben.

Diese Beobachtungen werden durch manche bekannten Einzelfälle bestätigt. Der Prophet der Didaché leitet u.a. die Eucharistieversammlung und tritt in ihr als Hohepriester auf (Did. 13:3);[32] es ist auch möglich, dass er durch Handauflegung Episkopen und Diakone ordiniert hat (15:1f). Ihm allein ist es gestattet, so viel zu danken, wie er möchte (10:7), d.h. er darf selbstgedichtete oder überlieferte Hymnen und Gebete nach Wunsch sagen. Wir wissen auch, dass das Lobsingen und -preisen zur Prophetie gehört, wie z.B. Eph. 5:19 und Kol. 3:16 wahrscheinlich machen. Zahlreiche solche 'liturgische Prophetien' sind uns erhalten geblieben, wie z.B. der Eingangshymnus im Eph., weiter in 5:14, der Agape- oder der Christushymnus Phil. 2:6-11 usw., vor allem die liturgischen Partien in der Apokalypse. Prophetie und Gebet gehören auch zusammen.[33] Darüber hinaus soll das prophetische Wort im Gemeindegottesdienst vorgetragen (vgl. 3 Joh. 6) oder vorgelesen werden (3 Joh. 9; Apok. 1:3; 22:16; Herm. vis. II 1:3; III 3:1; 8:10-11; Polyk. 13:2). Es muss in diesem Zusammenhang betont werden, dass die Liturgie eine doppelte Relevanz für die Prophetie hat. Einmal ist sie der Ort, in dem prophetische Rede gegeben bzw. offenbart wird, zum anderen aber ist sie ihr Legitimationsort. Echte und wahre Prophetie, das müssen wir noch einmal betonen, gibt es also nur unter der Voraussetzung der Teilnahme an der Eucharistie der Kirche.

---

[32] Vgl. die Informationen des Justins über den Verlauf des Gottesdienstes am Sonntag und die Stellung des Προεστώς (Prophet ?) in ihm, Apol. I 67, 3-6; zum Ganzen s. den immer noch wertvollen Aufsatz von O. Casel, "Prophetie und Eucharistie", Jahrbuch f. Liturgiewiss. 9 (1929), 1ff.

[33] Vgl. dazu G. Friedrich, ThWb VI, 854.

5. Die urchristlichen Propheten sind eng mit *der Leitung der örtlichen Gemeinde* verbunden. Es gibt eine Vielfalt von Aussagen, die dieses Verhältnis bestimmen. Zunächst müssen wir uns vergegenwärtigen, dass die Prophetie prinzipiell nicht ein Charisma oder 'Amt' ist, das an sich und für sich allein stehen könnte. Wir haben früher erwähnt, dass andere 'Amtsträger', wie z.B. Apostel, Bischöfe, Lehrer usw. auch das prophetische Charisma aufweisen, so dass es sich nicht unbedingt um Gegensätze handelt. Dass die Propheten sehr früh eine leitende Funktion in den Gemeinden ausübten, hat man schon in den mattheischen Gemeinden sehen wollen, die aus Leitern-Propheten und Gerechten zusammengesetzt sein soll.[34] Dass die Komposition der frühen Gemeinden sich nicht so einfach entscheiden lässt, hat man klar gesehen.[35] Welche konkrete Stellung aber die Propheten in den frühen Gemeinden eingenommen haben, dürfte man erst aus Acta entnehmen. Wir wissen nähmlich, dass der 'Apokalyptiker' Agabus in Verbindung mit der Jerusalemer Gemeinde steht (Act. 11:27f; 21:10). Dasgleiche gilt für die Propheten Judas und Silas, die zugleich ἡγούμενοι bei den Brüdern sind (Act. 15:22, 32). Die Propheten von Antiochien (Act. 13:1-3) üben zusammen mit den Aposteln und den Lehrern sicherlich eine leitende Funktion aus. Diese ausgezeichnete Stellung der Propheten in Antiochien können wir nicht genau beschreiben. Die nächstliegende Erklärung scheint mir die zu sein, dass die Propheten als κοπιῶντες τῷ λόγῳ zugleich eine de facto hervorgehobene Stellung innerhalb ihrer Gemeinden genossen haben, genauso wie die Apostel (vgl. Did. 15:2). Dass sie auch manchmal aktiv an der Leitung der Gemeinde beteiligt waren, wäre ja nicht auszuchliessen, wie die Beispiele der oben erwähnten 'Bischöfe' zeigen. Jedenfalls erfahren wir aus den jüngeren Schriften des NT's, dass die Propheten in engem Verhältnis zu der Leitung ihrer Gemeinde stehen. Timotheus z.B. empfängt durch Handauflegung das prophetische Charisma auf Anlass einer Prophetie (1 Tim. 4:14, vgl. 2 Tim. 1:6). Propheten und Presbyter bilden eine Einheit in den Gemeinden der Apokalypse. Der Prophet-Verfasser wird

---

[34] E. Käsemann, Ebenda, 90; A. Satake, *Die Gemeindeordnung in der Johannesapokalypse*, Neukirchen-Vluyn 1966, 177.

[35] Vgl. E. Cothenet, "Les prophètes chrétiens dans l'Évangile selon saint Matthieu", in : *L'Évangile selon Matthieu. Rédaction et Théologie* (hrsg. von M. Didier), Gembloux 1972, 293ff, 298f; E. Schweizer, *Matthäus und seine Gemeinde* (SBS 71), Stuttgart 1974, 156f.

gefragt, zu den ἄγγελοι (Bischöfen?) der sieben kleinasiatischen
Gemeinden zu sprechen. Hermas wird auch beauftragt, seine Prophetien
dem Klemens, dem örtlichen Vorsteher und den Presbytern anzuver-
trauen und sie in der Anwesenheit von Presbytern der Gemeinde
vorzulesen (vis. II 4:2, 3). Hierzu gehört auch die von Paulus erfor-
derte διάκρισις πνευμάτων, die von anderen Propheten oder Gemeindegliedern wahrgenommen wird. Das prophetische Wort steht hier unter
der Kontrolle der Kirche. Wie man immer diese Verhältnisse beurteilt,
es geht jedenfalls darum, die Echtheit des prophetischen Charismas
und der prophetischen Worte zu legitimieren. Die montanistische
Auseinandersetzung ist ja gerade auf diese Frage konzentriert.

6. Letzlich, soll jede prophetische Betätigung *nach dem überkommenen Ethos der Kirche* vollzogen und beurteilt werden. Dieses
Postulat, das erst in der Auseinandersetzung mit den Gnostikern
und den Montanisten akut wurde, stellt die Frage nach dem rechten
Verhalten der Propheten. Das Vorbild lieferten zunächst die Anweisungen des Herrn an seine Jünger (Matt. 10:9ff), d.h. das δόγμα
τοῦ εὐαγγελίου (Did. 11:3). Ein wahrer Prophet wird demnach nach
den Früchten erkannt, die er hervorbringt, wenn er also die τρόποι
des Herrn aufweist (Did. 11:8). Ein wandernder Prophet soll sich z.B.
nicht länger als drei Tage in einer Gemeinde aufhalten (11:4-5;
12:2); falls er sich dort niederlassen will, muss er selbst seinen Lebens-
unterhalt verdienen (12:3; 13:1). Sollte er sein 'Amt' nicht für
das Wohl der Gemeinde, sondern für sein eigenes Interesse miss-
brauchen, ist er Pseudoprophet (11:9). Es entspricht nämlich nicht
dem Verhalten eines wahren Propheten, falls er sich Eigentum, Geld,
Lohn erwirbt (vgl. Eus., H.E. V 18:2, 4, 6-7). Als Grundsatz gilt
immer, dass der Prophet nach der Wahrheit, die er verkündet, leben
muss (Did. 11:10).

Zum überlieferten Ethos der Propheten gehört auch, dass sie nicht
in Ekstase oder Entrückung ihre Offenbarungen empfangen oder
mitteilen, sondern in den Versammlungen (ἐν συναγωγῇ ἀνδρῶν
δικαίων, Herm. mand. XI:9, 13f), in wacher Nüchternheit und in
verständlicher Rede (vgl. 1 Kor. 14:6-12, 13-15ff). Ekstase ist Kennzeichen der heidnischen Wahrsager und der Goëten. Weder die
at'lichen noch die Propheten der Urkirche haben in Ekstase prophezeit
(vgl. Eus. H.E. V 17:13; Epiph., Panar. 48, 10:1-2; 51:35 u.a.).
Darüber hinaus verfügt der Prophet nicht über das Ethos der Kirche;
er kann z.B. keine neue Fastenzeiten oder andere Regelungen an-

ordnen, die Ehe verwerfen oder gewisse Speisen meiden lehren
(vgl. 1 Tim. 4:3). Er muss sich auch der Tradition einfügen. Die
Bereitschaft zum Martyrium gehört auch hierzu. Dass dieses Ethos
als Norm der wahren Prophetie galt, beweist die Tatsache, dass manche
Schriftsteller des 2. Jahrh. Bücher über die wahre πολιτεία der
Propheten geschrieben haben (vor allen gegen die Montanisten,
Meliton, Miltiades, Apollonius, Klemens Alex.). Dass man sich dabei
auf die überkommene Tradition berief, war ja selbstverständlich.
Hier geht es wiederum um die Abgrenzung der christlichen Prophetie
und ihre Legitimation als Funktion innerhalb des Lebens und der
Tradition der Kirche.

IV. *Die Funktion des prophetischen Wortes*

1. Die Grunderkenntnis, die aus dem oben Gesagten gewonnen ist,
könnte folgendermassen formuliert werden : Die Prophetie versteht sich
als eine der Kirche von Gott geschenkte und in ihr etablierte Funktion,
die die neue eschatologische Existenz der Gläubigen und der Kirche
voll zur Wirkung bringt. Als solche aktualisiert die Prophetie die
Dynamik der καινὴ κτίσις, d.h. die vielfältigen Kräfte, die der Herr
der Kirche durch seinen Geist verliehen hat; sie ist das Salz und das
Licht ihrer Existenz, das Treibmotiv ihrer Mission und Aktion. Durch
die Prophetie erkennt die Kirche ihre wahre Natur als Kirche der
Exodus und der Wanderung, als empfangende und zugleich gebende
Gemeinschaft. Die aktuelle Prophetie hält die Kirche offen für die
immer neue Initiative Gottes. Nur darauf kann sie ihre Legitimation
und ihren Anspruch stützen. Als solche ist also die Prophetie die
Gabe des Geistes in der Kirche kat'exochén, die den wahren eschatologischen Charakter ihrer Existenz manifestiert.

Diese eschatologische Funktion der Prophetie im Leben der Kirche
erläutert Paulus programmatisch in dem berühmten Hymnus der
Agape (1 Kor. 13).[36] Hier ist Prophetie das Zeichen der Vorläufigkeit
unserer Existenz und unserer Möglichkeiten verstanden im Blick auf
die Vollkommenheit, die Gott am Ende der Zeit heraufführen wird.
Durch Prophetie erkennen wir ein Fragment der Realität, einen
Teil (ἐκ μέρους) des Willens Gottes, wir sehen durch einen Spiegel,

---

[36] Der poetische Rythmus, die reimartigen Sätze und die symmetrische Gliederung
lassen vermuten, dass dieser "Hymnus" zum prophetischen Gut der Urkirche gehörte;
er durfte seinen Sitz in ihrer Liturgie gehabt haben.

im Rätsel. Unser letztes Ziel ist es, Gott πρόσωπον πρὸς πρόσωπον zu sehen, in seine Doxa einzugehen, von ihm voll erkannt zu werden. Die Prophetie nimmt ereignishaft diesen Endzustand voraus; sie eröffnet uns den Weg zu den unfassbaren Geheimnissen der Realität Gottes und macht uns fähig, von Doxa zu Doxa zu wandern, bis zur vollkommenen Reife und Vereinigung mit ihm. Prophetie zeichnet also den Weg der geschichtlichen Kirche ab. Durch sie realisiert sich ihre eschatologische Dimension und wird die Kirche ihrer eigentlichen Natur und Aufgabe bewusst. Als solche ist natürlich Prophetie nicht ein Teilaspekt ihrer Existenz, sondern der Inbegriff ihrer Mission und Aufgabe. Demnach versteht sich von selbst, dass die Legitimation der Kirche in dem Ausmass der in ihr auswirkenden Prophetie begründet ist.

2. Diese eschatologische Funktion der Prophetie manifestiert sich, wie oben bemerkt wurde, in konkreten Wirkungen; denn Prophetie ist immer Ereignis. Da sie konkret immer auf die Vergegenwärtigung und Aktualisierung des Willens Gottes ausgerichtet ist, kann man ihren ereignishaften Charakter an der Art und Weise erkennen, wie sie sich realisiert. Als solche hat Prophetie mit dem Wort Gottes schlechthin zu tun und zwar mit seiner Dynamik, seiner Aktualisierung, seinem Geschehen. Im Ereignis-Werden des Wortes Gottes zeigt sich also seine prophetische Dimension. In diesem Sinne gehört das Prophetische zum Wesen des Wortes Gottes. Bei den besonderen Fällen, bei denen prophetisches Wort in engerem Sinne vorkommt, kann man nicht streng zwischen ihnen unterscheiden, da dieses Wort primär als Gottes-, Herren- oder Geisteswort kat'exochén gilt. Wir müssen aber doch *das Spezifikum des prophetischen Wortes* möglichst klar herausarbeiten. Da es dabei wohl um die Konkretion und Aktualisierung des Wortes Gottes selbst geht, kann man die spezifische Funktion des prophetischen Wortes nur im Rahmen der allgemeinen Vorstellungen darüber erhellen.

3. Das Wort des Propheten ist nicht eigenes Wort, sondern Wort des Herrn oder des Geistes. Die Urkirche hat keine abgegrenzte Inspirationstheorie entwickelt und hat nicht darüber nachgedacht, wie das prophetische Wort zu den Menschen ergeht, wie es sich ereignet, wie der Prophet es empfängt oder wie sich sein Verstand zu dem eingegebenen Wort verhält. Erst später hat man diese Fragen behandelt, als die Häretiker ihren Anspruch auf besondere Inspira-

tionen begründeten, und dann in Bezug auf die Prophetie des AT's
(vgl. schon 2 Petr. 1:20f, dann vor allem Justin, Athenagoras, Hippolyt,
Epiphanius und Irenäus). Unsere Quellen enthalten deswegen vielfältige Aussagen darüber, wie das prophetische Wort zustande kommt
und wie es die Menschen erreicht. Man könnte indes zwei Weisen
unterscheiden :

a) Das prophetische Wort wird *unmittelbar durch Offenbarung*
ermittelt oder gegeben und zwar durch Traum, Vision, Audition oder
direkte Offenbarung des Herrn, eines Engels oder anderer Vermitt-
lungsorgane ;[37] der Prophet empfängt es ohne sein Zutun und verkündet
es weiter. Dieses Wort wird in besonderen Ausnahmefällen ermittelt
und zwar erst dann wenn der konkrete Wille Gottes für gewisse
Situationen offenbart werden muss. Die Propheten können aber nicht
von sich aus allein solche prophetischen Worte aussprechen, sondern
wo und wann Gott selbst will (vgl. Irenäus, Adv. haer. I 13:4). Bei
solchen Fällen wird das prophetische Wort entweder als direktes
Wort des Herrn in einem mit ἐγώ eingeleiten Spruch oder durch eine
Legitimationsformel (z.B. λέγει Κύριος oder τάδε λέγει τό πνεῦμα
usw.) vermittelt. Diese direkten prophetischen Sprüche oder Reden
hat man heute meistens ausfindig gemacht. Es können aber verschiedene Variationen vorkommen, so dass allein die Legitimationsformel nicht immer ausreicht (vgl. 2 Kor. 12:4, dazu Ign. Phil. 7:1;
Herm. vis. I 3:4). Dazu muss man aber hinzufügen, dass die Kirche
Gott um das prophetische Wort immer vom neuen bitten soll (vgl.
Eph. 1:17; 3:18; 6:11, 19; Kol. 1:9, dazu Ign. Polyk. 2:2), genauso
wie für den Geist (vgl. Act. 4:31). Dieses Ersuchen wird meistens
mit Beten und Fasten begleitet (vgl. Act. 13:2f; Eph. 6:18, dazu
Herm. vis. III 1:2; 10:6 u.a.). Man soll sich immer bereit halten
für das Empfangen des prophetischen Wortes. Die in der Eucharistie
versammelte Gemeinde wird vornehmlich als der legitime Ort für die
direkte Offenbarungen hervorgehoben.

b) Das prophetische Wort wird *indirekt aus der Paradosis oder der
Pistis der Kirche* erschlossen, denn es muss ja am überlieferten Bekenntnis von Jesus Christus gebunden (vgl. 1 Kor. 12:1; 1 Joh. 4:2) und
mit der Didaché der Kirche konform sein (Tit. 2:1; 2 Petr. 3:1f;
2 Joh. 10). Hier geht es offensichtlich um die eine Pistis oder Paradosis
der Kirche, die die Propheten in den Gemeinden zu vergegenwärtigen
haben (2 Petr. 1:12f). Der Prophet nährt sich von den Worten des

---

[37] Bei Hermas z.B. ist die Kirche in verschiedenen Jahresaltern.

Glaubens und der rechten Lehre, die er befolgt hat (1 Tim. 4:6). Er
muss demnach das Wort der Wahrheit recht austeilen (2 Tim. 2:15).
Vor allem muss der Prophet die heiligen Schriften recht auslegen
können. Aus ihnen wird der Wille Gottes für die Gegenwart offenbar.
Denn 'was geschrieben wurde, ist zu unserer Belehrung geschrieben,
damit wir durch die Geduld und durch den Trost (παράκλησις) der
Schrift die Hoffnung bewahren' (Röm. 15:4, vgl. 1 Klem. 32:1). Rechte
Schriftauslegung ermittelt also das prophetische Wort; sie ist an
sich eine charismatische Aufgabe.[38] Die Verfasser des Hebr., der
Did., des Barn., sind solche Prophetie-Ausleger. Als Grundsatz dürfte
2 Petr. 1:20f gelten, wonach das durch den Geist inspirierte Wort
nur durch den Geist selbst richtig ausgelegt werden kann (vgl. 2 Tim.
3:16f).

Über diese Sachverhalte hinaus kann das prophetische Wort weiter
durch διάκρισις (1 Kor. 6:5; 14:29), ἀνάκρισις (1 Kor. 2:14f) oder
σύγκρισις (V.13), durch μανθάνειν (2 Tim. 3:14; Barn. 5:5; 6:9),
δοκιμάζειν (Röm. 12:2; 2 Kor. 13:3; Phil. 1:10), ἐκζητεῖν (Barn. 2:1),
συνίειν (Barn. 4:6), νοεῖν (2 Tim. 2:7; Barn. 4:14; 7:1) oder σωφρονεῖν
(Röm. 12:3) erschlossen werden, d.h. also durch gemeinsames Disku-
tieren, Suchen, Lernen, Prüfen, Ergründen, Deuten, Unterscheiden,
Ausscheiden. Die Beschlüsse des 'apostolischen' Konzils dürften
diesen Prozess erläutern (Act. 15:7, 28, vgl. dazu 1 Thes. 5:21;
Barn. 4:10). Man muss allerdings in diesem Fall eine Metamorphose
und tiefe Erneuerung des Sinnes durchgehen (Röm. 12:2) und dazu
noch die συμμαρτυρία (Röm. 8:16; 1 Joh. 5:6f, vgl. Gal. 4:6), μαρτυρία,
πληροφορία (Kol. 4:12; 1 Thes. 1:5; Hebr. 6:11) oder βεβαίωσις
(2 Kor. 1:21; Hebr. 13:9) des Hl. Geistes haben (vgl. 1 Kor. 7:40;
Tit. 3:5). Es geht immer darum, dass das Wort Gottes in den Gläubigen
und in der Gemeinde reichlich wohnt (Kol. 3:16) und in ihnen bleibt
(2 Joh. 2), wirkt, 'funktioniert' (ἐνεργεῖν) (1 Thes. 2:13), so dass sie
immer über den konkreten Willen Gottes genau informiert (Kol. 4:12),
in ihm verwurzelt und gegründet sind (Kol. 2:7; 2 Thes. 2:17). Diese
Imperative entsprechen dem allgemeinen Bewusstsein, dass die
eschatologische Gemeinde durch das Chrisma des Hl. Geistes die volle
Erkenntnis der Wahrheit und der Weisheit Gottes 'besitzt' (vgl.
Röm. 15:14; 1 Kor. 1:5; Hebr. 8:11; 1 Petr. 1:12; 1 Joh. 2:20f, 27;
θεοδίδακτοι : 1 Thes. 4:8f; Barn. 21:6), oder den νοῦς (1 Kor. 2:16),
die γνῶσις Christi (Ign. Eph. 17:2) hat. Es gilt demnach diesen 'Besitz'

---

[38] Vgl. das Referat von E. Cothenet in diesem Sammelband.

einfach voll zu aktualisieren (vgl. weiter Röm. 14:5; 2 Kor. 2:14; Eph. 6:11, 17; Kol. 1:9; 4:12).

4. Das sich konkret im Leben der Kirche ereignende prophetische Wort ist auf eine bestimmte *Zielsetzung* ausgerichtet. Darüber findet man mehrere direkte oder indirekte Aussagen. Prinzipiell deckt sich meistens die Ausrichtung des prophetischen Wortes mit der Dynamik und Wirkung des verkündigten Wortes Gottes schlechthin. Als konkrete Wirkung des prophetischen Wortes bezeichnen unsere Autoren einmal allgemein die οἰκοδομὴ der Kirche, die gleichbedeutend ist mit παράκλησις oder παραμυθία (1 Kor. 14:3). Abgesehen von der eigentümlichen Bedeutung jeder von diesen drei Substantiva (sie ist kaum in diesem Zusammenhang zu erkennen) geht es eigentlich um das συμφέρον (1 Kor. 12:7), um das 'Nützen' (14:6) der Gläubigen, das nicht im einzelnen definiert werden kann. Man könnte, anhand von parallelen Formulierungen behaupten, es handle sich hier allgemein um das Wachstum in die Erkenntnis Gottes (Eph. 4:15; Kol. 1:10; 2 Petr. 3:18), um das Reif-Werden in seinen Willen und seinen νοῦς (vgl. Did. 11:2), oder generell um die Verwandlung von Doxa zu Doxa bis zur Vollkommenheit. Der Gegensatz zwischen Prophetie und Glossolalie bei Paulus macht deutlich, dass es eigentlich um die Erbauung der Gläubigen als Glieder der Gemeinde geht (ὁ δὲ προφητεύων ἐκκλησίαν οἰκοδομεῖ, 1 Kor. 14:4), und nicht ausserhalb im privaten Bereich.[39] Wie dies konkret geschehen kann, erläutert Paulus in den paränetischen Partien seiner Briefe. Man sollte also die Paraklese oder Oikodomé oder Paramythia nicht primär als pastorale partielle Kategorien sehen, sondern als den Imperativ der eschatologischen Existenz der Gläubigen, die sich wohl in ganz konkreter Weise, je nach der Situation, aktualisieren muss. In diesem Sinne haben auch spätere Autoren diese Wirkung der Prophetie verstanden, wenn sie den gleichen Sachverhalt als Erneuerung (Herm. vis. III 8:9; 12:3; 13:2, vgl. Röm. 12:2; Tit. 3:5), Lebendigmachung (Herm. mand. IV 3:7, vgl. 2 Kor. 3:6), Erfreuen (Barn. 1:8; Herm. vis. III 3:3), Aufmuntern (Herm. vis. III 3:1), Zuwachsen, Stärken (Herm. vis. III 12:3; IV 1:3) bezeichnen.

---

[39] Bei den meisten Fällen ist die Oikodomé mit dem Begriff Sôma oder Naós eng verbunden. Man hätte also Grund zu der Vermutung, dass sie sich primär im liturgischen Geschehen konkret vollzieht (vgl. Act. 9:31; 1 Kor. 14:12; Eph. 2:21f; 4:16; Kol. 2:19; 1 Petr. 2:5; Barn. 16:8; Herm. sim. IX 15:4f).

Die Wirkung des prophetischen Wortes kann auch noch im einzelnen, positiv oder negativ, beschrieben werden. Es zielt nämlich positiv auf Erfüllen mit dem Willen Gottes (πληροφορεῖν), auf Information, Überführen in die Weisheit oder Wahrheit Gottes, Erinnern an sie, weiter auf Zunahme von Erkenntnis, auf Lernen (1 Kor. 14:31), Unterweisen (V.19), Beleuchten, Versichern, Befestigen (Hebr. 13:9; Ign. Magn. 13:1), Aufdecken des Sinnes der Geschichte und des Schicksals der Welt. In Verbalkonstruktionen heisst es dann negativ weiter, dass die Prophetie richtet, warnt, weckt, zur Busse und Bekenntnis der eigenen Sünde aufruft, straft, tadelt, zurechtweist (καταρτίζειν), zurechthilft, den natürlichen Menschen und seine Sünde oder die Häretiker und ihre falsche Lehre aufdeckt; sie offenbart weiterhin und brandmarkt die verborgenen und unverborgenen Mächte und Gewalten, die in der Welt tätig sind. Man könnte generell sagen, dass das prophetische Wort die Gläubigen dazu bringt, ihre neue Existenz in Christus voll zu realisieren; es übernimmt also die eschatologische Funktion Jesu Christi selbst und aktualisiert sie vorauswirkend (vgl. 1 Kor. 14:24f).

5.   Diese breite und vielfältige Wirkung des prophetischen Wortes bedingt notwendigerweise eine Vielgestaltigkeit von *Formen und Typen*, durch die es sich ereignet. Die Forschung der urchristlichen Prophetie hat hier schon eine bedeutende Vorarbeit geleistet, indem sie verschiedene Kriterien zur Bestimmung von prophetischer Rede im NT erarbeitet hat. Man hat zunächst in der synoptischen Tradition prophetische, apokalyptische und 'Ich-Worte' Jesu ausfindig gemacht, die wohl von urchristlichen Propheten stammen sollen. Dazu rechnete man später die sogenannten 'Sätze heiligen Rechtes'' die das eschatologische *jus talionis* statuieren, und weiterhin Fluch, Makarismen und Hymnen. Neulich hat man die Gestalten und Typen einer vermuteten prophetischen Predigt im NT untersucht, die nicht aus einzelnen Sprüchen, sondern aus mehreren Einzelgliedern als sprachliche Einheit bestanden haben soll (vgl. oben). Als Vorbild für diese prophetische Predigt sollen die sieben Sendschreiben der Apokalypse und die paränetischen Partien der paulinischen Briefe dienen. Manche von diesen Formen sind stark beanstandet worden, vor allem die 'Sätze heiligen Rechts' [40] und darüberhinaus der Prozess der Gestaltung von Jesus Worten bei den Propheten. [41]

---

[40] Vgl. H. v. Campenhausen, "Die Begründung kirchlicher Entscheidungen beim

Wie früher bemerkt wurde, genügen diese literarischen Kriterien nicht immer, um prophetisches Gut im NT ausfindig zu machen; sachliche Beobachtungen können dieser Arbeit beachtlichen Vorschub leisten. Eine mehr oder weniger sichere Grundlage dazu könnte die inhaltliche Bestimmung des prophetischen Wortes selbst liefern. Die Prophetie steht z.B. in enger Verbindung zum Kerygma oder zum Evangelium bzw. zu der Missionspredigt der Urkirche und ihrer Schriftauslegung. Sie ist auch inhaltlich mit der Didaché, mit der Lehre, Paradosis oder Paratheke der Kirche verbunden, wie wir oben gesehen haben; es gibt ausserdem eine sachliche Entsprechung zu der Paraklese oder Paränese als Einheit. Hier lassen sich manche literarische und sachliche Kriterien eruieren. Darüber hinaus steht die Prophetie, vor allem bei Paulus, in enger Beziehung zu Erkenntnis ($\gamma\nu\tilde{\omega}\sigma\iota\varsigma$), Weisheit ($\sigma o\phi\iota a$), Offenbarung ($\dot{a}\pi o\kappa\dot{a}\lambda\upsilon\psi\iota\varsigma$), zu Mysterium, zu Hermeneia ($\gamma\lambda\omega\sigma\sigma\tilde{\omega}\nu$). Die Grenzen zwischen ihnen sind nicht immer scharf zu ziehen. Weiterhin muss man die prophetische Eigenart des liturgischen Gutes der Urkirche untersuchen, wie sie sich bei den vielen Psalmen, Oden, Hymnen, liturgischen Gesängen, Segenssprüchen, Gebeten und Doxologien feststellen lässt. Hier eröffnen sich weitere, vielversprechende Möglichkeiten, die das lebendige prophetische Bewusstsein der Urkirche stark hervortreten lassen. Bei diesen Beispielen wird deutlich, dass die urchristliche Prophetie nicht immer an festen und leicht feststellbaren literarischen Formen erkennbar ist.

In dem weiten Feld urchristlicher Prophetie ist natürlich noch viel Arbeit erforderlich. Mit diesem weit ausgefächerten Referat wollten wir zunächst nur eine Einführung geben, die zugleich als erster Diskussionsbeitrag zu der Studientagung über 'Prophetische Berufung im Neuen Testament und Heute' gedacht war. Die Analyse erhebt selbstverständlich nicht den Anspruch, sämtliche Probleme zu lösen. Unsere Absicht bestand darin, möglichst klar zu zeigen, dass die urchristliche

---

Apostel Paulus", *Aus der Frühzeit der Christentums*, Tübingen 1963, 30ff, vor allem K. Berger, "Zu den sogenannten Sätzen heiligen Rechtes", *NTSt* 17 (1970/71), 10-40 und E. Cothenet, Prophétisme et ministère d'après le Nouveau Testament, *La maison-Dieu* 1971, nr. 108, 30-35; die Diskussion bei U. B. Müller, *Prophetie und Predigt im Neuen Testament*, Gütersloh 1975, 178-185.

41 Vgl. dazu F. Neugebauer, "Geistsprüche und Jesuslogien", *ZNW* 53 (1962), 218-228; D. Hill, "On the Evidence for the Creative Role of the Christian Prophets", *NTSt* 20 (1973/74), 262-274.

Prophetie trotz der verwirrenden Vielfalt ihrer Erscheinungsformen und Wirkungen, trotz ihres undurchsichtigen geschichtlichen Verlaufs und der sachlichen Unklarheiten unter einem gewissen Aspekt ein einheitliches Phänomen im Leben der Urkirche darstellt. Es hat sich nämlich deutlich gezeigt, dass sich ihr Anspruch und ihre Legitimation erst dann heraustellen lassen, wenn man sie in ihrem Lebensraum zu verstehen versucht. Es ging also ausschliesslich um den 'Sitz im Leben' der urchristlichen Prophetie, der auf ihren Charakter und ihre Funktion entscheidenden Einfluss hat.

Wir haben Prophetie als Funktion der Kirche aufgefasst. Damit ist zugleich die Frage nach ihrer Relevanz heute gestellt. Auf diesem Grunde haben wir im Laufe des Referats immer wieder auf die konkreten Folgerungen hingewiesen, die sich für die Existenz und das Handeln der Kirche heute mit innerer Notwendigkeit ergeben. Denn es kann nicht darum gehen, die urchristliche Prophetie zuerst als historisches Phänomen in den Blick zu nehmen, und sich danach in einem zweiten Durchgang über ihre Aktualität und Relevanz für die Kirche heute Gedanken zu machen. Wir lassen uns dabei von dem methodologischen Prinzip leiten, das historische Interesse an der Prophetie mit dem theologischen eng zu verbinden. Diese methodologische Prämisse, die unserer Meinung nach nicht nur der Intention der Texte gerecht wird, sondern auch das wegweisende Anliegen der Urkirche zum Ausdruck bringt, sei damit zugleich zur Diskussion gestellt.

LA FONCTION PROPHÉTIQUE DE L'ÉGLISE ET DANS L'ÉGLISE

Remarques à partir de l'Ancien Testament

PAR

SAMUEL AMSLER

Il ne va pas de soi de donner la parole à l'Ancien Testament dans un débat concernant le prophétisme dans le Nouveau Testament et dans l'Église d'aujourd'hui. Certes, nous croyons à l'unité de la Bible, et cette unité nous invite à éclairer une question particulière par l'ensemble du témoignage de l'Écriture. Mais cela ne nous dispense jamais de respecter les différences profondes qui se font jour à l'intérieur de chacun des deux Testaments ni de tenir compte de la dialectique de l'accomplissement qui articule le Nouveau Testament sur l'Ancien, et l'Ancien sur le Nouveau. Un simple coup d'œil sur les textes du Nouveau Testament mentionnant la présence de prophètes dans l'Église primitive — textes relativement rares et singulièrement peu explicites — montre qu'il n'y a pas grand'chose de commun entre ces προφῆται et les נביאים dont l'Ancien Testament parle si largement et avec tant de détails ! En aucune manière l'équivalence établie par les traducteurs de la Septante entre נביא et προφήτης ne nous autorise à appliquer sans autre aux prophètes de l'Église primitive les caractéristiques des prophètes d'Israël.

S'il fallait chercher quelque part des analogies au prophétisme du christianisme primitif, il faudrait probablement se tourner non pas vers l'Ancien Testament lui-même mais vers les cercles du judaïsme apocalyptique, essénien ou zélote qui connaissaient des manifestations charismatiques importantes.[1] Seule la tradition rabbinique qui a prévalu ultérieurement considérait le temps de la prophétie comme achevé — d'où la clôture du canon des Nebiim au début du IIe siècle av. J.-Chr. — et comme remplacé par le temps des sages, ainsi qu'en témoigne Seder Olam Rabba 30 : "Jusque là — i.e. le temps d'Alexandre le Grand — les prophètes ont prophétisé dans l'Esprit saint.

---

[1] Cf. R. Meyer, article "προφήτης", *ThWbNT* VI (1959), pp. 820-828, et plusieurs mentions dans les autres contributions de la consultation de Bossey.

Depuis lors et par la suite, prête l'oreille et écoute les paroles des sages".[2] Mais même dans cette tradition, en vertu du schéma *End-zeit = Urzeit*, on attendait un renouvellement du prophétisme pour les temps messianiques, selon la prophétie de Joël 2:28ss. Le fait que l'Église primitive considère que des prophètes sont à l'œuvre au milieu d'elle n'est pas sans rapport avec cette attente : c'est pour elle un signe que l'ère messianique a commencé (cf. Act. 2:16).

Quant aux témoignages abondants et diversifiés de l'Ancien Testament sur les prophètes d'Israël, quelle en est la portée pour l'Église chrétienne ? De ce point du témoignage vétéro-testamentaire, comme de tous les autres, il faut d'abord affirmer qu'il trouve son accomplissement dans le ministère, la mort et la résurrection de Jésus-Christ.[3] C'est lui plus encore que Jean-Baptiste qui est "plus qu'un prophète" (Mat. 11:9); il est LE prophète (cf. Luc 4:21). Il l'est non seulement par son ministère de prédicateur du Royaume, par ses guérisons et ses miracles, mais aussi par sa souffrance et son rejet (cf. Luc. 13:33). Avant de s'interroger sur *les* prophètes dans l'Église, on fera bien de prendre très au sérieux l'usage que les divers auteurs du Nouveau Testament font de la figure prophétique pour rendre compte d'un aspect de la personne et de l'œuvre de Jésus. C'est à lui d'abord qu'il importe d'appliquer ce que nous allons dire des prophètes de l'Ancien Testament, dans la convergeance avec d'autres thèmes qui recoupent et réorganisent ce matériel traditionnel.

Est-ce à dire qu'il n'y a plus, depuis lors, de prophète à la manière des prophètes d'Israël ? La ligne prophétique s'épuise-t-elle dans le témoignage qu'elle rend à la personne de Jésus ? Ce serait ignorer la relation organique qui lie Jésus à son Église. Celle-ci participe, d'une manière ou d'une autre, à l'œuvre unique de son Seigneur; elle en est la bénéficaire, mais aussi le témoin dans le monde. Que Jésus assume définitivement le ministère du grand-prêtre de l'ancienne alliance (Hébr. 7) n'empêche pas son Église d'être, à cause de lui et par lui, un "sacerdoce royal" (1 Pi. 2:9). Il en est de même du ministère du

---

[2] Cité *ibid.*, p. 819. On sait aujourd'hui que la distinction entre prophète et sage n'est pas aussi nette, que la sagesse ancienne a influencé plus d'un prophète de l'époque royale, notamment Ésaïe, et que les deux mouvements se sont mêlés dans l'apocalyptique, cf. P. von der Osten-Sacken, *Die Apokalyptik in ihrem Verhältnis zu Prophetie und Weisheit*, Munich, 1969 (Theol. Existenz heute 157).

[3] Sur cette problématique, je me suis expliqué plus au long dans mon ouvrage : *L'Ancien Testament dans l'Église. Essai d'herméneutique chrétienne*, Neuchâtel-Paris, 1960.

prophète, assumé par le Christ mais pour y associer son Église, qui devient à son tour peuple prophétique.

Une difficulté supplémentaire rend ici délicate l'exploitation du témoignage vétéro-testamentaire en théologie chrétienne. Le peuple d'Israël au sein duquel apparaissent les prophètes est une théocratie, à la fois une communauté religieuse et un État politique. Or ces deux niveaux qui se superposent en Israël, du moins à l'époque royale qui est l'époque classique des prophètes, ne se superposent plus, ni dans le Nouveau Testament ni aujourd'hui. Ce que l'Ancien Testament dit des prophètes doit donc être écouté aujourd'hui à la fois sur ces deux niveaux : au niveau des charismes à l'intérieur de la communauté des croyants et au niveau de la mission prophétique de l'Église dans la cité des hommes. Du fait du statut d'Israël dans l'ancienne alliance, ces deux aspects de la vocation prophétique sont étroitement liés dans le ministère des prophètes de l'Ancien Testament. Il est raisonnable de penser que ce qu'on appelle la vocation prophétique *de* l'Église dans le monde et le charisme prophétique *dans* l'Église sont également liés dans l'Église d'aujourd'hui, d'une manière qu'il nous appartient de préciser durant cette session. En tout cas ne devrons-nous pas perdre de vue cette double incidence du témoignage vétéro-testamentaire, en missiologie d'une part et en ecclésiologie d'autre part.

Ceci dit, les recherches récentes sur le prophétisme israélite me semblent susceptibles de jeter quelque lumière sur l'objet de notre session. La question est immense, et je dois me contenter de quelques remarques, qui pourront prendre la forme de questions. Je les concentre volontairement sur les quatre points suivants :

    I. Le phénomène prophétique ;
    II. La place du prophète dans le peuple ;
   III. La mission du prophète ;
   IV. Les modalités de la prophétie.

I. *Le phénomène prophétique*

Le prophétisme a marqué profondément la religion d'Israël, au point que certains ont considéré, à la suite de Duhm, que les prophètes constituaient l'essence même de la révélation à Israël. Comme on ne pouvait évidemment pas laisser Moïse à l'écart de la révélation, on faisait de lui le premier des prophètes, ce qui est déjà contestable. Tout ce qui avait précédé et tout ce qui a suivi la période des prophètes, .

comme aussi tout ce qui relevait des prêtres — auxquels les prophètes s'étaient si violemment opposés — se trouve ainsi déconsidéré, voire tenu pour "irrelevant". S'emparant de cette thèse dangereuse, une apologétique facile tient le prophétisme pour une prérogative exclusive d'Israël : la présence des prophètes en Israël ne démontre-t-elle pas l'autorité unique de l'Ancien Testament, document de la seule religion vraiment inspirée ? Certains milieux chrétiens ne manifestent-ils pas la même tendance à considérer la présence de prophètes en leur sein comme la démonstration de la vérité de leur prédication de l'Évangile ?

Cette thèse du prophétisme exclusif s'effondre devant un certain nombre d'observations qu'il n'est pas superflu de rappeler ici, afin de prévenir la caution accordée à n'importe quel prophète :

1.   Dans le Proche Orient ancien, le prophétisme n'est pas un phénomène réservé à Israël. Déjà l'Ancien Testament lui-même laisse entendre qu'il existe des prophètes ailleurs. Voici Balaam, "l'homme qui a l'œil ouvert" (Nb. 24:3), originaire de Péthor sur l'Euphrate (Nb. 22:5), au service du roi de Moab, un étranger, mais dont Yahweh se sert. Voici encore, à la cour de Jézabel, les 450 prophètes de Baal et les 400 prophètes d'Astarté (1 R. 18:19). Mais surtout, la correspondance diplomatique de la ville de Mari, au 2e millénaire, soit près de 1000 ans avant le prophétisme israélite, atteste l'existence de prophètes au service des dieux mésopotamiens, en particulier au service de Dagân et d'Adad.[4] Plus tard, à l'époque assyrienne, la grande déesse Ishtar d'Arbela a aussi ses prophètes et ses prophétesses.[5] Ces prophètes, que les lettres de Mari appellent *maḫḫum*, ne sont pas des devins que le roi consulte, mais des personnages "charismatiques" qui interviennent de leur propre chef, sous le coup d'une inspiration personnelle, pour avertir le roi, le mettre en demeure de remplir ses devoirs envers la divinité, voire pour le menacer de perdre son trône. On est ici bien près du rôle qui fut celui du prophète Nathan à la cour de David (cf. 2 S. 7 et 11). Il n'est donc pas possible de considérer le prophétisme comme un phénomène propre à Israël, même s'il a pris là une ampleur particulière.

---

[4] Cf. *A.R.M.* III, 42 ; III, 40 ; III, 78, etc. On trouvera les textes et une analyse du phénomène dans l'article "Prophétisme" par L. Ramlot, in : *Suppl. au Dictionnaire de la Bible*, Paris, vol. VIII (1970ss), col. 811ss qui fait un excellent état de la question.

[5] Cf. *A.N.E.T.*, p. 449s.

2.   A l'intérieur d'Israël, le prophétisme est un phénomène théologiquement ambigu. Tout prophète n'est pas vrai prophète ! On connaît le récit de 1 Rois 22 : au moment de partir en guerre contre les Syriens, le roi d'Israël consulte tous les prophètes pour connaître la volonté de Yahweh. Tous, au nombre de 400, lui prédisent la victoire. Seul Michée-ben-Jimla, "prophète pour Yahweh" (v. 7) comme les autres, et non sans avoir donné d'abord un oracle de complaisance, s'oppose au projet du roi. Même affrontement entre prophètes dans l'affaire de la coalition antibabylonienne, sous Sédécias, en Jér. 27-28 : un joug sur la nuque, le prophète Jérémie prêche la soumission à Babylone ; et Hanania, prophète lui aussi, arrache le joug de la nuque de Jérémie et le brise en prophétisant : "Ainsi parle Yahweh Sebaoth : j'ai brisé le joug du roi de Babylone..." (28:3). Prophète contre prophète, "ainsi parle Yahweh" contre "ainsi parle Yahweh" ; on ne peut marquer mieux l'ambiguité du phénomène prophétique en Israël même. Notre manière commode d'appeler les uns "prophètes" et les autres "faux-prophètes" n'a pas d'appui dans les textes.

3.   Se pose alors le problème du critère de la prophétie authentique : tel prophète parle-t-il, oui ou non, de la part de Yahweh ? Remarquons que ce problème est posé franchement par les textes de l'Ancien Testament, car c'est un problème concret dans la vie du peuple. Face à la contradiction prophétique de Hanania, même Jérémie semble désemparé : "Amen, qu'ainsi fasse Yahweh !" déclare-t-il (28:6) et il rentre chez lui. Il faut une nouvelle intervention de la parole de Yahweh auprès de Jérémie pour lever l'ambiguité de la situation, et encore n'est-ce pour les auditeurs qu'un nouvel oracle qui est donné et auquel il faut de nouveau croire sans preuve. Il faudra que survienne, quelques mois plus tard, la mort subite de Hanania pour que l'on sache, après coup, où était le vrai prophète (28:16). Ce critère *a posteriori* par l'accomplissement de la prophétie n'est d'ailleurs qu'un élément de la réponse de l'Ancien Testament à ce problème inquiétant. Dans le même contexte d'affrontement avec Hanania, Jérémie donne une seconde indication : son message de malheur est conforme au message de malheur des prophètes qui l'ont précédé (28:8). Voici donc apparaître le critère d'une certaine *conformité à la tradition*, qui annonce le critère scripturaire. De son côté, le Deutéronome reprend, au chapitre 18, le même problème en se référant au critère de l'accomplissement (18:21-22), mais au chapitre 13, il le

nuance par un critère de nature *dogmatique* : même si le prophète annonce un signe ou un miracle et que ce signe ou ce miracle arrive, s'il te dit : "Allons après d'autres dieux — que tu n'as point connus — et servons-les", alors c'est un faux prophète (v. 2-4). Mais même dans ce cas, le Deutéronome ne parle pas de "faux-prophète" ; il y voit un prophète dont Yahweh se sert pour mettre son peuple à l'épreuve de la fidélité. I Rois 22 va encore plus loin : la fausse-prophétie ne serait-elle pas un instrument de Yahweh pour conduire le roi orgueilleux à la catastrophe (cf. 1 R. 22:22) ? Bref, le phénomène prophétique n'est ni particulier à Israël, ni non plus univoque dans la vie du peuple de Dieu de l'ancienne alliance. Il y a des prophètes ailleurs, et il y a en Israël des prophètes qui ne le sont point. Il a fallu le recul des années et le discernement théologique d'une longue tradition, en particulier durant les dramatiques années de l'exil, pour que la prédication prophétique se décante et qu'apparaisse la vérité de ceux que nous appelons les "grands" prophètes.

Ceci m'autorise probablement à dire que là où le prophétisme surgit dans l'Église primitive ou dans l'Église d'aujourd'hui, il ne saurait être reçu *ipso facto* comme un don du Saint-Esprit. Non seulement c'est un élément de la phénoménologie générale des religions — et pourquoi pas de la foi chrétienne ? —, mais il appartient à ces réalités qui doivent faire l'objet de discernement et être soumises à certains critères pour être reçues comme une œuvre de l'Esprit. Ce n'est pas simplement parce qu'il se manifeste dans la communauté chrétienne qu'un prophète est un messager du Dieu vivant, ni parce qu'il survient ailleurs qu'il n'est pas au service du Dieu vivant !

II. *La place du prophète dans le peuple*

Le même mouvement de pensée qui considérait les prophètes comme la source authentique de la révélation en Israël a volontiers fait d'eux de grands solitaires inspirés, en insistant sur l'individualité de leur expérience, telle qu'elle apparaît dans les récits de leur vocation, ainsi que sur l'isolement de leur destinée, souvent dramatique.

Ce sont là des données importantes, mais qui ne représentent qu'un aspect, qui n'est pas le plus fondamental, de la place du prophète en Israël.

1. Il n'y a pas de prophète sans le peuple à qui le prophète est envoyé. C'est parce que l'Israël du Nord continue, malgré le schisme

de Jéroboam, d'être *son* peuple que Yahweh lui envoie le prophète Amos, pourtant ressortissant du Sud : "Va, prophétise à *mon* peuple, Israël !" (Am. 7:15). Même lorsqu'il s'agit d'annoncer au peuple son jugement imminent, c'est encore *pour* le peuple que le prophète intervient, "afin que vous sachiez que Je suis Yahweh", comme le répète Ézéchiel. On peut même être plus précis : il semble bien que le prophétisme naît et qu'il disparaît en Israël avec un statut particulier de l'existence du peuple, la royauté, de l'époque de David jusqu'aux dernières tentatives de restauration de la royauté, lors du retour de l'exil. C'est comme si l'institution royale, si difficilement et tardivement admise en Israël, appelait la présence du prophète, à côté du roi, pour l'avertir et le guider. Faut-il rappeler les multiples interventions des prophètes dans les affaires publiques, au tribunal, dans le culte, dans les problèmes de politique intérieure et extérieure, pour illustrer le caractère public de leur fonction ? Ce n'est pas parce qu'ils furent souvent victimes de l'hostilité du peuple et de ses chefs que les prophètes cesseraient d'être là pour le peuple, pour qu'Israël devienne l'Israël que son Dieu a en vue.

2.   Les prophètes se sont eux-mêmes solidarisés avec le peuple dont ils faisaient partie. On sait qu'il appartenait non seulement au prophète de transmettre la parole de Dieu au peuple mais aussi d'intercéder pour le peuple auprès de son Dieu. Ainsi, en réponse aux visions de malheur que Yahweh lui donne, Amos supplie : "Seigneur Yahweh, daigne pardonner ! Comment Jacob pourrait-il subsister ? il est si petit" (Am. 7:2). Lors des troubles qui suivirent le meurtre de Guédalia, au début de l'exil, les fidèles restés à Jérusalem supplient Jérémie d'intercéder pour eux, et après dix jours d'attente, Jérémie leur apporte un oracle de Yahweh attestant sa fidélité. Et l'on remarquera surgir ce motif à la fin du quatrième poème du Serviteur souffrant, en Ésaïe 53 — auquel nous allons revenir : "il a porté les péchés de beaucoup d'hommes et il a intercédé pour les pécheurs" (És. 53:12b). Il n'est pas exclu que certains prophètes, loin d'être des outsiders, aient appartenu au personnel du temple et qu'ils aient fait partie de l'institution comme "prophètes cultiques".

Mais il y a autre chose : plusieurs passages laissent entendre qu'en réponse à la prédication d'un Ésaïe, un certain nombre de croyants se sont groupés autour de lui comme des disciples autour de leur maître, recevant son message et partageant son attente (cf. És. 8:16). Avec le prophète et sa famille, ils se constituent, au cœur du peuple incrédule, en communauté prophétique. Ils servent de "signes et de présages en Israël de la part de Yahweh Sebaoth" (8:18). Ce sont eux qui deviennent le vrai Israël croyant qui confesse sa foi dans des formules à la première personne du pluriel : "Immanuel", Dieu est avec *nous* (És. 7:14 ; 8:8) ou encore : "un enfant *nous* est né, un fils *nous* est donné" (És. 9:5). Ainsi le prophète, là où il est reçu, suscite une communauté qui reçoit à son tour mission prophétique.

3.   A l'aboutissement de cette ligne de force apparaît la figure du Serviteur de Yahweh, dans le Second Ésaïe. Parmi les motifs divers qui se combinent dans son portrait, ce sont encore les traits prophétiques qui dominent. Or la mission du Serviteur de porter le *mishpat* de Yahweh à la connaissance de tous est en fait la mission confiée à Israël, au point que le Serviteur prophétique est à la fois un individu et tout Israël. On aurait tort, comme on a voulu le faire si souvent, de choisir entre ces deux dimensions individuelle et collective du Serviteur. Le Serviteur est à la fois l'un et l'autre ; il est personnellement "Israël" (És. 49:3), le vrai Israël, obéissant jusque dans la souffrance pour l'honneur de Yahweh et pour le salut de beaucoup (És. 53:12).

On le voit, loin d'être un solitaire opposé au grand nombre, le prophète est, en Israël, le signe d'une vocation qui est celle d'Israël lui-même. Ceci n'empêche pas qu'il reçoive une vocation tout à fait personnelle. Mais cette vocation personnelle est justement à l'image de la vocation que reçoit Israël tout entier.

Ce second groupe de remarques me permet de souligner que le charisme du prophète, s'il se manifeste au sein de l'Église, s'inscrit dans le cadre de la mission prophétique de l'ensemble de la communauté, appelée à être dans le monde "signe et prodige de la part du Dieu vivant". Ou le prophète chrétien se solidarisera ainsi avec le peuple de l'Église, même si c'est pour l'accuser d'infidélité, ou il ne sera pas prophète à la manière de la Bible !

III. *La mission du prophète*

On s'est beaucoup interrogé, à propos des prophètes d'Israël, sur le phénomène de l'inspiration prophétique. On a abondamment analysé notamment leurs récits de vocation. Ces récits se sont généralement montrés réfractaires à ce genre d'analyse psychologique, car leur intention première est de nature théologique. Ils servent à accréditer le prophète auprès de ses auditeurs, et non à décrire les états d'âme d'un homme touché par l'inspiration. Dans une large mesure, le mécanisme de l'inspiration prophétique, si j'ose m'exprimer ainsi, reste insaisissable à notre analyse.

Par contre, l'étude des formes littéraires dont usent les prophètes me semble conduire à des résultats plus éclairants quant à la mission dont le prophète se sait chargé.

1. Le prophète introduit le plus souvent son discours par la "formule du messager" (Botenformel) : כה אמר יהוה = "Ainsi parle Yahweh". Cette formule, on le sait, est empruntée au style épistolaire de l'époque. Elle sert au porteur d'un message à introduire auprès du destinataire les paroles de celui qui l'envoie, paroles où l'auteur du message s'exprime à la première personne du singulier. L'emploi de cette formule trahit donc la conviction du prophète d'être le messager d'une parole qui vient directement de Dieu. Le prophète *est* une lettre de Yahweh. Le verbe à la forme accomplie — כֹּה אָמַר — renvoie à un premier temps où le prophète a reçu la consigne, mais dont nous ne pouvons pas dire grand'chose sinon qu'il a eu lieu ; on devrait donc rendre la formule par un passé : ainsi *a parlé* Yahweh. Mais en même temps, en prononçant la formule devant ses auditeurs, le prophète atteste l'actualité de la parole dont il est chargé, ce qui incline à rendre la formule par un présent : ainsi *parle* — maintenant — Yahweh ! En tout cas, cette formule indique clairement comment le prophète entend être écouté et reçu : son intervention est un *dabar* de Yahweh, tout à la fois une parole et un acte, par lequel Yahweh lui-même se présente devant son peuple pour l'interpeler.

Peut-être est-ce cette insistance sur leur rôle de messager qui a conduit les prophètes du VIIIe et du VIIe siècle à ne plus rattacher leur ministère à l'*esprit* de Yahweh, puissance contraignante et irrésistible qui animait les groupes prophétiques à l'origine du mouvement (cf. 1 Sam. 10:10). Certes, le prophète demeure "l'homme de la *rouah-YHWH*" (Os. 9:7), "celui qui est rempli de la force de la *rouah-YHWH*" (Mi. 3:8) ; mais ce sont là les deux seuls mentions de l'esprit parmi l'abondance des références à la parole de Yahweh qui visite les grands prophètes d'avant l'exil.

La résurgence positive du rôle de la *rouah-YHWH*, à côté du *dabar-YHWH*, dans le ministère d'Ézéchiel (cf. 2:2, 12, etc.), montre que ce silence presque total des prophètes préexiliques sur le rôle de l'esprit n'est pas tant une polémique implicite contre les aberrations d'un certain prophétisme charismatique mais plutôt un signe de la

conscience qui est la leur d'être les messagers d'une parole divine
clairement exprimée.

2. La *Formgeschichte* des oracles prophétiques nous permet d'aller
plus loin : parmi tous les genres littéraires utilisés et qui sont si divers
— nous y reviendrons dans un instant —, il est un groupe de formes
littéraires qui marque profondément la prédication des prophètes du
VIIIᵉ ou VIᵉ siècle. Je veux parler des formes du *rîb*, c'est-à-dire du
procès juridique. Je ne puis les analyser ici en détail.[6] Relevons deux
aspects étonnants de cet emploi. D'abord, on s'attendrait à ce que
Yahweh tienne, dans le procès, le rôle du juge devant qui Israël est
accusé. Or les prophètes mettent Yahweh dans le rôle de celui qui
porte plainte devant le tribunal parce qu'un tort lui a été fait :

> "Cieux, écoutez !
> Terre, prête l'oreille !
> J'ai élevé et fait grandir des fils,
> mais ils se sont révoltés contre moi.
> Le bœuf connaît son bouvier
> et l'âne la crèche de son maître ;
> Israël, lui, ne connaît rien,
> Mon peuple ne comprend rien !" (Es. 1:2-3).

Ce n'est pas un juge qui parle ainsi et qui condamnerait au nom
de la loi. Non, c'est un père qui se heurte à l'incompréhension de ses
fils, dans une sorte de conflit des générations. Dieu porte plainte
devant les cieux et la terre, le tribunal suprême, parce que la relation
interpersonnelle entre lui et son peuple a été brisée. Par l'oracle
prophétique, c'est cette relation qui doit être rétablie. Le prophète
est une sorte de main tendue par Dieu à son peuple, par laquelle le
Dieu vivant et méprisé veut saisir à nouveau son peuple rebelle.

Et c'est pourquoi il y a *rîb* = procès, car il faut tirer au clair une
situation conflictuelle où chacun prétend avoir raison et rejette les
torts sur la partie adverse. Israël se sent dans son bon droit, grâce
à ses institutions, son culte, ses sacrifices ; si les relations se gâtent,
ne serait-ce pas la faute de Yahweh qui n'est pas à la hauteur de ses
promesses ? C'est ce malentendu foncier qu'il s'agit de lever. Alors le
prophète fait une lecture nouvelle et correcte des événements historiques, des succès et des revers du passé ; il jette un regard plus lucide

---

[6] Cf. mon article, "Le thème du procès chez les prophètes d'Israël", in *R.Th.Ph.*
(1974), pp. 113-131.

sur le comportement présent d'Israël ; et face à l'intervention imminente de son Dieu, il appelle le peuple à justifier son Dieu, par la décision de la foi.

La prophétie se caractérise ici par la mise à jour d'une situation embrouillée et par le renouvellement de la relation faussée, en vue de permettre au Dieu vivant d'être reconnu comme juste et à Israël de se reconnaître coupable, seule voie vers le salut. L'inspiration des prophètes n'est donc pas du tout aveugle ; elle consiste en une lecture plus lucide, plus pénétrante, plus théologique de l'existence du peuple dans son rôle de partenaire du Dieu qui est venu et qui vient.

N'y aurait-il pas là une indication importante à retenir pour déterminer la fonction de la prophétie dans l'Église ? La prophétie serait-elle une lecture plus lucide de ce que l'Église est en train de vivre, de ses crises, des décisions qui l'attendent en tant qu'elle est le partenaire du Dieu qui est venu en Jésus-Christ et qui vient ?

IV. *Les modalités de la prophétie*

Pour finir, je voudrais attirer brièvement l'attention sur un dernier point : la diversité des moyens d'expression de la prophétie en Israël.

1. Il faut mentionner d'abord les *oracles parlés*. A l'origine, ces oracles sont brefs, comme chez Amos ; avec une sobriété de mots qui donne du poids au message, ils annoncent la "visite" imminente de Yahweh : 'C'est vous seuls que j'ai connus parmi toutes les familles de la terre, c'est pourquoi je vais vous visiter pour toutes vos iniquités" (Am. 3:2). L'annonce du jugement, si paradoxal pour le peuple élu, avait besoin, pour être reçue, d'une sorte de justification. C'est pourquoi le prophète articule sur ce "pronostic" une espèce de "diagnostic" qui, à l'origine, ne fait pas partie intégrante de l'oracle mais représente plutôt l'apport personnel du prophète. Il y dénonce l'ingratitude, la méconnaissance ou l'incrédulité du peuple, et se sert, pour le manifester, de tout ce que Yahweh a fait pour les siens dans le passé. L'oracle tend ainsi à devenir discours, prédication, exhortation, et peu à peu c'est l'ensemble de ces discours qui se présente comme une parole de Yahweh, ainsi qu'on le voit par exemple chez Jérémie. Mais ces prédications, où la réflexion théologique et la formulation littéraire sont à mettre au compte du prophète, reposent d'aplomb sur la conviction de base de la prophétie : la venue du Seigneur.[7]

---

[7] Cf. la récente étude de W. H. Schmidt, *Zukunftsgewissheit und Gegenwartskritik,*

2. Pour développer l'oracle, le prophète étoffe le pronostic aussi bien que le diagnostic au moyen d'une foule de genres littéraires qu'il emprunte à divers "Sitz im Leben".

Voici le prophète qui entonne, en pleine fête liturgique de Béthel, une complainte funèbre sur la mort d'Israël, ponctuée des cris "hoy-hoy" caractéristiques des funérailles :

> "Elle est tombée, la vierge d'Israël,
> et personne pour la relever... !" (Am. 5:2).
> "Hoy — Malheureux ceux qui se croient en sécurité
> sur la montagne de Samarie !" (Am. 6:1).

En pleine euphorie liturgique, c'est le froid de la mort qui passe sur le peuple. Ailleurs, un prophète entonne une chanson, la chanson de l'amour déçu : "Je veux chanter la chanson de mon ami au sujet de sa vigne" (És. 5:1). Ailleurs encore, c'est l'énigme ou la parabole qui jette l'auditeur dans l'excitation d'un lecteur de rébus. Ou encore c'est le récit d'une vision, réelle ou factice, sorte de récit de "science-fiction", d'autant plus vrai qu'il est invraisemblable !

3. Ceci nous amène à ce moyen d'expression typique qu'est *l'acte prophétique*. Osée épouse une femme de mœurs légères et, quand elle l'aura quitté pour un autre, il va la rechercher, au grand scandale des bien-pensants. Tel est l'amour de Yahweh pour son peuple infidèle ! Se promener tout nu dans les rues de Jérusalem, comme le fait Ésaïe (És. 20:1-5), cela vaut toutes les prédications sur le sort des armées d'Égypte dont on attendait le secours. Jérémie, lui, achète un champ en pleine période de siège, pour signifier la venue certaine de la paix propice à de nouvelles semailles et de nouvelles moissons (Jér. 32:6ss). Inutile d'allonger cette liste, qui a aussi son chapitre néotestamentaire, avec le geste d'Agabus se liant les pieds et les mains avec la ceinture de l'apôtre Paul pour prophétiser son arrestation (Act. 21:10s) et, bien sûr, avec les miracles et les guérisons de Jésus qui sont à recevoir comme autant d'actes prophétiques. G. Fohrer a eu tort, je crois, d'appeler ces gestes des "actions symboliques" (symbolische Handlungen), car il s'agit de bien autre chose que de symboles ! Ce sont des paroles en actes, ou, si l'on veut, des actes parlants. Non seulement ils frappent l'imagination et donnent à penser ; ils engagent totalement

---

Neukirchen, 1973 (Bibl. St. 64), qui fait aussi le point sur de nombreux aspects de la recherche récente touchant le prophétisme vétérotestamentaire.

la personne du prophète dans son message et font de lui un signe dressé, que plus personne ne peut ignorer, et à qui Yahweh lui-même donne sa caution en conduisant les événements dans le sens indiqué par ce signe.

Puisque nous sommes ici pour réfléchir à l'exercice de la prophétie dans l'Église, mais aussi à la fonction prophétique de l'Église dans le monde, nous ferons bien de nous laisser stimuler par la profusion des moyens d'expression de la prophétie vétéro-testamentaire, et en particulier par l'audace de ces paroles signifiantes que sont les actes prophétiques.

PROPHECY IN
THE NEW TESTAMENT CHURCH—AND TODAY

BY

E. EARLE ELLIS

The manifestations of prophecy in the New Testament church are best understood in the light of their background in Israel and in the mission of Jesus. They may then more clearly shed their own light on the possible presence and meaning of prophetic proclamation in the church today. The present essay offers a survey that will, it is hoped, further the discussion of this important subject. To establish the viewpoints that are here rather briefly presented, I must refer the reader to other publications where the various issues are taken up in detail.[1]

I. *Antecedents to Christian Prophecy*

Christian prophecy is rooted in Israel's experience in which God revealed his mind to his people through divinely chosen individuals. As such, it has a number of characteristics in common with Old Testament prophecy. However, it is more closely related to later Old Testament and intertestamental writings in which certain modifications of the classical forms of prophecy occur.[2] Two such modifications are the inspired exposition of earlier Scriptures, itself understood as prophecy, and the increasing affinity of the gift of prophecy with the gift of divine wisdom.[3] In the Wisdom of Solomon, for example, wisdom is said to reside in the "holy prophet"

---

[1] Cf. E. E. Ellis, *Prophecy and Hermeneutic in Early Christianity*, Tübingen 1977. Hereafter cited as *PH*.

[2] According to some ancient Jewish writers prophecy had ceased some time before the time of Christ but other writers witness to its continuation: cf. R. Meyer and G. Friedrich, "προφήτης", *TDNT* 6 (1968), 815-861; É. Cothenet, "Prophétisme dans le Nouveau Testament", *Dict. Bib. Suppl.*, ed. L. Pirot, Paris 1928--, 8 (1972), 1224-33.

[3] Cf. E. E. Ellis, "Weisheit und Erkenntnis im 1. Korintherbrief", *Jesus und Paulus, Festschrift für W. G. Kümmel*, ed. E. E. Ellis et E. Grässer, Göttingen 1975, 109-128; ET : *Tyn. Bull.* 25 (1974), 82-98 (= *PH*, § 3).

Moses, and at Qumran Daniel the wise man is regarded as a prophet.[4]
This development is especially pronounced in the apocalyptic writings,
the literary expression of a movement that is probably to be viewed
as the child of both prophecy and wisdom. For the apocalyptic seers
combine, within the context of a revelation of final and cosmic
dimension, the prophetic vision and word of knowledge with the wise
discernment of its meaning.

Prophecy and wisdom manifest a growing convergence also because
of the increasing association or identification of both with Israel's
Scriptures. From this perspective prophecy came to include not only
a divine word or vision or discernment but also an inspired, prophetic
exposition and current application of earlier biblical prophecies. This
view is reflected in the rabbinic tradition where the prophets are
regarded as the oldest expositors of the law.[5] It is also implied in the
inspired exposition of Daniel and of the wise teachers of Qumran,[6]
the *maskilim*, persons who appear to be the direct antecedents [7] of
the Christian prophets and, in important respects, of Jesus as well.

II. *Jesus as Prophet*

Jesus is identified in the Gospels as a prophet, usually because of
his miraculous powers but also in relation to his destined crucifixion,[8]
his supernatural discernment [9] and his synagogue teaching.[10] The
synagogue teaching included, in accordance with the custom, the
exposition of Scripture and was characterized by authority ($\dot{\epsilon}\xi o \upsilon \sigma \dot{\iota} a$)
and wisdom ($\sigma o \phi \dot{\iota} a$).[11] Since this kind of exposition was recognized to
be within the proper role of a prophet,[12] it may have contributed to
the conviction that Jesus was a prophet.

---

[4] Wis. 7:27; 11:1; 4 Qflor 2:3.

[5] Meyer and Friedrich (note 2), 817.

[6] E.g. Dan. 9:2; 1 QpHab. 7:3f.

[7] Probably to be included within the same apocalyptic sector of Judaism are John
the Baptist, who is recognized as a prophet (Mt. 11:9; 14:5), and those prophetic voices
who herald the birth of Jesus in Luke (1:46, 67; 2:25-32, 36).

[8] Lk. 13:33f. On the association of prophecy and martyrdom, cf. Meyer and Friedrich
(note 2), 781f, 834f.

[9] Lk. 7:39; Jn. 4:19.

[10] Lk. 4:24.

[11] Mk. 1:21f; 6:2.

[12] Cf. E. E. Ellis, "The Role of the Christian Prophet in Acts", *Apostolic History
and the Gospel... presented to F. F. Bruce*, ed. W. Gasque, Exeter 1970, 58-61 (= *PH*, § 7).

In Acts Jesus is identified by his disciples as the prophet like Moses,
a figure in Jewish expectation around whom in the last days the
community of the renewed Israel would be gathered.[13] Within this
context "the prophet" becomes a messianic designation for Jesus
without, of course, excluding other more exalted predicates.[14] Jesus
also is recognized as the one who, after his resurrection, imparts the
gift of prophecy along with other gifts of ministry to his followers.[15]
As the exalted Lord in whom all divine gifts fully and ultimately
reside, he remains the unique prophet (and apostle, teacher, miracle
worker, healer, bishop)[16] who continues his ministry in the manifestation of his powers through his followers.

III. *Prophecy as "Spiritual" Gift*

The gifts or "charisms"[17] from the risen Lord are qualified in
Acts and Paul in ways that help to clarify, particularly, the nature
and meaning of the gift of prophecy. (1) The gifts are exercised in
the name of Jesus and issue in a confession of him.[18] (2) They are the
activity of the same Spirit, albeit in a different role, who is manifest
in the present creation (Gen. 1:2) and in the Old Testament prophets.
Thus the gifts can be described as the fulfilment of Old Testament
promises[19] and, alternatively, Old Testament accounts of the Spirit
can be associated with the present activity of the Spirit in the church.[20]
(3) At the same time the gifts are realities of the coming age, a new
work of the Spirit that is so different and unique that those who are
incorporated into it can be called "a new creation".[21] Christological
in their origin and in their focus, they belong to the same sphere of

---

[13] Acts 3:22f; 7:37; cf. Mt. 11:3; Jn. 6:14; 7:40; 1 QS 9:11.

[14] Cf. O. Cullmann, *The Christology of the New Testament*, London ²1963, 13-50.

[15] Mk. 1:8; Acts 2:33; Eph. 4:8; cf. 1 Cor. 12:4-6. The gifts can also be ascribed by
some New Testament writers to God or to the Spirit. Cf. Acts 15:8; 1 Cor. 12:11;
E. E. Ellis, "Christ and Spirit in 1 Corinthians", *Christ and Spirit in the New Testament*,
ed. B. Lindars, Cambridge 1970, 272ff (= *PH*, § 4).

[16] Cf. 1 Cor. 1:24; Heb. 3:1; Acts 3:22; 2:22; 3:6-16; 1 Pet. 2:25.

[17] Apart from 1 Pet. 2:5; 4:10 the terms χαρίσματα ("gifts") and πνευματικὰ
("spiritual gifts") are found in the New Testament only in the Pauline literature. But
the endowments indicated by the terms are widely evident throughout early Christianity.

[18] Acts 3:6; 1 Cor. 12:3.

[19] Acts 2:16f; Eph. 4:7f; Lk. 4:21.

[20] Rom. 7:14; 1 Cor. 10:3.

[21] 2 Cor. 5:17. Cf. Diognetus 1, 5f : Christians are "a new race".

reality that characterize, throughout, the work of the Spirit in the ministry of Jesus. No less than Christ's miracles and his "kingdom of God" proclamation and biblical exposition, the gifts of the Spirit set forth the "mystery" and manifest the reality of the new creation that is the kingdom of God.[22] Eph. 4:8, 11 exemplifies their eschatological character : "When [Christ] ascended on high..., he gave gifts to men..., apostles, prophets, evangelists, shepherds, teachers". It is evident from their origin in Christ and from their eschatological character that the gifts are to be found only in the church, the community of the resurrection, where they make manifest the hidden presence of the future that will be publicly revealed only at the *parousia* of Jesus Christ.

(4) The gifts may be expressed in the singular as the gift of the Holy Spirit (Acts 2:38) or of salvation (Rom. 6:23). Elsewhere in the Pauline literature and by implication in Acts 2:17ff. they are enumerated severally and are in some measure classified. The "spiritual" gifts or *pneumatika* form one such classification. In Rom. 1:11 such a gift ($\chi\acute{\alpha}\rho\iota\sigma\mu\alpha$ $\pi\nu\epsilon\upsilon\mu\alpha\tau\iota\kappa\grave{o}\nu$) is to be distinguished from other charisms, and in other passages these endowments are identified as gifts of inspired speech or discernment, gifts that apparently are regarded as "the higher gifts".[23] In a word the "spiritual" gifts are prophetic-type gifts : (1) Those who possess them, the pneumatics, are in 1 Cor. 14:37 identified or closely associated with prophets; (2) the knowledge of mysteries and the discernment characteristic of prophets in 1 Cor. 13:2; 14:29 are ascribed also to pneumatics in 1 Cor. 2:7, 14f.; cf. 14:2. These *pneumatika*, then, form the context within which Christian prophecy is to be understood even if for Paul the term $\pi\rho o\phi\eta\tau\epsilon\acute{\iota}\alpha$ had a more restricted connotation. They were prominent in the worship and teaching of the church[24] just as gifts of oversight, for example, were given precedence in other aspects of the church's life.[25]

Finally, (5) according to the New Testament the spiritual gifts

---

[22] Cf. Mt. 12:28, 41f; 13:10-17; Lk. 4:18f, 21; 17:20f. Cf. 1 Cor. 1:24; 2:6-16 with 4:20. The revelation of the mysteries of the kingdom of God is an essential part of early Christian prophecy. Cf. 1 Cor. 13:2; Rev. 10:7. See also the essay of Professor Dautzenberg below, pp. 131-161.

[23] 1 Cor. 2:13; 12:1ff. Cf. 1 Cor. 12:31 with 14:1 ($\zeta\eta\lambda o\hat{\upsilon}\nu$).

[24] E.g. Acts 13:1; 15:32; 1 Cor. 14; Gal. 6:1; 1 Thess. 5:19f; Jas. 3:1; Rev. 1:3; see note 26.

[25] Acts 14:23; 20:17, 28; Phil. 1:1; 1 Tim. 3:4; Jas. 5:14; 3 Jn. 1, 9. Cf. E. Schweizer, *Church Order in the New Testament*, London 1961.

—including prophecy—are mediated by angels, who are called "the spirits of the prophets" (1 Cor. 14:32; Rev. 22:6), or "ministering spirits" (Heb. 1:14) or just "spirits" who are involved in prophetic proclamation (1 Jn. 4:1). This view of the *pneumatika* also seems to be reflected in the comment about Peter's angel (Acts 12:15), in Paul's reference to his (prophetic) "spirit" praying through him in strange tongues (1 Cor. 14:14) and in the benediction, The Lord be with "your spirit" (Gal. 6:18). In connection with prophecy it apparently has its conceptual background in the association of angels with the Old Testament prophets and with the wise teachers (*maskilim*) at Qumran, and it finds its experiential confirmation in the visions of the Christian pneumatics.[26] It has important implications, moreover, for the New Testament's understanding of prophetic inspiration, both of the true prophets and of the false.

IV. *The Role of the Prophet*

Early Christian prophecy displays its particular character in its christological model, in its role vis-a-vis false prophecy and in its rather unusual manifestation as a gift of strange tongues. In its christological orientation it reflects the forms of prophetic expression that characterized the Lord's earthly ministry—predictive oracle (Acts 11:27f.), inspired teaching and discernment (Rom. 12:6), exposition of Scripture. The last two, prophetic teaching and exposition, very likely are the origin of certain pericopes in the New Testament.[27] For example, the "faithful sayings" of the Pastoral epistles (e.g. 1 Tim. 1:15, $\pi\iota\sigma\tau\grave{o}\varsigma$ $\acute{o}$ $\lambda\acute{o}\gamma o\varsigma$) may represent the teaching of a circle of prophets, and the $\lambda\acute{e}\gamma\epsilon\iota$ $\kappa\acute{\upsilon}\rho\iota o\varsigma$ quotations of the Old Testament very probably do (e.g. 2 Cor. 6:14-18). The latter, one may add, employ a *pesher* technique found at Qumran, i.e. a particular interpretive elaboration and application of the biblical passage to the current, end-time situation. Expository patterns like that found in 1 Cor. 2:6-16 also appear to be the work of prophets or pneumatics.

---

[26] 2 Cor. 12:1f, 7; Acts 12:7; 27:23; Rev. 22:6. Cf. E. E. Ellis, "'Spiritual' Gifts in the Pauline Community", *NTS* 20 (1973-74), 128-144, 142f; "Paul and his Opponents", *Christianity, Judaism... Morton Smith at Sixty*, ed. J. Neusner, 4 vols., Leiden 1975, I, 264-298 (= *PH*, § 2, 5). See also the essay of Professor Reiling below, pp. 58-76.

[27] Cf. E. E. Ellis, "How the New Testament Uses the Old", *New Testament Interpretation*, ed. I. H. Marshall, Exeter 1977, 199-219 (= *PH*, § 8).

They reflect methods of interpretation that were well known in Judaism and that were used previously by Jesus.[28]

Prophecy occurs in the early church both as the occasional utterance of various members of the congregation and as the continuing ministry of a relatively few persons within it. In the latter case it is apparently the gift of those who are recognized "to have prophecy" ($\check{\epsilon}\chi\epsilon\iota\nu$ $\pi\rho o\phi\eta\tau\epsilon\acute{\iota}\alpha\nu$) and who are designated prophets or pneumatics.[29] Such persons conduct their ministry in one congregation [30] or throughout a region,[31] singly or more often in groups.[32] The prophets can be differentiated from their fellow pneumatics, the teachers, by their knowledge of divine mysteries and by the experience that imparts such knowledge (1 Cor. 13:2), by their ability to deliver divine oracles and, consequently, by the greater authority of their biblical interpretation. But as Professor Greeven (*ZNTW* 44, 1952-53, 28f.) has rightly observed, no rigid line of division can be drawn between the exposition of prophets and that of teachers.

When true to their calling, the pneumatics and especially the prophets among them, are primarily concerned with the "building up" ($o\grave{\iota}\kappa o\delta o\mu\grave{\eta}$) of the covenant community. They regard their message and conduct as a "testimony to Jesus" [33] in contrast to the speculative endeavors and divisive "fleshly" ethics of those who have misused or counterfeited the gifts.[34] They may on occasion predict temporal judgements on the world and, also like Jesus, they may perform miracles, exhort men to repentance and warn of the final judgment.[35] Equally they may exhort believers concerning their responsibilities to do good works in the world;[36] but they do not appear to regard

---

[28] E.g. Mt. 21:33-44; Lk. 10:25-37. Cf. E. E. Ellis, "A Note on Pauline Hermeneutics", *NTS* 2 (1955-56), 127-133; "Saith the Lord", *Evangelical Q* 39 (1957), 196-204; "New Directions in Form Criticism", *Jesus Christus in Historie und Theologie. Festschrift für H. Conzelmann*, ed. G. Strecker, Göttingen 1975, 299-315 (= *PH*, § 9, 10, 16).

[29] Cf. H. B. Swete, *The Holy Spirit in the New Testament*, London 1910, 377.

[30] Acts 13:1; 15:22, 32; 21:9; 1 Cor. 13:2; 14:37.

[31] Acts 11:27; 15:22, 32; Did. 11:3ff; cf. 1 Cor. 16:12 with 3:22-4:1 ("stewards of the mysteries").

[32] Acts 21:10 (singly); 11:27; 13:1; cf. Jn. 21:24; Rev. 22:8.

[33] 1 Cor. 12:3; Col. 3:16f; Rev. 19:10 : "The spirit of prophecy is the testimony to Jesus". Cf. 1 Cor. 2:6-16; 3:1ff; 13:2; Col. 2:3-9; E. E. Ellis, "Paul and his Co-workers", *NTS* 17 (1970-71), 437-542 (= *PH*, § 1).

[34] 1 Cor. 3:1-3; 2 Cor. 11:4, 13; Col. 2:18f; 1 Tim. 1:4; Tit. 1:10ff; cf. Rev. 2:20.

[35] Acts 11:28; cf. Mk. 13:2. Cf. Acts 13:1 with 14:1, 15; 17:30f; cf. Rev. 11.

[36] This assumes that the New Testament authors themselves write as prophets or

the reform of the society of the present age, the οἰκουμένη, as a part
of their task.

In the early church the individual prophet was not the final judge
of the validity of his own message; rather he was to be subject to the
regulation or "testing" (διακρίνειν) of other recognized prophets.
Only after his message had been tested was it to be received as the
word of the Lord.[37] It was tested apparently not only to distinguish
the Spirit's word from the prophet's natural impulses but also to
identify and exclude perverse, false prophecy.

Prophets in the early church faced their most formidable challenge
in their counterfeit, the false prophets. Implicitly or explicitly such
pseudoprophets are predicted or actually come into view in virtually
all strata of the New Testament. Emerging as imitators or defectors
and as opponents of the New Testament apostles and prophets,[38]
they are accused by the New Testament writers of conveying a
different spirit and proclaiming another Jesus and a different gospel.[39]
They mediate a teaching of demons,[40] characterized by greed,[41]
asceticism and/or sexual licenciousness.[42] Furthermore, they promote
distorted attitudes toward angelic spirits—in Colossians a false
humility, in Jude an arrogant irreverence—and a displacement or
disparagement of the proper, central role of Jesus.[43] The presence
of false prophecy and the uncertainties involved in discerning it
caused the gift of prophecy itself, despite occasional revivals of it,
gradually to fall into disuse and in some measure into disrepute.

V. *Prophecy and Tongues*

Speaking in tongues or languages (λαλεῖν γλώσσαις), *glossolalia*, is
used in the New Testament as a technical term for one of the

---

pneumatics. Generally their exhortations relate to personal ethics (Eph. 2:10; 4:25-29;
1 Pet. 3:8-11; 4:15f), but they are not without social implications (Col. 3:22-4:1;
Eph. 6:9; Plm. 16; Jas. 2:1-9, 15f; 5:1-8).

[37] 1 Cor. 14:29; cf. 1 Th. 5:19ff; 1 Jn. 4:1 (δοκιμάζειν); Rev. 2:2 (πειράζειν). Did. 11:7
forbids testing (διακρίνειν) by the congregation.

[38] E.g. Mt. 7:15; Mk. 13:22; Acts 13:6; 2 Pet. 2:1; cf. Did. 11:5ff; Hermas, *Mand.*
11:7. On Paul's opponents see note 26.

[39] 2 Cor. 11:4, 13ff; Gal. 1:6; 1 Jn. 4:3; cf. Jude 4.

[40] 1 Tim. 4:1; cf. Jas. 3:15; Rev. 16:13f.

[41] Phil. 3:19; Rom. 16:18.

[42] Col. 2:16ff; 2 Tim. 3:6; Jude 7f; Rev. 2:20.

[43] 1 Cor. 12:3; 2 Pet. 2:1-3; 1 Jn 4:1-3.

pneumatika, the spiritual gifts. As such it is found almost exclusively in Acts and 1 Corinthians; but the phenomenon appears quite widely in early Christianity [44] and, from time to time, throughout the history of the church.

As a spiritual gift speaking in tongues is identified as a "higher" charism that Paul himself frequently manifests and urges believers to seek zealously.[45] As a gift of inspired speech it has a number of affinities with prophecy. Perhaps experienced earlier by Old Testament prophets,[46] it is identified in the book of Acts with prophecy.[47] The same phenomenon appears in 1 Cor. 14 along with prophecy, as a less desirable but nonetheless a recognized form of prophetic proclamation. Like prophecy, "tongues" can be manifested in an ecstatic or non-ecstatic manner. Like prophecy, they are spoken "in the Spirit" and therefore, when interpreted, mediate the mind of God.[48]

Unlike prophecy, as Paul uses the term, tongues are manifested with the speaker's mind ($\nu o \hat{v}s$) held in abeyance. They are the prayer of his "spirit", directed to God, and do not instruct his mind or the minds of his hearers. Consequently, as a public manifestation in church they are less appropriate than prophecy and are to be restricted or, when no one gifted to interpret is present, to be abstained from.[49] In another analogy the unintelligible tongues are apparently regarded as a hidden prophetic word whose hearers "hear but do not understand". Like Jesus' parables they are a word of condemnation upon unbelievers.[50] But, Paul implies, this kind of prophetic proclamation is inappropriate in church because it does not accord with the church's present ministry of redemption. Nevertheless, when given in a language that is understood (Acts 2) or when accompanied by the Spirit's interpretation, tongues are a legitimate form of Christian prophecy.

---

[44] Cf. Mk. 16:17; Rom. 8:26; Iren. *a.H.* 5, 6, 1; Tert. *a. Marc.* 5, 8, end; Origen *c. Cels.* 7, 9; H. Chadwick, *Priscillian of Avila*, Oxford 1976.

[45] 1 Cor. 14:18; since in 14:12 "to be zealots for" ($\zeta\eta\lambda\omega\tau\alpha\grave{\iota}$ $\epsilon\hat{\iota}\nu\alpha\iota$) means "to seek" ($\zeta\eta\tau\epsilon\hat{\iota}\nu$) the same may be inferred for the cognate in 14:1; 12:31. See note 23.

[46] Cf. Isa. 28:9ff.

[47] Acts 2:4, 17f; 19:6.

[48] 1 Cor. 14:2; 2:6-16.

[49] 1 Cor. 14:2, 4f, 13-19, 27f.

[50] This idea seems to be present in Paul's reference to Isa. 28:11f in 1 Cor. 14:21. Cf. Isa. 6:9; Mk. 4:11f; 1 Cor. 14:21-25; E. E. Ellis, *The Gospel of Luke*, London ²1974, 125 on Lk. 8:10.

VI. *Prophecy and Ecstacy*

Ecstatic manifestations of prophecy and other *pneumatika* are to be distinguished both in their cause and, ultimately, in their effect from ecstacies that are emotional, pathological or demonic in origin. Even when symptomatic similarities are present, they do not necessarily imply similar stimuli. As C. S. Lewis has rightly observed, "The very same phenomenon which is sometimes not only natural but even pathological is at other times... the organ of the Holy Ghost".[51] Paul's Damascus vision, for example, may be distinguished from a mental illness or an emotional reverie by the effects that it produced in his subsequent life.

One must resist the temptation to "psychologize" the manifestations of the Holy Spirit. At the same time criteria must be sought by which such manifestations may be distinguished from similar, purely natural psychological phenomena. For Paul the criteria include above all a Christological focus [52] and the fruit of love, the confessional and ethical norms of a healthy Christian life.[53] Emotion, ecstacy and "the charismatic personality" are no more the criteria for prophecy than they are the cause of it. But an emotional exaltation may accompagny the presence of the Spirit in power, an emotion that in the ministries of Jesus and of the apostles unknowledgeable observers mistook for a psychological or demonic aberration.[54] Emotional exaltation, i.e. ecstacy, in the manifestation of the spiritual gifts is properly to be judged by St. Paul's rule : "the spirits of the prophets subject themselves to the prophets".[55] Uncontrolled ecstacy, as in an altered state of consciousness, has ceased to be responsible Christian ecstacy.

VII. *Applications in the Contemporary Church*

Several characteristics of New Testament prophecy have significant implications for prophetic proclamation in the church today. First, the

---

[51] C. S. Lewis, "Transposition", *Weight of Glory and other Addresses*, New York 1949, 17.

[52] This includes, of course, not only a confession of the name (1 Cor. 12:3 ; 1 Jn. 5:1) but also a proper theological apprehension of the meaning (1 Cor. 2:2, 16 ; 1 Jn 1:2 ; 4:2) and centrality (Col. 2:2f ; Rev. 19:10) of the person and work of Jesus.

[53] 1 Cor. 13:1 ; Eph. 4:11-15.

[54] Mk. 3:21f ; Acts 2:13 ; 26:24 ; cf. 1 Cor. 14:23 ; 2 Cor. 5:13.

[55] 1 Cor. 14:32.

biblical exposition of the early Christian prophets, as it is represented in Acts and in certain pericopes of the New Testament epistles, displays a concern to present the message in accordance with and as a fulfilment of the Scripture. In part this reflects the recognition of the principle expressed in Dt. 13:1-3 that no prophetic message could be justified in the eyes of the Jewish nation if it could not show itself to be in agreement with "Moses and the prophets". It also reflects the Christian prophets' own commitment not to go "beyond what is written" (1 Cor. 4:6), a commitment to a normative biblical authority by which their message and conduct were ever again to be examined and corrected.

A second feature is the New Testament church's understanding of prophecy as an eschatological reality. The church lives in the time of the overlapping of the ages, between the resurrection (R) and the *parousia* (P) of the Lord. Thus it exists both in the age to come and in the present age. Its life and destiny belong to Christ and the world that is coming; nevertheless, it continues to live in the Adamic world that is coming to its end.[56] The New Testament's conception of the church's existence in two worlds may be illustrated by the following diagram :

In the resurrected and exalted Messiah the church already participates in the age to come, and particularly so in the gifts from its Lord by which it exercises its ministry. At the same time it continues to live within the structures of the Adamic οἰκουμένη, the present perishing creation,[57] and has responsibilities to do good works within and for those structures. The fulfilment of both tasks, ministry and good works, requires first of all that the church not confuse them.

For the New Testament, then, Christian ministry, including prophetic

---

[56] Cf. Ellis, *Luke* (note 50), 12-18; *Eschatology in Luke*, Philadelphia 1972; "The Structure of Pauline Eschatology", *Paul and his Recent Interpreters*, Grand Rapids 1971 (= *NTS* 6, 1959-60, 211-224).

[57] Eph. 4:8; see notes 21, 22. In the New Testament the present οἰκουμένη is never the object of God's redemption; it has received his final "no" and is destined to the judgment of death.

proclamation, has been given to the church for its edification (οἰκοδομὴ) and has an eschatological dimension that radically separates it from the socio-political structures of the present world. However, the church's ministry is regarded by many today as a political instrument to implement justice in the societies of the present world. For them the New Testament perception of ministry as an eschatological reality, set apart from partisan political struggles, is socially irrelevant and, even worse, by its failure to promote their "just cause", it has become the supporter of "injustice".

To these criticisms a number of replies may be made. First of all (1), one must reject the proposition that since every action (or non-action) has effects in society, every action is political. This is a vast oversimplification that is scarcely more than a clever ploy. Also (2), the refusal of our Lord to allow his ministry to be caught up in the political struggles for justice in his own time gives the highest precedent for his ministers' similar refusal today. The "political" ministry finds its model not in the New Testament but in the middle ages, a model that is theologically mistaken and that, in the present post-Constantinian period of the church, has its own problems of relevance. Like the medieval prophecy that is said to have launched the Children's Crusade to liberate Palestine, such ministry is of questionable validity and clearly does not warrant the label "prophetic" in any New Testament sense of the word. For when "prophetic proclamation" becomes a vehicle to promote partisan political and economic ideologies of the present world, however well intentioned, it has lost contact with the New Testament conception of ministry.

Finally (3), Christian ministry as it is perceived in the New Testament is, in fact, not isolated from the problems of the present world. In exhorting believers to follow their Lord in doing good works,[58] it has beneficial secondary effects upon the whole society. In this way it encourages Christians, who are subjects of Caesar as well as citizens of the kingdom, to support in a Christian manner this or that political or economic view that they in conscience and judgment believe will ameliorate the evils in Caesar's world (οἰκουμένη). At the same time this understanding of ministry clearly sets forth its eschatological character and guards it from being used to set class against class and nation against nation. Furthermore, it makes clear the distinction between the gospel and good works, the redemptive powers of the

---

[58] Acts 10:38; Eph. 2:10.

age to come and the preserving "salt" for the present dying age.
Such a distinction is not without importance for the ministry of the
contemporary church.

A third characteristic of New Testament prophecy, significant for
the church today, is its communal context. Prophecy was always an
activity within a Christian community, whether the smaller circle
of pneumatics or the larger structures of the church as a whole. As the
activity of an apostle, a very special kind of prophetic person, it was
at times a sovereign proclamation answerable only to Jesus.[59] Otherwise, prophecy was subject to examination (ἀνακρίνειν, διακρίνειν) by
other pneumatics, the prophetic and/or teaching community within
the congregation.[60] It was thus subjected because prophecy or,
specifically, the divine knowledge mediated through it is always
knowledge in part, the reflection of an imperfect mirror.[61]

If and when prophecy occurs in the church today, it is equally in
need of examination by others in the Christian community, not with
prejudice (1 Thess. 5:20) but with a wisdom that is both biblically
informed and filled with the Spirit. Thus regulated, true prophecy
can be affirmed and misguided expressions corrected in order that
this ministry, so important in the early days of our faith, may in the
grace of God once again be used to build up Christ's church.

---

[59] 1 Cor. 4:2-4; 9:1-3. Nevertheless, apostolic acts and teachings were not thereby
exempt from counsel or critique. Cf. Gal. 2:2, 11; Acts 11:2 (διακρίνειν).

[60] 1 Cor. 2:14f; 14:29.

[61] 1 Cor. 13:9, 12.

PROPHECY, THE SPIRIT AND THE CHURCH

BY

JANNES REILING

Any study of early prophecy as a whole or of certain aspects of it has to cope with the problem of the evidence. There is no doubt that there have been a good many Christian prophets till well on in the second century A.D. but there is precious little material which can be identified as record of prophetic messages. Prophecy is a ministry of the spoken word, not of literary records. When we set out to trace the message of the early Christian prophets we must try to disentangle it from the written records which we have.

This task has been undertaken recently by Ulrich B. Müller in a thorough investigation of a number of New Testament texts.[1] Müller applies the tools of form criticism and tradition criticism to his material. His criteria for detecting prophetic messages are:

(a) Structure of oral speech must be identified in the written material (form critical);

(b) prophetic speech must serve the purpose of *paraenesis* (criterion of content);

(c) prophetic speech authenticates itself as revelation by a messenger-formula (form critical);

(d) prophetic speech may use traditional prophetic material from earlier prophetic traditions, Old Testament or Jewish prophecy (tradition critical).[2]

The application of these criteria to the letters of the Apocalyps and a number of passages from Paul yields interesting results.[3] At the same time, however, the picture of prophecy which emerges is some-

---

[1] Ulrich B. Müller, *Prophetie und Predigt im Neuen Testament*, Gütersloh, 1975, 256 pp.

[2] *Op. cit.*, p. 43-46. Müller emphasizes that the last criterion is corroborative only and in itself not sufficient to identify prophetic speech.

[3] In the Apocalyps the results are more satisfactory than in Paul since the letters in the former identify themselves as prophetic messages.

what bloodless. We do not "see" the prophets as they stand up and speak in the congregation, we only trace words that might have been spoken in such a situation but are now integrated in a different setting. It appears, therefore, recommendable to try another approach and attempt to reconstruct as best as possible how Christian prophecy functioned, and to ask what actually happened when one or more prophets stood up and said what the Spirit made them say.

In other words, to build the picture of prophecy in its "Sitz im Leben". There is no need to tell that a full picture of Christian prophecy in action is a unattainable goal, due to the state of the source materials. A treatise "On Prophecy" has been composed by bishop Melito of Sardes [4] but we have only its title. In fact we have only two texts which are devoted more or less completely to Christian prophecy, namely 1 Corinthians 14 and the 11th Mandate of the Shepherd of Hermas. Apart from these there are only scraps of information and hence to be used with caution.

Another preliminary question presents itself when we take into account the picture of diversity or even contrast in early Christianity which it is customary to draw today. Recently Traugott Holtz has criticised the modern trend to split primitive Christianity into a body of fiercely conflicting and mutually exclusive theological schools.[5] He holds tradition criticism responsible for this development since it tends to isolate the several traditions which it discovers from their context and investigates them as part of a tradition strand as if this strand has or had a life of its own. Applied to our material this could lead to a variety of types of prophecy [6] to the extent, perhaps, that we can hardly speak of New Testament prophecy at all. The *vitium originis* of this approach is the assumption that behind every tradition is a group who adhered to the ideas and convictions represented by that tradition and excluded other traditions.

This is not the place to embark upon an appreciation of tradition criticism in general. For our purpose it may be worthwhile to go into the opposite direction and to look for what if anything all

---

[4] Cf. Eusebius, *Eccl. Hist.* IV 26, 2. The full title was Περὶ πολιτείας καὶ προφητῶν.

[5] Traugott Holtz, "Überlegungen zur Geschichte des Urchristentums", *Th.L.Z.* 100 (1975), c. 321-332.

[6] Cf. e.g. Ernst Käsemann, "Sätze heiligen Rechtes im Neuen Testament"; "Die Anfänge christlicher Theologie", *Exegetische Versuche und Besinnungen* 2, Göttingen 1965, p. 69-104. Müller, *op. cit.*, p. 178ff.

prophets have in common. This may lead to detect a constant
element which underlies all the diverse phenomena of Christian
prophecy of the first and second century A.D.

One final introductory remark has yet to be made. Our conference
has as its topic : "Prophetic Vocation in the New Testament and
Today". It is my conviction that we cannot restrict ourselves to the
New Testament. Prophecy did not come to a stop at the end of the
first century. There is sufficient evidence that it lived on in the second
century till the end of the Montanist crisis.[7] Given the dearth of
evidence from the New Testament we must take into account all
materials of the whole period in which prophecy flourished and,
in the end, withered, and see what light they throw on New Testament
prophetic vocation, and from there on prophetic vocation today.

I. *The church as a gathered community*

Before dealing with the prophets we turn our attention to the
church in which they were active. The approach which we chose
implies that we do not concentrate on theological concepts of the
church or on sociological models expressing its "Selbstverständnis".
The question we ask is : what happened ? What happened when the
Christians of the first generations met ? Again, we do not have detailed
accounts. The first extensive record is that of Justin, *Apology* 67,
and the most significant part of it is that "all who live in the cities
or in the countries gather together to one place".[8] Gathering together
to one place (ἐπὶ τὸ αὐτὸ) is not only the physical prerequisite for
any corporate act of worship, instruction or otherwise, but the
expression of Christian fellowship itself. The phrase recurs in almost
every context which relates to worship. It means "that the local
separation is removed, the unity is restored"[9], as is brought out in
several places. In 1 Clement 34:7 it is preceded by ἐν ὁμονοίᾳ. In the
9th similitude of the Shepherd of Hermas εἰσελθεῖν ἐπὶ τὸ αὐτὸ is
synonymous with γενέσθαι ἓν σῶμα, to become one body.[10] When the
believers are ἐπὶ τὸ αὐτὸ there is "one prayer, one petition, one mind,

---

[7] Cf. my *Hermas and Christian Prophecy*, Leiden 1973, p. 9f.

[8] Translation of A. C. Coxe (ed.), *The Anti-Nicene Fathers*, Vol. I, repr. Grand
Rapids, 1973, p. 186.

[9] W. C. van Unnik, "1 Clement 34 and the 'Sanctus' ", *Vig. Christ.* 5 (1951), p. 231.

[10] 17, 5. Cf. present writer, *op. cit.*, p. 132.

one hope in love, in blameless joy".[11] Christians must come together. If they don't, they may slacken in the faith.[12]

From the texts quoted it is also clear that this is not a meeting of individual believers but a corporate event. It is the body of Christ that comes together, because all have been baptized into one body by one Spirit (1 Cor. 12:13). Their coming together for worship, fellowship and instruction is as it were a magnetic field of the Holy Spirit. The classic expression for this found in the Apostolic Tradition of Hippolytus : "Let each one be zealous to go to the assembly to the place where the Spirit abounds".[13]

Without explicit reference to the Spirit Ignatius says : If the prayer of one or two has so much power, how much more that of the bishop and the whole church,[14] and elsewhere : When you frequently come together, the powers of Satan are destroyed and his destructive force is annihilated by the concord (ὁμόνοια) of your faith.[15] It goes without saying that the power of prayer and that which destroys the power of Satan is the Holy Spirit which is, as it were, released through the prayer of the gathered community. The Holy Spirit is manifest not only in exorcism or excommunication but in the first place in the worship of the gathered community. In Ephesians 5:18 the injunction to be filled with the Spirit is followed by the words : Speak to one another in psalms and hymns and spiritual songs.[16] i.e. songs inspired by the Spirit. In Romans 8:15 the cry Abba, Father is the cry of the Spirit.[17]

These examples may suffice to show that the gathered community, συνέλευσις ἐπὶ τὸ αὐτὸ in the words of Justin, is the focal point of the presence and activity of the Holy Spirit. It is here that we have to visualize the Christian prophets in action. Before we can, however,

---

[11] Ignatius, *Magnes.* 7, 1 translation R. M. Grant, *The Apostolic Fathers*, vol. 4, Camden 1966, p. 61. ἐπὶ τὸ αὐτὸ is here without verb and hence open to varying interpretations. As the local meaning is clear in other places (*Eph.* 5, 3 ; 13, 1) it is best understood in the same meaning here.

[12] Cf. Hebr. 10:25 ; Barn. 4, 10.

[13] Ed. E. Botte (*Sources chrétiennes*, Paris 1968), 41, p. 124 : *unus quisque sollicitus sit ire ad ecclesiam, locum ubi spiritus sanctus floret.*

[14] *Eph.* 5, 3 ; as the ensuing words ὁ οὖν μὴ ἐρχόμενος ἐπὶ τὸ αὐτὸ show it is the prayer of the gathered community that is in the author's mind.

[15] *Eph.* 13, 1. Cf. also 1 Cor. 5:4 where there is in the gathered community the power of the Lord Jesus ; in this case it is the power to excommunicate.

[16] Cf. also Coloss. 3:16.

[17] Cf. Gal. 4:6 where the Spirit itself is subject.

set out to picture them in their prophetic action another question
comes up concerning the church and the Spirit. The Spirit is not
only given to the body but also received by the individual believer.
This raises the question of whether all members of the body have the
Spirit to the same degree or whether some believers are special
bearers of the Spirit equipped for special ministries such as for
instance the ministry of prophecy. Interwoven with this question
is another which haunts the interpreters ever since it was raised by
Hermann Gunkel as long ago as 1888.[18] This question concerns the
nature of the experience of the Holy Spirit. Is a momentary experience
of an overwhelming inspiration ("Enthusiasmos") or is it the experience
of a permanent presence ?

Many scholars hold that the momentary inspiration by the Spirit
is the oldest Christian experience and that the idea of the Spirit as
the guiding and determining force in daily life is a later development
and the result of reflection upon the nature of the Spirit.[19] In the
argument the events related in the book of Acts play a considerable
role, either as evidence of popular Christian experience or of Luke's
limited concept of the Spirit as merely an exceptional power to work
miracles of witness. In most opinions the experience of the earliest
Christians and the view of their historian appear to be more or less
the same.

It is beyond doubt that the distinction between a permanent
presence of the Spirit and a momentary inspiration by the Spirit in
the New Testament, and, for that matter, in all Christian experience,
is a real one. But this does not necessarily imply that behind this
distinction are two different types of Spirit-experience! We forget
easily that for the early Christians the Holy Spirit was a reality,
first of all to be experienced and later to be reflected upon. They did
not feel the need to ascribe all their doings and experiences to the
Holy Spirit in so many words, but implicitly they did. In Acts 2:42
the κοινωνία to which the earliest Christians are reported to have
devoted themselves, is not actually identified as κοινωνία τοῦ
πνεύματος.[20] But its absolute use carries overtones of the corporate
life of the church and the fact that the passage follows immediately the

---

[18] H. Gunkel, *Die Wirkungen des Heiligen Geistes nach den populären Anschauungen
der apostolichen Zeit und der Lehre des Apostels Paulus*, Göttingen 1888, 1909³.

[19] Cf. present writer, *op. cit.*, p. 137f.

[20] Cf. Philipp. 2:1 ; 2 Cor. 13:13.

account of the outpouring of the Spirit suggests that the author meant this corporate life to be seen as the result of the gift of the Spirit. To quote C. H. Dodd : "For this special type of social unity Paul found the fitting expression : 'the communion of the Holy Spirit (2 Cor. XIII 13, Phil. II 1).' The phrase is his; the thing was there from the outset".[21]

There is, therefore, no reason to assume the momentary inspiration to be the most authentic and original experience of the Spirit in primitive Christianity. Both forms are there from the beginning.

There can, however, be no doubt that the emphasis was also from the beginning on the permanent endowment of all believers with the Spirit. At Pentecost all were filled with the Spirit (Acts 2:4). The reception of the Spirit by the gentile believers is God's witness to the fact that they are genuine Christians (Acts 15:8). Hence the question : Did you receive the Holy Spirit when you believed? (Acts 19:2). A rich outpouring of the Spirit came upon all (1 Clement 2:2). All who received the name of the Son of God also received the power of the virgins who represent the Holy Spirit (Hermas, *Sim.* IX 13, 7), to give a few random quotations. The Spirit was the distinctive experience of all Christians.

If all Christians share in the gift of the Spirit, it is yet conceivable that some have the Spirit in a greater measure than others. Bultmann, intimating that this was the case, added that this amounted to ignoring the general endowment with the Spirit.[22] This raises the question whether the early church recognised in its ranks a special group of Spirit-bearers, or πνευματικοί.

Let us begin the answer to this question by looking to the word itself. Πνευματικός, denoting a person occurs in early Christian literature only in Paul and once in Barnabas and Ignatius.[23] The places in 1 Cor. admit of the interpretation that in the Corinth church some members called or considered themselves as πνευματικοί. But in the first place there is no reason to follow Conzelmann who thinks that ψυχικὸς and πνευματικὸς in 1 Cor. 2:14ff. refer to two distinct groups in the church and that Paul himself claimed to belong to the latter.[24] It is more consistent with Paul's argument to take the two adjectives in vv. 14-15 to be unspecified and to assume that it is

---

[21] C. H. Dodd, *The Apostolic Preaching and its Development*, London 1944, p. 58f.
[22] R. Bultmann, *Theologie des Neuen Testaments*, Tübingen 1958³, p. 160.
[23] 1 Cor. 2:15; 3:1; 14:37; Gal. 6:1; Barn. 4:11.

not until 3:1ff. that he reveals his judgment on the spiritual state
of the Corinthian Christians in the past and at the time of his writing :
they are not πνευματικοί even if a number of them thought they were.

Yet in 3:16 he reminds the same Christians that the Spirit of God
dwelled in them. It appears that Paul recognises that they all have
the Spirit but at the same time wants some of them to understand
they are not πνευματικοί in the sense of special bearers of the Spirit.
In Galatians 6:1 οἱ πνευματικοί are addressed to the whole church,
and not to a special group in the church. The injunction in Barnabas
4:11 : Let us be spiritual people, let us be a perfect temple to God,
also refers to the Christians in general, not to a special group among
them.[25] We may conclude that though possibly there were individual
Christians or groups of Christians who called themselves πνευματικοί,
as distinct from other Christians, this claim is rebuked by Paul :
when he and other early Christian writers use the word πνευματικὸς
it denotes all Christians but in a paraenetic sense, either as the ground
of an exhortation or as its purpose.

But if the word failed, the phenomenon of the special Spirit-bearers,
"Pneumatiker", may have existed in its own right. Conceivably,
Luke thinks of such people when he describes the seven men who
were to serve the church in Jerusalem at the tables. They had to be
full of the Spirit and of wisdom [26] and one of them, Stephen, is
emphatically identified as full of faith and of the Holy Spirit, and
full of grace and power,[27] but this does not mark them as standing
apart from the rest of the community as special "Pneumatiker".[28]
If this would be the case then we might expect this to be true of the
apostles in the first place. But when Peter began to speak to the
Sanhedrin he was filled with the Holy Spirit (Acts 4:8), just like the
whole church at Pentecost (2:4) and after the release of Peter and
John (4:31). The distinction between the apostles and the other
Christians was not their special endowment with the Spirit but their
apostolic commission. The same is true of the apostle Paul. The

---

[24] H. Conzelmann, *Der erste Brief an die Korinther*, Göttingen 1969, p. 87f, *ad loc.*,
on the basis of the distinction between ἡμεῖς in 2:16b and ὑμῖν in 3:1.

[25] The same is true of Ign. *Eph.* 8, 2 : πνευματικὸς denotes the Christian is general.

[26] Acts 6:3.

[27] Acts 6:5, 8; cf. also 7:55.

[28] Perhaps the phrases mean full of wisdom of the Spirit and full of faith due to
the Spirit, the two nouns following πλήρης forming a hendiadys.

apostolic grace which was given to him [29] is nowhere explained or identified in terms of the Holy Spirit but in terms of divine commission and equipment. But this is also true of the gifts of the Spirit to the church : they differ according to the grace given to the members, i.e. according to God's commission and equipment just like the apostle (Rom. 12:6). This grace is just as spiritual i.e. from the Spirit, as the apostle's.[30] What is true of the apostle is true of all other ministries and gifts in the church. They presuppose the church as a spiritual body.

To sum up, the Holy Spirit is given to the whole church and to all believers but not so that some members are more spiritual than the others. The church is the spiritual presupposition of the various spiritual gifts and ministries within it. The latter are given to the form and through the church to its members.

When we attempt to restate this conclusion in terms of permanent endowment and momentary inspiration we can say that permanent endowment is the presupposition of the momentary inspiration. Conceptually they may be felt to be contradicting, experientally they are not. The endowment with the Spirit is a dynamic experience and subject to rise and fall. The gifts of the Spirit are part of the endowment. Potentially they are always present in the church and they come to life when the Spirit stirs the members of the church to service. In 1 Corinthians 12:31 and 14:1, 39 Paul admonishes his readers ζηλοῦτε δὲ τὰ χαρίσματα or τὰ πνευματικά.

It is worthwhile to consider these phrases because they shed light on the presence of the gifts of the Spirit in the church. Translations vary from "set your heart on" (Goodspeed, Moffatt, Phillips) to "aim at" (NEB). Some commentators understand it as "to pray for". These interpretations suppose tacitly that the church members should do their best to obtain one or more of them. Following W. C. van Unnik I would suggest another interpretation. In an unpublished paper he brings together a number of places where it means "to practice zealously". In the context of 1 Corinthians 12-14 this means that the

---

[29] Cf. Rom. 1:5; 12:3; 15:15; 1 Cor. 3:10; Gal. 2:9.

[30] Cf. E. Käsemann, *Die Legitimität des Apostels*, Z.N.W. XLI, 1 (1942), p. 60 = K. H. Rengstorf, *Das Paulusbild in der neueren deutschen Forschung*, Darmstadt 1964, p. 508 : "Apostolat und Gemeinde sind pneumatische Realitäten. Darum erhält jedes nur in Zusammenhang mit dem anderen Sinn und Gewicht, wie beides im Geber des Geistes begründet ruht".

gifts are not things to be obtained because they are present in the
church but because they are part of the Spirit-endowment of the
church.[31]

II. *The prophet in the gathered community*

It is in this Spirit-endowed church that the Christian prophets
serve. Before turning to that service there is, however, reason to
consider the prophets themselves somewhat more closely. Since
Harnack's thesis of itinerant apostles, prophets and teachers as the
charismatic ministers of the whole church over against the non-
charismatic administrative local ministries [32] the question whether
the prophetic ministry was local or universal has been discussed.
In 1952 Heinrich Greeven made a plea for the local ministry of the
prophet.[33] But the evidence is more complex than that. There can be
no doubt that there have been wandering prophets. The warning
against the false prophets (Matthew 7:15) suggests wandering prophets
who visit the congregations. The same applies to Matthew 10:41 :
whoever receives a prophet as a prophet. Prophets went from Jerusalem
to Antioch (Acts 11:27, cf. also 15:32). The *Didache* pictures the
prophets as essentially wandering prophets who come to the churches
(13, 1). Perhaps also the 42nd logion of the *Gospel of Thomas*: "become
those who pass by", refers to wandering prophets.[34] Finally, as late
a source as Celsus appears to know Christian prophets wandering
from place to place.[35]

At the same time, however, it is clear that there have been local
prophets. The church of Corinth appears to have been visited by
apostles and preachers but no visits of prophets are mentioned.
The false prophets of 1 John. 4:1 are teachers of the local church.
What the wandering and the local prophets have in common is the
title of prophet. According to Greeven the emergence of the prophets

---

[31] Cf. present writer, *op. cit.*, p. 146f.

[32] The thesis was first presented in *Die Lehre der zwölf Apostel nebst Untersuchungen
zur ältesten Geschichte der Kirchenverfassung und des Kirchenrechts, Texte und Untersuchungen* II, 1-2, Leipzig 1884, and repeated in *Die Mission und Ausbreitung des
Christentums in den ersten drei Jahrhunderten* I, Leipzig 1924[4], p. 340-379.

[33] H. Greeven, "Propheten, Lehrer, Vorsteher", *Z.N.W.* 44 (1952-1953), p. 1-43.

[34] Cf. G. Quispel, *Makarios, das Thomasevangelium und das Lied von der Perle*,
Leiden 1967, p. 20f.

[35] Cf. Origen, *Contra Celsum* VII, 9 and H. Chadwick, *Origen: Contra Celsum*,
Cambridge 1953, p. 204f, *ad loc.*

bearing that title is but the second stage in the history of Christian prophecy.[36] The first stage is that in which prophecy is "ein Besitz der ganzen Gemeinde", and this stage is all but over at the time of 1 Corinthians. But this appears to be a simplification. In 1 Corinthians there is at least as much evidence of what I have called elsewhere congregational prophecy as of prophets bearing that title. Luke reports congregational prophecy in the church of Ephesus (Acts 19:6). As to the Apocalypse Dr. Hill concludes "that all members of the church are, in principle or potentially, prophets".[37] As late a source as Justin states that "the prophetical gifts remain with us, even to the present time".[38] Since he does not mention prophets by name it must be congregational prophecy which he has in mind. The same will be true of Irenaeus' statement about brothers in the church who have prophetic charismata.[39] All in all it appears that, far from being only the first stage in the development of Christian prophecy, congregational prophecy lived till the middle of the second century A.D., perhaps even outlived the ministry of the official prophets. In view of the few prophets known to us by name I would submit that it was the normal of form prophecy and that the ministry of the official prophet was the exception.[40]

Now it is time to turn back to question asked earlier in this paper: what happened when a prophet stood up in the gathered community to say what the Spirit made him say? Our sources do not give us much to go by because the early Christians all knew the answer by experience. Only when they had reason to comment or reflect on it did they write about it, often only in passing or more or less indirectly. As I said already before, there are in fact only two documents which yield some more information, namely 1 Corinthians 14 and the 11th

---

[36] *Art. cit.*, p. 8.

[37] D. Hill. "Prophecy and Prophets in the Revelation of St. John", *N.T.S.* 18 (1972), p. 401-418, esp. p. 413. On p. 411 he states that those who are identified as prophets are Christian prophets who are "in some way separable from the body of believers" but "the evidence is not such as to allow a distinction to be drawn in terms of precedence or position".

[38] *Dial.* 82, 1.

[39] *Adv. Haer* V, 6, 1 and II, 32, 2. Cf. also Pseudoclem, *De Virginitate* I, 12, 10; *Constit. Apost.* VIII, 1, 12.

[40] For the problem in general, cf. E. Earle Ellis, "The Role of the Christian Prophet in Acts", in *Apostolic History and the Gospel, Biblical and Historical Essays presented to F. F. Bruce*, ed. by W. Ward Gasque and R.P. Martin, London 1970, p. 55-67.

Mandate of the Shepherd of Hermas and we will turn to these texts and study them in some detail—as far as possible within the scope of this paper—and see what picture of prophecy in action they present. Subsequently we will investigate whether this picture throws light on the other pieces of evidence which we have but which can hardly be understood correctly as they are.

In 1 Corinthians 14 we find twice a clause with the verb συνέρχεσθαι, to come together, namely in v. 23 and 26, referring—as always in this letter—to the gathering congregation. When the congregation meets every man has a contribution to make. One offers a psalm, another instruction, another revelation, another a tongue, another inter-pretation, presumably of the speaking in tongues of his predecessor.

There is no reason to assume that the list of v. 26 is exhaustive or meant to be. As v. 29 shows it was possible, perhaps even customary for several prophets to speak in one meeting. There may well have been other items, in particular the reading and exposition of Scripture may be expected in a church which at one time met in the house of Titius Justus next door to the synagogue and which had Crispus, the former synagogue officer among its earliest members.[41] Paul had no need to mention this because this was not a point of debate. Apparently it was the more or less free utterances that caused problems and it is these which are mentioned.

The word psalm is best understood as denoting all forms of singing which took place. If I may say so : it is here short for psalms, hymns and songs spiritual (Col. 3:16, where πνευματικαῖς goes with all three nouns). We know too little about this singing in the early church to draw its picture,[42] but we should in any case include the spontaneous chanting of relatively simple texts, such as e.g. Abba, Maranatha or Kyrios Jesous, as so often in young African churches according to missionary reports. Such singing in the Spirit provides the setting and the atmosphere in which the various ministries of the word are performed.

Three ministries of the word are mentioned : teaching, revelation, and tongue. The list of gifts in ch. 12:8ff. does not mention teaching but λόγος σοφίας and λόγος γνώσεως as two distinct gifts. The two short lists in vv. 28ff. do not mention these but name teachers in the third place after apostles and prophets. I understand this to imply

---

[41] Cf. Acts 18:7f.

[42] Cf. G. Delling, art. "ὕμνος", Th.W.N.T. VI, 503f.

that λόγος σοφίας and λόγος γνώσεως are equivalent to διδαχή, and are perhaps Corinthian terms, thought to be more impressive than that rather common word διδαχή.[43] In v. 26, however, revelation identifies prophecy. In the light of the preceding verses of this chapter there can be no doubt that, as compared with glossolalia, prophecy and teaching have in common that both are by definition an understandable speech. This raises the question what distinguishes them from one another. In v. 3 Paul says that "when a man prophesies he talks to men and his words have the power to build; they stimulate and they encourage" (NEB). This sounds like a functional definition of prophecy and indeed there is no other statement in the New Testament which comes closer to a definition than this. But this is deceptive, as we shall see when we dig a bit deeper.

The NEB translation brings out that the οἰκοδομὴ is the main function of prophecy; παράκλησις and παραμυθία are subordinate to it. This is supported by v. 4 : "He who prophesies builds up the Christian community". Perhaps we may say that παράκλησις and παραμυθία are instruments or modes (in the sens of *modi*) of the οἰκοδομή. If this is correct then v. 31 : "... that all may learn and all may be encouraged", adds to this the element of instruction and this blurs the line between prophecy and teaching. In Acts we make the same observations. In his contribution to the Bruce-Festschrift Dr. E. Earle Ellis has pointed out that in Acts παρακαλεῖν and παράκλησις are often used with reference to Christian prophecy.[44] At the same time, however, we see men identified as prophets act as teachers and expounders of Scripture,[45] a task which also apostles do not eschew ! It seems therefore that the three ministries, apostles, prophets and teachers cannot be set off from one another sharply. But certain distinctions can be made. The apostles preach the Gospel to unbelievers, prophets and teachers address the church. There is a church centered ministry. Of the two prophecy does not have a fixed content, whereas teaching has to transmit and expound the tradition of the Gospel and the Scriptures, as has the apostle. As compared with

---

[43] Robertson and Plummer, *A Critical and Exegetical Commentary on the First Epistle of Paul to the Corinthians*, Edinburgh 1929, p. 283, *ad loc.*, identify λόγος σοφίας as the ministry of the apostle, because it is "the more comprehensive term" and "expounds the mysteries of Gods counsels and makes known the means of salvation" (p. 265).

[44] *Art. cit.*, p. 56f.

[45] *Ibid.*, p. 58f.

both apostleship and teaching, prophecy cannot perform its ministry
at any time. The prophet can only speak when the Spirit inspires and
commissions him, as is well brought out in Irenaeus : "Only those to
whom God sends His grace from above possess the divinely bestowed
power of prophesying, and then they speak where and when God
pleases".[46]

When this aspect of prophecy is overlooked, the distinctions between
the prophet and the teacher are in danger of vanishing completely.
When, however, we investigate Paul's use of the words which make
up the definition of prophecy in 1 Corinthians 14:3 elsewhere in his
letters, we find that often they do not have any reference to prophets
at all but refer to the members of the church at large. In 1 Thessalonians 5:11 they are exhorted to encourage one another and to build
one another up, also in 2 Corinthians 13:11 and in 1 Thessalonians
4:18. The impact of this is that Christian prophecy has no content
or area of its own. It concerns Christian life in its totality, no part
excluded. But the prophet comes into action only when the Spirit
wants him to speak. This is what, in the present context, the word
revelation means. Revelation is beyond human reach.

A few comments on the concept of ἀποκάλυψις with reference to
prophecy are in order. In 1 Corinthians 14:26 ἀποκάλυψις takes the
place of προφητεία which might be expected alongside διδαχή, and
in the next verses prophets are mentioned as if they had already
been introduced by the noun προφητεία. The use of ἀποκάλυψις
instead suggests that Paul wanted to stress the nature of prophecy
as revelation over against teaching. This does not, of course, mean
that teaching is not a ministry of the Spirit, on the contrary. But
prophecy receives its content through revelation, teaching from
tradition.

At the same time, however, ἀποκάλυψις and γνῶσις draw the
line between glossolalia on the one hand and prophecy and teaching
on the other. Without saying it in so many words, revelation and
knowledge have a rational and understandable content, they belong
to the sphere of νοῦς,[47] and glossolalia can enter into that sphere
only through interpretation, i.e. a translation into rational speech.

---

[46] *Adv. Haer* I, 13, 4, transl. *Anti-Nicene Fathers*, vol. I (repr. Grand Rapids 1973),
p. 335.

[47] Cf. D. Lührmann, *Das Offenbarungsverständnis bei Paulus und in den paulinischen
Gemeinden*, Neukirchen 1965, p. 39ff.

The rational nature of prophecy is also stressed in another way, in v. 29ff. Prophetic revelation is an orderly event. While a prophet is speaking and a revelation is made to another sitting by, the speaker must stop and make room for the other (v. 30). This all too short statement seems to have in view a situation in which a prophet after receiving and transmitting a revelation adds some comments and exhortations of his own. The underlying principle is that set forth in v. 32 : the spirits of the prophets are subject to the prophets. The present tense ὑποτάσσεται is important because it expresses what happens, rather than what ought to happen. When a prophet decides to stop speaking, the Spirit speaking through him complies. Weiss [48] comments on this verse that this tremendous statement was in no way self-evident in the days of Paul and refers to *Martyrium Polycarpi* 7 : "He stood up and prayed, being so full of the grace of God, that for two hours he could not hold his peace".[49] But prayer is not prophecy. Both are operations of the Spirit but the former is directed to God and not to men. Prophecy is communication between God and the church through an intermediary. It is the nature of the inspiration of the intermediary which determines whether the conscious will of the prophet will be able to check the Spirit in him. Elsewhere I have attempted to give a provisional classification of inspirational experiences which may be repeated briefly at this point.[50]

(1) The prophet becomes a passive instrument in the power of the inspiring deity and has no recollection afterwards of what happened.

(2) The prophet observes that the deity speaks through him but does not have the power to check the deity.

(3) Both will and consciousness of the prophet remain intact and the prophet speaks what is revealed to him as a divine message. It goes without saying that Paul's statement is concurrent only with the third type and this raises the question whether this type is normative for Christian prophecy or not. Apart from our text this does not appear to have been a problem in early Christianity, till the rise of Montanism. In the Montanist crisis the lack of παρακολού-

---

[48] J. Weiss, *Der erste Korintherbrief* ,Göttingen 1910, repr. 1970, p. 341.

[49] Transl. J. B. Lightfoot, *The Apostolic Fathers*, ed. by J. R. Harmer, Grand Rapids 1965, p. 111.

[50] Present writer, *op. cit.*, p. 19.

θησις, of conscious control, is one of the most significant criteria [51] by which Montanism is revealed as false prophecy.

Though further research is needed we may conclude that, implicitly or explicitly, the rule that the spirits of the prophets are subject to the prophets is a normative rule of Christian prophecy.

Now we turn back once again to the question : how did prophecy happen in the gathered community ? We can visualize the picture of two or three man standing up one after another and saying to the community what was revealed to them, and subjecting it to the discernment of the others, either the other prophets or—as I am inclined to think—the other people present, the congregation. There is, however, one element lacking in this picture, namely the part played by the Holy Spirit. Remarkably, the word πνεῦμα in the sense of Holy Spirit or Spirit of God does not occur in 1 Corinthians 14 ! It is found only in special meanings and mostly in contrast to νοῦς and with reference to glossolalia.[52] Only once with reference to prophecy, namely v. 32 which we discussed earlier in this paper. This makes the question of the role of the Spirit all the more intriguing. What remains hidden in this chapter is stated clearly and explicitly in the 11th Mandate of the Shepherd of Hermas. The crucial passage is found in par. 9, which I quote in Graydon Snyder's translation :

"Whenever the man who has the divine Spirit comes into an assembly of righteous men who have faith in the divine Spirit, and a prayer is made to God by the assembly of those men, then the angel of the prophetic Spirit which is assigned to him, fills the man, and that man, having been filled by the holy Spirit, speaks to the group as the Lord wills" [53].

This is by far the most significant statement on Christian prophecy of the 2nd century A.D. and contains, in a condensed form as it were, all the information we are looking for.[54] I propose to tackle it in this order : first the role of the Spirit, then that of the prophet and finally the function of the church.

---

[51] Cf. Euseb. *Hist. Eccl.* V, 16, 7; 17, 2. Jerome, *Comm. in Epistulam ad Ephesios* II, III (Patr. Lat. 26, 479).

[52] Vv. 2, 14-16.

[53] Graydon F. Snyder, *The Shepherd of Hermas, The Apostolic Fathers; a New Translation and Commentary*, vol. 6, London 1968, p. 87f.

[54] It has been treated at length in my book, referred to in n. 7, p. 103-121. The interpretation given here rests on the evidence presented there.

(a) *The role of the Spirit*

Πνεῦμα is the key word in this passage; it occurs four times, once
in every line, twice as the divine Spirit (τὸ πνεῦμα τὸ θεῖον) once as
(the angel of) the prophetic Spirit (τὸ πνεῦμα τὸ προφητικὸν) and
once as the Holy Spirit (τὸ πνεῦμα τὸ ἅγιον).

Of these the first two occur only here. Elsewhere the third is common,
and denotes the Holy Spirit in its action in the life of the believers
generally. In the 11th Mandate this is expressed by the divine Spirit,
and Holy Spirit is used only once with reference to prophetic
inspiration. This differentation—to which we will turn presently—is
a very crucial one. For the moment we are concerned with the fact
that we have two different phrases, Holy Spirit and prophetic Spirit
which both refer to prophecy. This is complicated by the fact that
the prophetic Spirit appears as an angel of the prophetic Spirit, which
is found only here in early Christian literature. This angel is, as it
were, always present with the prophet because he is assigned to him
and is more or less at the same time his guardian angel. He is, however,
inactive and at a distance and this is best understood in the light of
the *Ascension of Isaiah* where the angel of the (Holy) Spirit is the
Spirit when not engaged in the act of inspiration, i.e. the Spirit in
the supranatural aspect; when it comes to prophetic utterances, the
angel disappears and it is the Holy Spirit which acts. Hermas uses
the same concept but in a slightly different way. The angel is not
the Spirit in its transcendency but in its silent companionship with
the prophet. Potentially, the Spirit is always there, not as the Spirit
in general but as the prophetic Spirit. This means that, potentially,
the gift of prophecy is always present, just as I submitted a few
moments ago in regard to the meaning of ζηλοῦν in 1 Corinthians 12
and 14.

The role of the Spirit, then, is twofold. Prior to the prophetic
event, the Spirit is there, but is inactive, not to say passive. At the
moment of that event, however, the Spirit fills the man who is going
to prophesy.

(b) *The role of the prophet*

It is very significant that in the passage we are dealing with the
word prophet does not appear one single time. The only semantic
item which refers to prophecy is the adjective προφητικός. Rather
emphatically the prophet is identified as ὁ ἄνθρωπος, the man.

It seems as if the author is at pains to bring out that he is not a man bearing the title prophet, but just a man and a member of the church. Congregational prophecy in optima forma !

The man is identified explicitly as ἔχων τὸ πνεῦμα τὸ θεῖον, having the divine Spirit, but, when it comes to the prophetic event, he is filled by the angel with the Holy Spirit. Why does Herman resort to such an inconsistent picture of a man having the divine Spirit who in the next moment is filled with the Holy Spirit ? What are we to make of this sudden and unexpected differentiation between divine and Holy ? The answer to the first question is found in Hermas' dualistic pneumatology. When the prophet is filled with the Spirit at the moment of inspiration he must have been empty of the Spirit before. Now being empty of the Spirit is tantamount to being full of the spirit of the devil. In the 11th Mandate the false prophet and his followers are identified as being empty. It is the author's deep concern to bring out that this is not the case with the man who is going to be filled with the Holy Spirit : he comes as one having the divine Spirit. Probably the author was not aware of the theological problems which he caused, for how can a man who has the divine Spirit conceivably be filled with the Holy Spirit ? It seems even as if this impossible thought and the underlying differentiation between divine and Holy were dear to him. The reason for this is, as I have attempted to show in my book, that the substructure of Hermas' theory of inspiration is hellenistic. Proper inspiration, according to Plutarch in his Pythian dialogues, requires the presence of some divinatory potentiality, which he calls ψυχῆς τὸ μαντικόν, or μαντικὴ δύναμις. This divinatory inspiration (ὁ μαντικὸς ἐνθουσιασμὸς) uses this underlying potentiality (ὑποκειμένη δύναμις) when it is in a proper state of preparation.

In the inspiration-theory of Jamblich the same substructure is found, but here the soul plays a less prominent part. Jamblich distinguishes between the inspiration by a πνεῦμα which fills the soul with a δύναμις μαντικὴ ἀφ'ἑαυτοῦ, and the great event which he calls χωρεῖν τὸν θεὸν and which is the experience of prophetic inspiration in the proper sense of the word. This hellenistic substructure is very similar to what we find in Hermas : just as the souls must have a μαντικὴ δύναμις either by nature as in Plutarch or from above as in Jamblich, in order to be able to receive the final inspiration and respond to it, a man must have the divine Spirit if the prophetic Spirit is to speak through him.

If this explanation stands the test, what purpose did **Hermas**

have in using it? If I may attempt to answer this question in terms
used earlier in this paper, I would submit that this is Hermas' way
to express that the permanent endowment with the Spirit is prerequisite of the momentary prophetic inspiration.

(c) *The function of the church*

The man, says our author, who has the divine Spirit comes into an
assembly of righteous men who have faith in the divine Spirit. At
first sight it appears as if the man has the Spirit and the assembly
has only faith in the Spirit.

But in par. 14 this same assembly is called full of men who have
the divine Spirit ($\pi\nu\epsilon\hat{\upsilon}\mu\alpha$ $\theta\epsilon\acute{o}\tau\eta\tau\sigma$), and in the next paragraph this
is abbreviated as the Spirit of the righteous men. When this is taken
into account it is clear that there is on the point of the Spirit no
fundamental difference between the potential prophet and his fellow-
brethren. The permanent endowment with the Spirit is also the
general endowment in which all members share.

With regard to prophecy this implies that they are all potential
prophets! The gathered church as a whole is a prophetic body, a
$\pi\rho o\phi\eta\tau\iota\kappa\grave{\eta}$ $\tau\acute{\alpha}\xi\iota\varsigma$ as it is called in an Oxyrhynchus papyrus of the
end of the second century A.D.[55] Any member can be called upon
by the Spirit to speak as the Lord wills.

But apart from this the congregation has a definite function to
perform in the event of prophetic inspiration. That function is prayer,
$\ddot{\epsilon}\nu\tau\epsilon\upsilon\xi\iota\varsigma$. Prayer is itself a gift of the Spirit and at the same time a
means to stir the Spirit. In *Sim.* V 4, 4 the shepherd says that Hermas
is "empowered by the glorious angel, and has received from him such
a power of intercession", and this means that he has received the power
of the Spirit and the gift of prayer. Elsewhere prayer is said to have
great power. The underlying conception is that it is the Spirit itself
which prays. This completes the picture of congregational prophecy.
Its substructure is that of interdependence between the prophets and
the church and their common dependence on the Holy Spirit. The
Spirit is present in the church, acts in and through the church. The
gifts of the Spirit are also there, waiting, as it were, for the power of
prayer to be set in motion and to be practised in the church.

There are, here and there, bits of evidence which seem to betray

---

[55] Cf. present writer, *op. cit.*, p. 125, n. 2.

the same idea. The freedom of the prophets to offer thanksgiving as much as they want (*Did.* 10, 7) may belong here when it is taken into account that the Eucharist itself is an event in the Spirit as transpires from the salutation which in the *Apostolic Tradition* of Hippolytus precedes the great eucharistic prayer,[56] which expresses a reality which was present in the church from the outset. The most impressive witness, however, is Barnabas 16, 8-10, admittedly an enigmatic passage, in which the church is pictured as a πνευματικὸς ναὸς in which people are heard to speak words which were never heard before, which is an example of God prophesying in the church, αὐτος ἐν ἡμῖν προφητεύων, αὐτὸς ἐν ἡμῖν κατοικῶν, God prophecying in the church through its individual members, God dwelling in his church, momentary inspiration and permanent presence.

One final remark in closing. This form of Christian prophecy is, as an experience of the Spirit, directly relevant for today. Let me say it in one single sentence : the renewal of this type of prophecy in the church, whatever its ministerial or sacramental structure, is in my conviction the prerequisite of a renewal of a prophetic ministry of the church to society.

---

[56] Cf. W. C. van Unnik, "Dominus Vobiscum", *New Testament Essays, Studies in Memory of T. W. Manson*, Manchester 1959, p. 270-305.

LES PROPHÈTES CHRÉTIENS
COMME EXÉGÈTES CHARISMATIQUES DE L'ÉCRITURE

PAR

ÉDOUARD COTHENET

Dans le langage courant les termes prophète, prophétique sont susceptibles des emplois les plus larges, alors que le mot prophétie garde une signification plus restreinte. On qualifiera de prophétique aussi bien la brûlante ardeur d'un réformateur religieux, que la vision d'un révolutionnaire. L'élément de critique sociale et politique prend à ce point le dessus qu'on peut parler d'une véritable "laïcisation" du prophétisme. Sans nous instaurer juges des courants divers de notre temps, essayons du moins de préciser ce qu'est le prophétisme dans la tradition judéo-chrétienne;[1] tel est en effet le point de référence privilégié pour découvrir les signes du prophétisme dans le monde d'aujourd'hui.

L'image de marque du prophétisme est fournie par les grands inspirés de l'Ancien Testament. On pense beaucoup moins aux prophètes de la Nouvelle Alliance. Pourtant des indices nombreux, dispersés dans tout le corpus du Nouveau Testament, manifestent que les débuts de l'Église ont été marqués par une résurgence du prophétisme, résurgence d'autant plus remarquable que, au dire des Rabbins, l'Esprit Saint ou Esprit de prophétie s'était éloigné d'Israël depuis les jours d'Aggée, de Zacharie et de Malachie.[2] Le rôle des prophètes a été si important pour l'établissement de l'Église que,

---

[1] D'une manière générale, nous nous permettons de renvoyer à notre article "Prophétisme dans le Nouveau Testament" (*DBS*, t. 8, c. 1222-1337). Dans l'ouvrage collectif, *Le ministère et les ministères selon le Nouveau Testament*, publié sous la direction de J. Delorme (Paris, Seuil, 1974), on trouvera de nombreuses indications sur le rôle des prophètes dans l'Église primitive (voir l'Index, *sub voce*). Nous y avons rédigé les chapitres relatifs à la Iᵉ de Pierre (p. 138-154) et sur l'Apocalypse (p. 264-277). — Pour un aperçu sur les courants actuels voir *Lumière et Vie*, nᵒ 115 (1973), Le Prophétisme; et deux cahiers spéciaux sur *Le Pauvre et le Prophète* (coll. Cultures et Foi, Lyon, 5, rue Sainte-Hélène), nᵒ double 28-29 (1973) et Supplément 1974 (Documents), cahiers rédigés par P. Ganne.

[2] *Yoma* 9b. Autres textes dans Str.-Bill., t. I, p. 127 b.

d'après Éph. 2:20, celle-ci repose sur le fondement des "apôtres et prophètes".[3]

Pourtant quand nous voulons déterminer de près qui sont les prophètes de l'Église naissante, quel a été leur rôle spécifique à côté des autres ministres, quelle trace de leur prédication nous reste, les hypothèses se multiplient, laissant peu de place aux certitudes. Brèves et dispersées, les allusions au prophétisme néo-testamentaire exigent des chercheurs un travail de reconstruction considérable. Un même écueil les guette : celui de reconstituer un portrait robot du prophète chrétien, à partir de tous les indices recueillis, et sans tenir un compte suffisant de la diversité des temps et des communautés. Dans son important article Προφήτης,[4] Friedrich n'a pas échappé au péril, pas plus, dans un autre sens, que E. Käsemann qui privilégie les catégories de l'Apocalyptique et de l'Enthousiasme.[5]

Une remarque, faite par divers auteurs,[6] s'impose dès le point de départ : il faut distinguer entre l'acte de prophétiser et le fait d'être prophète en titre. Rares sont les chrétiens qui, à notre connaissance, ont reçu cette appellation : Barnabé, Agabus, Jude et Silas, les quatre filles du diacre Philippe, les prophètes et didascales d'Antioche (Act. 13:1-2)... Par contre soit dans les Actes, soit dans le corpus paulinien, le verbe προφητεύειν est susceptible d'un emploi assez large, sans rapport direct avec un titre précis. Selon la vision des deux Témoins, dans l'Apocalypse, toute l'Église exerce face au monde incrédule une fonction prophétique.[7]

La parole prophétique, dans le Nouveau Testament, manifeste des orientations variées. Dans une communication à la XVIIIe Semaine

---

[3] L'interprétation de ce texte est très discutée : nous avons repris la thèse de L. Cerfaux, J. Pfammatter, J. Murphy-O'Connor... selon laquelle il s'agit des apôtres en tant que prophètes (*SDB*, c. 1306-1309). Pour d'autres les prophètes sont à distinguer des apôtres comme dans la liste de Eph. 4:11 (ainsi P. Bony, in *Le ministère et les ministères...*, p. 75-79). Le contexte immédiat favorise notre interprétation, puisqu'au début d'Eph. 3 Paul est présenté comme révélateur du mystère (v. 3 sv.).

[4] G. Friedrich, art. Προφήτης D, in *TWNT*, t. 6, p. 829-863.

[5] E. Käsemann, "Sätze heiligen Rechtes im Neuen Testament", in *Exegetische Versuche und Besinnungen* (2e éd., Göttingen, 1964), t. 2, p. 69-82 ; "Zum Thema der urchristlichen Apokalyptik", *ibid.*, p. 105-131.

[6] E. Earle Ellis, "The Role of the Christian Prophet in Acts", in *Apostolic History and the Gospel* (Mélanges F. F. Bruce), 1970, p. 55 ; E. Cothenet, art. "Prophétisme dans le N.T.", *DBS*, t. 8, c. 1296 ; C. Perrot, "Prophètes et Prophétisme dans le N.T.", in *Lumière et Vie*, no 115 (1975), p. 29s.

[7] "Prophétisme", *DBS*, t. 8, col. 1329-1331.

liturgique de Saint-Serge,[8] j'ai proposé de distinguer trois aspects : la prophétie apocalyptique, l'exhortation prophétique (ou paraclèse), la bénédiction prophétique. Cette distinction appelle sans doute des nuances. Pour sa part, L. Gaston [9] voit dans la paraclèse prophétique une « exégèse charismatique", destinée à soutenir les chrétiens dans la tribulation des derniers jours. Le mot d'ordre en est : "Celui qui tiendra jusqu'au bout sera sauvé" (Mc. 13:13b ; cf. Ap. 2:26).

L'interprétation de l'Écriture se retrouve, toutes proportions gardées, dans chacune de ces orientations. Une bénédiction, comme le *Benedictus* de Zacharie, reprend nombre de textes de l'Ancien Testament ; l'apocalypse de Daniel sert de toile de fond à beaucoup de passages néo-testamentaires, comme l'a bien montré L. Hartman.[10] La paraclèse, dont je voudrais parler, m'apparaît cependant davantage orientée vers la croissance dans la foi et l'$\dot{\alpha}\gamma\dot{\alpha}\pi\eta$ que vers les spéculations sur l'avenir ; proche de l'enseignement ($\delta\iota\delta\alpha\chi\dot{\eta}$), elle permet une meilleure formulation de la foi par le recours aux Écritures et guide le cheminement des fidèles.

Après un inventaire des textes relatifs à la paraclèse, nous rechercherons les origines de ce type d'exhortation, puis nous donnerons des exemples concrets de l'utilisation de l'Écriture au service de la Parole actuelle de Dieu. Il nous restera alors à en tirer des remarques d'ordre général sur la signification des textes et sur la valeur pour aujourd'hui de la paraclèse néo-testamentaire.

I. *Inventaire des textes relatifs à la paraclèse prophétique*

"Celui qui prophétise profère ($\lambda\alpha\lambda\epsilon\hat{\iota}$) [11] édification,[12] paraclèse et réconfort" (1 Cor. 14:3). Ce texte de Paul, sur lequel nous aurons à revenir, fixe les objectifs du discours prophétique et met en valeur

---

[8] Publiée sous le titre "Prophétisme et Ministère d'après le Nouveau Testament", in *La Maison-Dieu*, n⁰ 107 (1971), p. 29-50.

[9] *No Stone on Another*, Leiden, 1970, p. 55s.

[10] L. Hartman, *Prophecy Interpreted. The Formation of some Jewish Apocalyptic Texts and of the Eschatological Discourse*, Mc XIII par., Lund, 1966.

[11] Les Septante ont souvent employé $\lambda\alpha\lambda\epsilon\hat{\iota}\nu$ pour introduire les oracles divins (J. Dupont, *Gnosis. La connaissance religieuse dans les épîtres de S. Paul*, Louvain-Paris, 1949, p. 222-230). Ce sens de révélation se retrouve dans le IV⁰ Évangile.

[12] Étude très complète (avec bibliographie) dans M.-Al. Chevallier, *Esprit de Dieu, paroles d'hommes* (Neuchâtel-Paris, 1966), p. 21-64. Voir aussi art. "Prophétisme", *DBS*, t. 8, c. 1297-1299.

sa relation avec le bien de toute l'Église (οἰκοδομή, cf. 1 Cor. 12:7
πρός τὸ συμφέρον). La prophétie et la paraclèse sont mises explicitement en relation avec l'instruction en 1 Cor. 14:31 : "Vous pouvez
tous prophétiser, mais chacun à son tour, pour que tout le monde
soit instruit et encouragé (ἵνα πάντες μανθάνωσιν καὶ πάντες παρακαλῶνται)". Cet encouragement provient de la lecture des Écritures :
"Tout ce qui a été écrit jadis l'a été pour notre instruction, afin que
par la persévérance et la consolation apportées par les Écritures
(διὰ τῆς παρακλήσεως τῶν γραφῶν), nous possédions l'espérance"
(Rom. 15:4).

Les Actes nous offrent une riche moisson de textes sur la paraclèse
prophétique. Le nom de Barnabé est interprété comme signifiant le
réconfort (Act. 4:36 : υἱὸς παρακλήσεως). C'est un homme de discernement qui sait reconnaître l'authenticité de la vocation de Paul
(Act. 9:27) et l'œuvre de l'Esprit dans la communauté d'Antioche :

"Quand il vit sur place la grâce de Dieu à l'œuvre, il fut dans la joie et il les pressait
tous (παρεκάλει) de rester du fond du cœur attachés au Seigneur. C'était en effet
un homme droit, rempli d'Esprit Saint et de foi" (Act. 11:23s).

Arrivé à Antioche de Pisidie, Paul est invité à prononcer quelques
mots d'exhortation (λόγος παρακλήσεως, Act. 13:15). Son homélie
constitue une interprétation messianique de l'histoire d'Israël (infra,
p. 91-94). Après le concile de Jérusalem, Jude et Silas sont envoyés
aux frères d'Antioche pour commenter le décret libérateur ; "en
prophètes qu'ils étaient, ils leur apportèrent longuement de vive
voix encouragement et soutien (παρεκάλεσαν ... καὶ ἐπεστήριξαν)"
(Act. 15:32).[13]

L'épître aux Hébreux, qui par certains côtés peut être considérée
comme un véritable traité d'herméneutique, est qualifiée par son
auteur de λόγος τῆς παρακλήσεως (13:22). Traduire sermon, comme
fait la TOB, c'est affaiblir la portée du texte. "Parole d'exhortation"
(B. J., Osty) est déjà mieux. Il faudrait paraphraser : "Faites bon
accueil à ces paroles d'exhortation basées sur les Écritures", en se
souvenant de Rom. 15:4.

Dans le corpus johannique manquent le verbe παρακαλεῖν et le
substantif παράκλησις. Par contre l'adjectif verbal παράκλητος tient
une place importante, pour désigner tantôt le Christ (1 Jn. 2:1),
tantôt l'Esprit Saint (Jn. 14:16, 26 ; 15:16 ; 16:7). L'action du Paraclet,

---

[13] Sur ce texte, voir E. Earle Ellis, art. cit., p. 57.

dans le Discours après la Cène, a fait penser à celle d'un prophète ;[14] sans aller jusque là, on doit du moins reconnaître avec G. Johnston [15] les affinités entre l'action du Paraclet et celle des enseignants qui, d'après Paul et Luc, s'acquittent de la paraclèse. D'après les discours d'adieu, le Paraclet doit faire souvenir les disciples des paroles de Jésus (14:26). Selon la théologie johannique, le souvenir est beaucoup plus qu'un rappel du passé ; c'est une intelligence en profondeur qui découvre la relation entre le "dire" et le "faire" du Jésus pré-pascal, l'annonce prophétique des Écritures et l'action du Christ glorifié dans son Église. Véritable interprète des paroles de Jésus, le Paraclet introduit ainsi les disciples dans toute la vérité (16:13).

Se présentant explicitement comme un "livre prophétique" (Apoc. 1:3 ; 22:7, 10, 18, 19), l'Apocalypse est saturée de citations et d'allusions à l'Ancien Testament. Ce qui peut sembler, à première lecture, un simple procédé littéraire, relève en réalité d'une interprétation très réfléchie.[16] On peut donc voir dans l'Apocalypse "une traduction en clair, dans la lumière du Nouveau Testament, des prophéties de l'Ancien Testament".[17] Pour fortifier les fidèles dans la tribulation, le Voyant de Patmos tient en effet à leur manifester l'accomplissement du mystère de Dieu, selon l'annonce faite jadis par les prophètes (10:7). C'est donc avec confiance que l'on doit attendre l'heure du jugement de Dieu.

De ce bref inventaire de textes, il ressort que les notions de prophétie, de paraclèse, d'interprétation des Écritures sont étroitement associées dans le Nouveau Testament. Ne convient-il pas maintenant de nous interroger sur les origines de cette conception ?

II. *La paraclèse dans l'Ancien Testament et le Judaïsme*

Le champ sémantique du verbe παρακαλεῖν et de ses dérivés est très étendu.[18] De la signification première "appeler vers", dérive le

---

[14] G. Bornkamm, "Der Paraklet im Johannesevangelium", in *Festschrift R. Bultmann*, 1950, p. 12-35.

[15] G. Johnston, *The Spirit-Paraclete in the Gospel of John*, Cambridge, 1970, p. 127 sv.

[16] Cf. A. Vanhoye, "L'utilisation du livre d'Ezéchiel dans l'Apocalypse", in *Biblica* 43 (1962), p. 436-476.

[17] L. Cerfaux-J. Cambier, *L'Apocalypse de S. Jean lue aux chrétiens*, Paris, 1955, p. 89. Dans le même sens, A. Feuillet écrit : "L'Apocalypse de S. Jean pourrait jusqu'à un certain point être définie comme une relecture de l'A.T. à la lumière de l'événement chrétien" (*L'Apocalypse. État de la question, DDB*, 1963, p. 65).

[18] O. Schmitz-G. Stählin, art. "Παρακαλέω", *TWNT*, t. 6, p. 771-798.

sens de demander, prier, bien attesté dans les Synoptiques (ainsi Mt. 8:5; Mc. 1:40). Paul emploie souvent le verbe παρακαλῶ, construit soit avec l'infinitif, soit avec ἵνα, pour introduire ses exhortations morales.[19] De telles constructions ne requièrent pas d'explication particulière.

Il n'en va pas de même pour une tournure comme παράκλησις τῶν γραφῶν, ni pour les emplois que nous avons relevés ci-dessus. A l'arrière-plan de ces textes, on reconnaît les nuances propres que le verbe παρακαλεῖν a reçues dans la LXX comme traduction de l'hébreu niḥam,[20] spécialement dans la 2ᵉ partie d'Isaïe. En raison de l'importance exceptionnelle que ces textes ont revêtue pour la formulation de la foi chrétienne,[21] il importe de les relire attentivement.

On a souvent donné le titre de "Livre de la Consolation" à la 2ᵉ partie d'Isaïe, en raison des premiers mots : "Consolez, consolez mon peuple..." (sic, B. J. Osty), mais le terme "consoler", avant tout chargé d'affectivité en français, correspond-il exactement à toutes les nuances de la racine NḤM (traduite par la LXX : παρακαλεῖν) ? D'après l'étymologie, niḥam signifie ranimer la respiration. A l'idée d'apaisement s'ajoute celle de force; c'est pourquoi P.-E. Bonnard traduit "Réconfortez, réconfortez mon peuple".[22] Seul l'examen des principaux textes permettra de déterminer toutes les harmoniques de niḥam-παρακαλεῖν dans la 2ᵉ et la 3ᵉ partie d'Isaïe.

Normalement Dieu est sujet du verbe. Lui-même, dans l'une de ces "hymnes à soi-même" caractéristiques du 2ᵉ-Isaïe,[23] se présente comme le Consolateur par excellence :

> "C'est moi, c'est moi qui vous console (ἐγώ εἰμι, ἐγώ εἰμι ὁ παρακαλῶν σε)! Qui es-tu pour avoir peur d'un mortel, d'un fils d'homme voué au sort de l'herbe? Tu oublierais Yahvé qui t'a fait, qui a étendu les cieux, qui a fondé la terre..." (Is. 51:12. Trad. Osty).

---

[19] C. J. Bjerkelund, *Parakalô. Form, Funktion und Sinn der parakalô-Sätze in den paulinischen Briefen*, Oslo, 1967.

[20] Schmitz-Stählin, art. cit., p. 774 et 790

[21] C. H. Dodd, *According to the Scriptures. The Substructure of New Testament Theology*, Londres, 1952, p. 84s.

[22] P.-E. Bonnard, *Le Second Isaïe, Son disciple et leurs éditeurs. Isaïe 40-66*, Paris, 1972. — On notera la traduction du Targum : Prophètes, prophétisez la consolation concernant mon peuple (J. F. Stenning, *The Targum of Isaiah*, p. 130). Les LXX attribuent aux prêtres la mission de consoler (Is. 40:2 LXX).

[23] H.-M. Dion, "Le genre littéraire sumérien de l''hymne à soi même' et quelques passages du Deutéro-Isaïe", in *RB* 74 (1967), p. 215-234.

Selon la doctrine prophétique, rappelée avec magnificence par Is. 55:11, la Parole de Dieu est efficace; elle change ceux auxquels elle s'adresse, pour peu qu'ils s'ouvrent à son action. Le réconfort apporté par Yahvé est donc mis en relation avec la création du peuple et la création du monde.[24] Pareille intervention est le fruit d'un amour indéfectible, empreint de pitié :

"Yahvé console son peuple et de ses malheureux il a pitié. Sion disait : 'Yahvé m'a abandonnée, le Seigneur m'a oubliée'. Une femme oublie-t-elle l'enfant qu'elle nourrit ?" (Is. 49:13-15).

Pour susciter la foi de ses auditeurs, le 2e-Isaïe évoque constamment les prédictions faites par Yahvé dans le passé et tragiquement réalisées, lors de la destruction de la Ville Sainte. A la différence des idoles muettes et impuissantes, Yahvé est un Dieu qui parle et qui agit :

"Dès le commencement j'annonce ce qui va suivre, dès les temps anciens ce qui n'est pas accompli; je dis : Mon dessein se réalisera, et toute ma volonté, je l'accomplirai" (46:10).
"Les premiers événements, depuis longtemps je les ai annoncés et de ma bouche ils sont sortis, je les ai fait entendre..." (48:3).

De cette proclamation on rapprochera les textes de Jérémie concernant l'envoi ininterrompu de prophètes pour menacer Jérusalem de destruction, si elle ne fait pénitence (Jer. 7:25; 25:4; 28:8; 29:19; 35:15, cf. Ez. 38:17; Zach. 1:4).[25] A la catastrophe du passé s'oppose le Maintenant du salut, la Nouveauté de la création salvifique :

"Je te fais entendre désormais des choses nouvelles, gardées secrètes et inconnues de toi. C'est maintenant qu'elles sont créées et non depuis longtemps" (Is. 48:6, 7).

Nouveau par son imprévisibilité et sa magnificence, le salut annoncé n'est cependant pas sans précédents. Le 2e-Isaïe développe maintes fois le thème du nouvel exode (ainsi 41:17 sv.; 43:16-21; 51:10, etc.), inaugurant une typologie appelée aux plus larges développements. Remontant plus loin encore dans le temps, le 2e-Isaïe rappelle à ses auditeurs les promesses de Dieu aux Patriarches :

"Regardez vers Abraham, votre père, et vers Sara qui vous mit au monde; il était seul quand je l'ai appelé, et je l'ai béni et multiplié. Oui, Yahvé réconforte Sion, il réconforte toutes ses ruines" (51:2, 3).

---

[24] C. Stuhlmueller, *Creative Redemption in Deutero-Isaiah*, Rome, 1970.
[25] P. Beauchamp, *Le Deutéro-Isaïe dans le cadre de l'Alliance.* Cours polycopié, Lyon-Fourvière, 1970, p. 34-36.

L'allusion à Gen. 12:2s ; 22:17 est évidente.[26]

S'appuyant ainsi sur les anciennes promesses, le prophète montre comment la bonne nouvelle du salut doit susciter une décision courageuse, comportant à la fois retour vers la Terre Sainte et conversion spirituelle :

> "Retirez-vous, retirez-vous, sortez de là, ne touchez rien d'impur ! Sortez du milieu d'elle (= Babylone) ! Purifiez-vous, vous qui portez les objets de Yahvé" (52:11. Cité en 2 Cor. 6:17).

Jusque là dépourvue de consolation, Sion est donc provoquée par la Parole efficace de Yahvé à triompher de sa trop longue surdité (cf. 42:18 ; 43:8) : "Tous tes fils seront disciples de Yahvé, et grande sera la paix de tes fils" (54:11, 13 ; cf. Jn. 6:45).

La lecture de ces quelques textes suffit à établir la richesse des harmoniques de la *paraklésis* prophétique : méditation sur le passé pour orienter vers l'avenir, proclamation du salut et pressante invitation à la conversion, joie gratuite et en même temps réconfort pour l'action. L'importance donnée aux anciens oracles par le 2e-Isaïe manifeste en même temps un tournant important dans l'histoire du mouvement prophétique en Israël. Le temps des prophètes d'action va se clore ; commence le temps de l'édition des recueils prophétiques et de leur commentaire.

L'interprétation actualisante de l'Écriture dans le Judaïsme

Pour comprendre la manière dont les prophètes chrétiens utilisent l'Écriture au service de leur foi, il est indispensable de savoir comment le Judaïsme, palestinien ou alexandrin, interprétait lui-même les textes sacrés. Comme l'a dit très justement P. Grelot, "Dans la confrontation du Nouveau Testament avec l'Ancien, il me paraît toujours nécessaire de ne pas omettre l'intermédiaire de l'exégèse juive, vis-à-vis de laquelle les auteurs de l'âge apostolique devaient toujours prendre position lorsqu'ils donnaient une exégèse chrétienne des textes sacrés".[27]

Bornons-nous à mentionner les directions principales d'une recherche en cours. A. Robert a beaucoup insisté sur l'importance du "style anthologique", dans les textes récents de la Bible. "Comme l'expression

---

[26] R. Martin-Achard, *Actualité d'Abraham* (Neuchâtel-Paris, 1969), p. 100s.

[27] P. Grelot, "Jean VII, 38 : eau du rocher ou source du temple ?", in *RB* 70 (1963), p. 44, note 8.

l'indique, écrivait-il, il consiste à remployer, littéralement ou équiva-
lemment, les mots ou formules des Écritures antérieures".[28] De son
côté, A. Gelin s'est intéressé aux "relectures" des Psaumes à l'époque
postexilienne.[29] Daniel pour sa part offre un excellent exemple de
"relecture" de la prophétie de Jérémie sur les 70 ans d'exil (Dan. 9).[30]
Dans le judaïsme le verbe *darash* (d'où dérive le substantif *midrash*)
se spécialisera pour désigner l'étude du sens de l'Écriture.[31]

De cette recherche incessante dérivent les traductions, grecques et
araméennes, et les *midrashîm* rabbiniques. Plus qu'une traduction, la
Septante est une interprétation destinée à manifester à la communauté
juive de langue grecque la portée actuelle de la Parole de Dieu.[32]
Disciple d'A. Robert, Renée Bloch a mis en valeur les caractères
homilétiques du *Midrash*.[33] Prenant son point de départ dans l'Écriture,
il procède d'une étude minutieuse du texte en vue de l'appliquer à
la situation présente. Derrière des procédés subtils, déroutants pour
notre logique occidentale, se manifeste constamment la conviction
de l'unité de la Parole de Dieu et de sa valeur transcendante. "Il
faut donc expliquer la Bible par la Bible", comme aimait le répéter
A. Robert.

> "Cette tendance à l'actualisation tient à la manière même dont on a toujours
> compris en Israël — et ensuite dans l'Église — l'Écriture comme 'Parole de Dieu'.
> Il s'agit toujours d'une Parole vivante adressée personnellement au peuple de
> Dieu et à chacun de ses membres, d'une Parole qui manifeste des volontés, des
> exigences divines, et qui appelle une réponse...
>
> Révélée à un moment donné de l'histoire, cette Parole s'adresse cependant aux
> hommes de tous les temps. Aussi doit-elle rester indéfiniment ouverte à tous les
> développements de l'intelligence du message, à toutes les adaptations légitimes,
> à toutes les situations nouvelles. Tels sont le fondement et la raison d'être même
> du *midrash*" [34].

---

[28] A. Robert, art. "Littéraires (Genres)", *DBS*, t. 5, c. 411.

[29] A. Gelin, "La question des 'Relectures' bibliques à l'intérieur d'une tradition
vivante", dans *Sacra Pagina* (Paris-Gembloux, 1959), t. I, p. 303-315.

[30] P. Grelot, "70 semaines d'années", in *Biblica* 50 (1969), p. 169-186.

[31] A comparer avec les emplois du verbe ἐραυνᾶν en Jn. 5:39; 7:52; 1 Cor. 2:10;
1 Pt. 1:11.

[32] Rappelons la thèse de Kahle pour qui la LXX est un Targum grec (*The Cairo
Genizah*, 1941). Selon I. L. Seeligmann, Isaïe LXX applique les anciennes prophéties à
la situation en Égypte au temps d'Antiochus IV (*The Septuagint Version of Isaiah*,
Leiden, 1948). Dans diverses publications, G. Bertram a mis en valeur l'avance doctrinale
de la LXX par rapport au texte hébreu (ainsi *Praeparatio evangelica in der Septuaginta*,
VT 7 (1957), p. 225-249).

[33] Art. "Midrash", dans *DBS*, t. 5, c. 1263-1281.

[34] *Ibid.*, c. 1266.

Cette définition très large a provoqué la réaction de A. G. Wright, *The literary Genre Midrash*.[35] Se basant sur les *midrashîm* rabbiniques, il a proposé la définition suivante :

"La littérature midrashique est une littérature consacrée à la Bible ; c'est une littérature sur une littérature. Le midrash est une œuvre qui s'efforce de rendre le texte de l'Écriture compréhensible, utile et valable (*relevant*) pour une génération postérieure" [36].

Pour donner un exemple, les Évangiles canoniques de l'Enfance ne sont pas des *midrashîm*, au sens strict préconisé par Wright, mais une mise en œuvre théologique des traditions qui avaient cours sur l'enfance de Jésus. Au service d'une présentation théologique des origines du Christ Seigneur, il est facile pourtant de reconnaître des traits midrashiques.

R. Le Déaut, dans une série de contributions, s'est intéressé à la relation entre Targum et Midrash et à l'apport du Targum pour la compréhension du Nouveau Testament.[37] Étendant ses observations à l'ensemble de l'exégèse juive, il a parlé de "targumisme" pour exprimer la relation entre le texte et la tradition doctrinale de la communauté qui le transmet :

"Un targumisme important consiste à inclure dans la traduction l'interprétation traditionnelle. La Bible était reçue et transmise avec une exégèse dont elle paraissait inséparable... Quand les traducteurs anciens commencent leur travail, la moitié de la tâche est déjà faite ; il leur suffit souvent de formuler en clair le contenu de la Tradition. S'il y a progrès (comme souvent dans le cas de la LXX) cela est dû, moins à l'initiative d'un individu qu'à la vie même de la Parole de Dieu qui développe ses propres germes. La Tradition, c'est la vie même du texte et une version fixe une étape de cet approfondissement de l'Écriture" [38].

Que d'autres noms il faudrait citer dans cette redécouverte de l'exégèse juive ancienne ! Geza Vermès avec son livre pionnier *Scripture and Tradition in Judaism* (Leiden, 1961), le professeur E. E. Ellis pour ses nombreuses contributions sur le sujet ! [39]

---

[35] New York, 1967.

[36] *Ibid.*, p. 74.

[37] R. Le Déaut, *La Nuit pascale. Essai sur la signification de la Pâque juive à partir du Targum d'Exode XII, 42*, Rome, 1963 ; — *Liturgie juive et Nouveau Testament*, Rome, 1965 ; — "A propos d'une définition du midrash", in *Biblica* 50 (1969), p. 395-413.

[38] R. Le Déaut, "Un phénomène spontané de l'herméneutique juive ancienne : le 'targumisme' ", in *Biblica* 52 (1971), p. 505-525, citation de la p. 522.

[39] E. E. Ellis, "Midrash' Targum and New Testament Quotations", in *Neotestamentica et Semitica* (Studies in honour of M. Black), Edinburgh, 1969, p. 61-69 ; "Midrashic

Traductions, interprétations targumiques, *midrashîm*, autant de manières de "récrire la Bible" (G. Vermès) ou plutôt de la prêcher. Malgré nos incertitudes sur l'origine et le développement du culte synagogal, on peut affirmer que le culte a constitué le cadre, a fourni le *Sitz im Leben* de ce travail incessant sur le texte sacré pour le rendre assimilable aux auditeurs. Scribes et homélistes en furent les agents.

A Qumrân on assiste à une transformation des perspectives, en raison de l'attente eschatologique très vive du groupe. Certes les textes manifestent pour une part la continuation des anciens procédés.[40] Ce qui fait leur originalité et attire par là même l'attention des historiens, c'est l'aspect "charismatique" de l'exégèse pratiquée par le Maître de Justice.[41] Il est celui qui a découvert la véritable interprétation de la Loi (CD III, 13-15), faisant ainsi jaillir pour sa communauté un Puits aux eaux abondantes. Réformateur, il prêche le retour à la Torah mosaïque, à la Torah telle qu'il l'explique par opposition aux errements du judaïsme de son temps. S'il ne reçoit pas directement le titre de *nabî*, il se réclame pourtant de l'Esprit de sainteté pour sa mission (ainsi I QH XII, 11-13, cf. IV, 17-18). Il semble être le créateur d'un genre nouveau d'interprétation, le *péshèr* :[42] oracles des prophètes et psaumes sont détachés de leur contexte historique pour se rapporter à l'histoire de la secte. A la manière dont on interprète un songe, le commentateur donne la clef de chacun des passages à commenter, en se réclamant d'une révélation divine. Typique à ce sujet le *péshèr* sur Hab. 2:2b :

> "(1) Dieu dit à Habacuc d'écrire les événements à venir sur (2) la génération future, mais l'époque de l'accomplissement Il ne la lui fit pas connaître (3). Quant à ce qui est dit : '*Afin qu'y coure le lecteur*' (4), ceci s'interprète au sujet du Docteur de Justice, auquel Dieu a fait connaître (5) tous les secrets (RZY) des paroles de Ses serviteurs les prophètes"[43] (p. Hab. VII:1-5).

Features in the Speeches of Acts", in *Mélanges B. Rigaux*, Gembloux, 1970, p. 303-312; — art. "Quotations", *ISBE*.

[40] Le procédé "anthologique" est bien attesté à Qumrân, comme l'a montré par exemple J. Carmignac, "Les citations de l'Ancien Testament dans 'La Guerre des Fils de Lumière contre les Fils de Ténèbres' ", in *RB* 63 (1956), p. 234-260; 375-390.

[41] J. A. Fitzmyer, "The Use of Explicit Old Testament Quotations in Qumran Literature and in the New Testament", in *NTS* 7 (1960/61), p. 297-333; citation de la p. 310. — O. Betz, *Offenbarung und Schriftforschung in der Qumransekte*, Tübingen, 1960.

[42] Sur le genre littéraire, voir J. Carmignac, *Les Textes de Qumrân traduits et commentés*, t. II (Paris, 1963), p. 46s.

[43] Traduction de J. Carmignac, *ibidem*.

Les disciples du Maître doivent constater que l'attente se prolonge plus que prévu. C'est déjà le "retard de la parousie" [44] et l'on invoque le caractère mystérieux des plans de Dieu :

> *"Car c'est encore une vision* (6) *pour une date à venir, elle aspire à son terme* (QZ) *et elle ne se trompera pas* (*Hab.* 2:3a) (7). Ceci s'interprète du fait que la période suivante se prolongera et dépassera tout (8) ce qu'ont dit les prophètes, car les secrets de Dieu sont merveilleux" (p. Hab. VII:5-8).

La Règle de la Communauté prescrivait des veilles par petits groupes de dix "pour étudier le droit et pour prier ensemble" (I QS VI, 6-8). N'est-ce pas le *Sitz im Leben* des *peshârîm* de Qumrân. les uns venant directement du Maître de Justice, les autres de ses disciples ? L'Écriture est au centre de la vie spirituelle des Esséniens, et c'est d'une meilleure pénétration de ses secrets qu'ils attendent la lumière pour leur Chemin exodal : "Dans le désert préparez la voie de YHWH" (I QS VIII, 14). "La voilà, la recherche de la Loi" (MDRŠ HTWRH) pour qu'on agisse en tout "selon ce qu'ont dévoilé les prophètes par Son esprit de sainteté" (I QS VIII, 16).

Interprétation midrashique à la synagogue, exégèse "charismatique" à Qumrân, tels sont deux aspects de l'exégèse juive palestinienne qui forment l'arrière-plan de l'utilisation de l'Ancien Testament par l'Église naissante. Laissant délibérément de côté la manière dont Jésus a lui-même interprété l'Écriture, — il faudrait une conférence spéciale sur le sujet —, nous essaierons de déterminer sous quel éclairage nouveau les chrétiens découvrent les richesses de l'Écriture.

III. *Le caractère prophétique de l'interprétation chrétienne des Écritures*

"Si c'était la fonction d'un apôtre de communiquer le kérygme, du didascale de communiquer l'enseignement, c'était la fonction d'un prophète de donner la paraclèse", [45] écrit L. Gaston. Admirable division du travail, qui aurait ravi d'aise Taylor. Mais correspond-elle à la réalité ? Nous avons déjà noté que, dans le Nouveau Testament, l'acte de prophétiser débordait l'intervention d'un prophète comme tel (*supra*, p. 78). Le ministère de l'apôtre est "englobant" comme le montre bien le cas de Paul. Constitué apôtre par la mission reçue directement du Christ ressuscité, il est capable de prophétiser et de parler en langues (1 Cor. 14:18, 37) et instruit longuement les commu-

---

[44] A. Strobel, *Untersuchungen zum eschatologischen Verzögerungsproblem* Leiden, 1961, p. 7-14.

[45] L. Gaston, *No Stone on Another*, p. 55.

nautés qu'il a fondées. Selon Luc, l'une des caractéristiques de l'Église, c'est la fidélité à la διδαχὴ τῶν ἀποστόλων (Act. 2:42); aux apôtres reviennent en priorité la prière et l'office de la Parole (διακονία τοῦ λόγου, Act. 6:4).[46]

Le kérygme apostolique ne s'est jamais réduit à la proclamation ponctuelle de la mort et de la résurrection, mais a toujours comporté une interprétation dans le cadre de l'histoire du salut. A preuve l'antique formule que Paul nous a conservée dans la 1re aux Corinthiens :

"Je vous ai transmis en premier lieu ce que j'avais reçu moi-même :
Christ est mort pour nos péchés, selon les Écritures, il a été enseveli ;
il est ressuscité le troisième jour, selon les Écritures ; il est apparu à Céphas, puis aux Douze" (1 Cor. 15:3-5).

L'attente du Seigneur fait partie de la tradition (παράδοσις) fondamentale, vécue liturgiquement dans la célébration de la Cène :

"Toutes les fois que vous mangez ce pain et que vous buvez cette coupe, vous annoncez la mort du Seigneur jusqu'à ce qu'il vienne" (1 Cor. 11:26).

L'évocation du Jour du Seigneur se gonfle de tous les textes de l'Ancien Testament relatifs au Jour de Yahvé.[47]

Les gens de Qumrân vivaient dans la conviction de se trouver au seuil de l'ère eschatologique. Pour le Nouveau Testament, les temps sont accomplis (Mc. 1:15; Lc. 4:21).[48] A l'attente persévérante des prophètes et des justes succède le temps de la révélation :

"En vérité, je vous le déclare, beaucoup de prophètes, beaucoup de justes ont désiré voir ce que vous voyez et ne l'ont pas vu, entendre ce que vous entendez et ne l'ont pas entendu" [49] (Mt. 13:17).

Faisant écho à cette parole du Seigneur, Pierre souligne, d'une manière qu'on pourrait dire moderne, le coefficient d'incertitude dans une parole prophétique, sûre pourtant du but vers lequel elle tend :

---

[46] B. Gerhardsson, *Memory and Manuscript*, Uppsala, 1961, p. 234-245.

[47] P.-E. Langevin, *Jésus Seigneur et l'eschatologie. Exégèse de textes prépauliniens*, Bruges-Paris, 1967, p. 107-153.

[48] J. A. Fitzmyer a relevé l'absence des formules d'accomplissement dans les textes de Qumrân, ce qui dénote une différence importante dans l'eschatologie (*art. cit.*, p. 303).

[49] Cf. mon art. "Les prophètes chrétiens dans l'Évangile selon St Matthieu", in *L'Évangile selon Matthieu. Rédaction et Théologie* (Gembloux, 1972), p. 281-308, spéciale-ment 293s.

"Sur ce salut ont porté les recherches et les investigations des prophètes, qui ont prophétisé au sujet de la grâce qui vous était destinée : ils recherchaient à quel temps et à quelles circonstances se rapportaient les indications données par l'Esprit du Christ qui était présent en eux, quand il attestait par avance les souffrances réservées au Christ et la gloire qui les suivait. Il leur fut révélé (ἀπεκαλύφθη) que ce ne fut pas pour eux-mêmes, mais pour vous qu'ils transmettaient ce message, que maintenant les prédicateurs de l'Évangile vous ont communiqué sous l'action de l'Esprit Saint, envoyé du ciel, et dans lequel les anges désirent plonger leurs regards" (1 Pt. 1:10-12).

Ce texte manifeste clairement la perspective herméneutique dans laquelle se placent les auteurs du Nouveau Testament quand ils lisent les oracles des prophètes. Négligeant le rôle qu'ils ont joué en leur temps comme "messagers" et "sentinelles", ils ne s'intéressent à leur parole que pour son orientation vers le futur. Réaliste pourtant, Pierre ne suppose pas que comme les voyants apocalyptiques les prophètes aient voilé leur message sous des symboles compliqués, mais il les montre engagés eux aussi dans la tension éprouvante de l'espérance. Déjà une certaine présence du Christ se manifestait en cette période d'attente :

"Les indications données par l'Esprit du Christ qui était présent en eux" (τὸ ἐν αὐτοῖς πνεῦμα Χριστοῦ προμαρτυρόμενον) (1 Pt. 1:11. Cf. 1 Cor. 10:4).

On peut hésiter sur l'interprétation exacte de cette phrase : Schelkle [50] interprète le πνεῦμα Χριστοῦ du Christ préexistant. Comme dans le Judaïsme l'Esprit est considéré essentiellement comme l'Esprit de prophétie,[51] il nous semble plutôt qu'il s'agit de l'Esprit Saint, désigné en raccourci comme l'Esprit du Christ parce qu'il oriente vers lui. Un parallélisme intéressant est établi entre la mission des prophètes et celle des évangélistes ; les uns et les autres sont conduits par l'Esprit. Celui qui suscitait la recherche et la prédication des prophètes s'exprime maintenant à découvert par les messagers de l'Évangile et dévoile le contenu de l'Écriture.

---

[50] K. H. Schelkle, *Die Petrusbriefe* (Herders theologischer Kommentar zum NT), 2e éd., 1964, p. 41.

[51] Les Targums traduisent souvent "Esprit de Dieu" ou "Esprit Saint" par "Esprit de prophétie" (Str.-Bill., t. 2, p. 127s). C'est le signe que pour le judaïsme la principale manifestation de l'Esprit réside dans la parole prophétique.

Une lecture prophétique de l'Écriture : le discours de Paul à Antioche de Pisidie (Act. 13:16-41).

S. Luc nous a conservé le souvenir de plusieurs interprétations suivies de l'Écriture, soit dans le cadre de la liturgie synagogale (Jésus à Nazareth, Lc. 4:16 sv.; Paul à Antioche de Pisidie, Act. 13:16 sv.). Sans entrer ici dans la controverse sur l'origine des discours missionnaires des Actes,[52] nous relevons dans l'argumentation des procédés typiquement midrashiques.[53] Dans une thèse soutenue en 1974 : *"Le langage de l'annonce missionnaire. La prédication en milieu juif"* (Act. 13:16-41),[54] M. Dumais en a fait une étude très serrée. Après avoir résumé les grandes lignes de sa démonstration, nous nous demanderons si à l'origine de cette interprétation il ne faut pas faire intervenir un prophète chrétien, comme interprète charismatique de l'Écriture.

L'expression λόγος παρακλήσεως (Act. 13:15) permet de caractériser le discours qui suit comme une homélie bâtie sur le schéma "Promesse-Accomplissement". Le temps des pères, ou temps de la promesse constitue la 1re partie du discours (16-25) : le Credo d'Israël (17-22), la promesse (23), la prédication de Jean Baptiste (24-25). Introduite par l'apostrophe "Frères", la 2e partie concerne le temps présent, temps de l'accomplissement (26-37) : la proclamation de la Résurrection (vv. 30, 33, 34, 37) scande tout le développement. Enfin l'appel à la conversion (38-41), introduit lui aussi par l'apostrophe "Frères", place les auditeurs devant une alternative décisive.

Le contenu du discours s'éclaire si on le met en relation avec la prophétie de Natan (2 Sam. 7). Voici le tableau auquel M. Dumais arrive au terme de son analyse :[55]

---

[52] Voir U. Wilckens, *Die Missionsreden der Apostelgeschichte*. Form- und traditionsgeschichtliche Untersuchungen (Neukirchen, 1961) pour qui Luc a composé de lui-même ces discours, et la mise au point de J. Dupont, "Les discours missionnaires des Actes des Apôtres d'après un ouvrage récent", in *RB* 69 (1962), p. 37-60.

[53] E. Earle Ellis, "Midrashic Features in the Speeches of Acts", in *Mélanges B. Rigaux*, p. 303-312.

[54] M. Dumais, *Le langage de l'Évangélisation*. L'annonce missionnaire en milieu juif (Actes 13, 16-41). Paris-Montréal, 1976.

[55] M. Dumais, p. 90 s.

Allusions	*Actes 13*	*2 Samuel 7*
Sortie d'Égypte	v. 17	v. 6
Institution des juges	v. 20	v. 7 et 11
Mise à l'écart de Saül	v. 22	v. 15
Choix de David par Dieu	v. 22	v. 8
Promesse concernant la descendance	v. 23	v. 12
Promesse de filiation divine	v. 33	v. 14
Promesse de choses "fermes"	v. 34	v. 16
Sort de David après l'accomplissement de sa tâche	v. 36	v. 12

Développant une suggestion d'O. Glombitza,[56] M. Dumais conclut que le discours d'Antioche est "un midrash homilétique, du type péshèr, portant sur la promesse davidique de 2 Samuel 7".[57] Selon les cas, l'homéliste juif prend ouvertement son appui sur un texte qu'il cite ou se contente de faire constamment allusion au texte de base.[58] Il s'agit ici du second type, le midrash "voilé".

A l'arrière-plan du discours, on reconnaît la place de David dans la piété juive et l'attente d'un nouveau David, dont le Florilège de Qumrân nous donne un nouveau témoignage.[59] L'interprétation spécifiquement chrétienne prend appui sur le verbe ἀνίστημι, présent en 2 Sam. 7:12 :

> "Lorsque tes jours seront accomplis et que tu seras couché avec tes pères, je maintiendrai après toi ton descendant (ἀναστήσω τὸ σπέρμα σου μετὰ σέ), celui qui sortira de tes entrailles, et j'affermirai sa royauté".

Pour une oreille chrétienne, ἀνίστημι évoque la résurrection de Jésus, fils de David. De fait le développement homilétique reprendra l'annonce pascale en utilisant les deux verbes consacrés ἐγείρειν, ἀνιστάναι.

> "C'est de sa descendance que Dieu, selon sa promesse, a suscité (ἤγειρε [60]), Jésus, le sauveur d'Israël..." (v. 23).
> "La promesse faite aux Pères, Dieu l'a pleinement accomplie à l'égard de nous, leurs enfants, quand il a ressuscité (ἀναστήσας) Jésus..." (v. 32, 33).

---

[56] O. Glombitza, "Acta XIII, 15-41. Analyse einer lukanischen Predigt vor Juden", in *NTS* 5 (1958/59), p. 306-317.

[57] M. Dumais, p. 87.

[58] La distinction entre "overt (or visible) midrash" et "covert (or invisible) midrash" a été proposée par M. Gertner, "Midrashim in the New Testament", in *J. Sem. St* 7 (1962), p. 268s.

[59] Traduction de J. Carmignac, in *Les Textes de Qumrân*, t. 2, p. 279-284 (4 Q *Florilegium*).

[60] Leçon dite occidentale ; autre leçon ἤγαγεν.

"Que Dieu l'ait ressuscité (ἀνέστησεν) des morts sans retour possible à la décomposition..." (v. 34).

"Celui que Dieu a ressuscité (ἤγειρεν) n'a pas connu la décomposition..." (v. 37).

Le raisonnement exégétique consiste à passer d'un premier sens (élever, susciter) à un autre (ressusciter), comme le font souvent les rabbins et comme le fera S. Jean avec ses expressions à double signification. "Le dévoilement d'un sens jusque là caché dans les expressions prophétiques, n'est-ce pas là justement le but d'une entreprise midrashique ?" [61]

S'il s'agissait de prouver la résurrection du Christ, le raisonnement ne vaudrait pas. Or il ne s'agit pas de prouver mais d'interpréter la foi au ressuscité par les préparations dans l'Ancien Testament.[62] Le charisme de l'homéliste chrétien consiste à saisir les convergences entre le kérygme pascal et les ouvertures d'avenir de l'Ancien Testament. Selon une belle formule de P. Ricœur, "l'évènement lui-même reçoit une épaisseur temporelle en s'inscrivant dans un rapport signifiant de 'promesse' à 'accomplissement' ". Ainsi l'événement n'apparaît-il pas "comme une irruption irrationnelle, mais comme l'accomplissement d'un sens supérieur laissé en suspens".[63] Il s'agit ici de tout le dynamisme inclus dans le fait que Dieu "suscite" un homme. Dans toute intervention de Dieu, une note d'éternité n'est-elle pas perceptible, s'il est vrai que Dieu n'est pas un Dieu des morts mais des vivants (cf. Mc. 12:27) ? La fidélité de Dieu envers David, manifestée par l'accession au trône de son fils Salomon, n'épuise pas la générosité divine. En suscitant Jésus comme sauveur pour toujours (v. 23), Dieu va jusqu'au bout du dessein de salut (cf. v. 26) dont il a révélé les premières lignes à David. La lumière de la résurrection, projetée sur le passé d'Israël, fait ressortir des aspects inaperçus jusque là, comme les rayons infra-rouges permettent de déceler ce qui n'apparaissait pas par un éclairage ordinaire.

Si, dans sa facture actuelle, le discours d'Antioche correspond assez bien à l'enseignement des didascales, chargés de commenter les Écritures,[64] il reste à s'interroger sur l'origine de ce que nous appellerions, la *"prophétie rétrospective"* qui lit en clair l'annonce de Jésus

---

[61] M. Dumais, p. 92.

[62] Voir les remarques de H. von Campenhausen, *La formation de la Bible chrétienne* (Trad. fr. par D. Appia et M. Dominicé), Neuchâtel-Paris, 1971, p. 27 et 53, note 2.

[63] P. Ricœur, Préface à *Jésus* de R. Bultmann (trad. fr.), Paris, 1968, p. 11.

[64] Rengstorf, art. "Διδάσκω-διδάσκαλος", in *TWNT*, t. 2, p. 149s. — M.-Al. Chevallier, *Esprit de Dieu*, p. 203.

Christ, dans un texte aux perspectives premières plus limitées. A la suite du Christ "Prophète" qui manifestait à ses disciples l'orientation messianique de la Loi et des Prophètes (Luc. 24:27, 44), les inspirés de l'Église primitive ont découvert eux aussi la présence du Christ dans la trame de l'histoire du salut (cf. 1 Pt. 1:10-12). Tel est bien le sens d'un texte difficile de Paul, que nous allons commenter.

L'Esprit, révélateur du sens des Écritures

Sommé par les Corinthiens de s'expliquer sur la nature de la Sagesse chrétienne, Paul procède par contrastes. Il commence par récuser la sagesse de ce monde et déclare que Dieu veut sauver les hommes par la folie de la croix (1 Cor. 1:21-25). Ce développement se termine cependant par l'affirmation que "le Christ est devenu pour nous sagesse venant de Dieu, justice, sanctification et délivrance" (1:30). Seuls les chrétiens adultes ($\tau \acute{\epsilon} \lambda \epsilon \iota o \iota$, 2:6) peuvent saisir la nature de la sagesse chrétienne. Dans un langage apocalyptique, Paul présente cette sagesse de Dieu comme mystérieuse ($\grave{\epsilon}\nu \ \mu\nu\sigma\tau\eta\rho\acute{\iota}\psi$) et demeurée cachée (v. 7). Dans une citation complexe, où l'on reconnaît une combinaison d'Is. 64:3 et 65:17 et une influence sapientiale,[65] Paul déclare :

> "ce que l'œil n'a pas vu, ce que l'oreille n'a pas entendu, et ce qui n'est pas monté au cœur de l'homme, tout ce que Dieu a préparé pour ceux qui l'aiment",

Dieu l'a révélé par l'Esprit ($\grave{\alpha}\pi\epsilon\kappa\acute{\alpha}\lambda\upsilon\psi\epsilon\nu \ \acute{o} \ \theta\epsilon\grave{o}s \ \delta\iota\grave{\alpha} \ \tau o\hat{\upsilon} \ \pi\nu\epsilon\acute{\upsilon}\mu\alpha\tau os$). Le temps présent est donc considéré comme le temps de l'accomplissement, le temps du dévoilement (cf. Rom. 16:26). C'est l'Esprit qui en est l'agent, lui qui nous permet de découvrir comment, en sa croix, le Christ est pour nous "sagesse venant de Dieu" (1:30).

L'action illuminatrice de l'Esprit est décrite en quelques versets denses et difficiles. "L'Esprit scrute ($\grave{\epsilon}\rho\alpha\upsilon\nu\hat{q}$) tout, même les profondeurs ($\tau\grave{\alpha} \ \beta\acute{\alpha}\theta\eta$) de Dieu" (2:10). Plutôt que de songer à des spéculations de type gnostique, il est plus naturel avec J. Dupont [66] et M.-Al. Chevalier [67] de laisser au verbe $\grave{\epsilon}\rho\alpha\upsilon\nu\hat{\alpha}\nu$ son sens technique d'*interpréter* les écritures (cf. Jn. 5:39 ; 7:52 ; 1 Pt. 1:11). Selon une affirmation répétée

---

[65] A. Feuillet, *Le Christ Sagesse de Dieu d'après les Épitres pauliniennes*, Paris, 1966, p. 47-53.

[66] J. Dupont, *Gnosis. La connaissance religieuse dans les Épitres de S. Paul*, Louvain-Paris, 1949, p. 323s.

[67] M.-Al. Chevallier, *Esprit de Dieu*, p. 115-123.

des Sapientiaux, la Sagesse de Dieu habite dans un lieu inaccessible (Prov. 30:1-4; Sir. 1:10; Job. 28; Bar. 3). L'Esprit, lui, en pénètre les secrets et peut les révéler à qui il veut. En dépit des prétentions des "pneumatiques", il n'est point question d'ouvrir sans discernement la voie à toute espèce de révélation. C'est bien Paul qui se met en scène, face aux Corinthiens (v. 6 : λαλοῦμεν), lui qui a "la pensée du Christ" (v. 16 : νοῦν Χριστοῦ) pour révéler les "mystères de Dieu" (4:1). De type apocalyptique,[68] l'expression semble bien viser l'interprétation de l'Écriture dont Paul se présente comme l'exégète inspiré par l'Esprit :

> "(Les dons de la grâce de Dieu) nous n'en parlons pas dans le langage qu'enseigne la sagesse humaine, mais dans celui qu'enseigne l'Esprit, exprimant (συγκρίνοντες) ce qui est spirituel en termes spirituels" (2:13, traduction de la TOB).

La traduction de ce v. est très controversée. Plusieurs auteurs suppriment le mot λόγοις du v. 13a et comprennent : "Nous en parlons, non parmi des gens instruits dans la philosophie humaine, mais parmi ceux qui sont instruits dans les vérités de l'esprit" (J. Héring). Rien dans la tradition manuscrite ne justifie cette manipulation du texte; il n'y faudrait recourir qu'en désespoir de cause. Or rien n'empêche de comprendre la formule οὐκ ἐν διδακτοῖς ἀνθρωπίνης σοφίας λόγοις. Paul avait évoqué précédemment les discours persuasifs de la sagesse (2:4 : ἐν πειθοῖς σοφίας λόγοις) et les avait opposés à la démonstration de l'Esprit et de la Puissance. De même ici, Paul oppose le langage rhétorique appris dans les écoles humaines aux paroles enseignées par l'Esprit, à savoir cette pénétration des mystères contenus dans l'Écriture (cf. v. 10).

Cette explication permet de bien comprendre la dernière partie du v. 13 : πνευματικοῖς πνευματικὰ συγκρίνοντες. Dans la LXX, le verbe συγκρίνω apparaît comme un verbe technique pour l'interprétation des songes envoyés par Dieu (Gen. 40:8, 16, 22; 41:12, 13, 15; Dan. 5:7, cf. Dan. Theod. 5:12, 16).[69] Par dérivation συγκρίνω convient à l'interprétation des paroles prophétiques par "une exégèse charismatique, du type de l'interprétation des songes".[70] Nous restons bien dans le contexte du dévoilement des "profondeurs de Dieu" (v. 10). Instruit par l'Esprit, Paul peut donc dévoiler aux

---

[68] Voir la communication de G. Dautzenberg, dans ce volume, p. 131 sv.

[69] Büchsel, art "Κρίνω ... συγκρίνω", *TWNT*, t. 3, p. 955, note 4.

[70] L. Gaston, *No Stone on Another*, p. 440.

chrétiens adultes le sens profond de la Sagesse de Dieu, comme le Ressuscité dévoilait le sens de la Loi et des Prophètes aux disciples d'Emmaüs et aux Onze (Luc. 24:25-27, 46).

De cette exégèse charismatique de l'Écriture, recueillons quelques *exemples* au fil de la lecture des Épîtres aux Corinthiens. La typologie de l'exode développée en 1 Cor. 10:1-11 présente une double orientation : christologique [71] et ecclésiologique. Elle manifeste la place du Christ dans le déroulement total du plan du salut et fait prendre aux chrétiens meilleure conscience du sérieux de leur vocation.

Une "rétrospective prophétique" : la typologie de l'Exode (1 Cor. 10:1-11)

Quand il reprend les événements de l'exode, Paul ne se contente pas d'en faire l'application à la situation présente, comme les gens de Qumrân le faisaient dans leurs *pesharîm*. Il projette la réalité chrétienne dans le "type" ancien : "Nos pères étaient sous la nuée, tous ils passèrent à travers la mer et tous furent baptisés en Moïse (εἰς τὸν Μωυσῆν ἐβαπτίσαντο) dans la nuée et dans la mer" (1 Cor. 10:2). Paul part sans doute de traditions rabbiniques sur la présence de l'Esprit Saint dans la nuée quand les Israélites traversèrent la mer Rouge,[72] mais rien ne permettait de parler d'un baptême "en Moïse". La réalité chrétienne est projetée dans l'expérience passé d'Israël et permet d'en découvrir toute la portée.[73] Un mot de l'Écriture a pu guider Paul dans cette assimilation de Moïse au Christ, la conclusion du récit de la traversée de la mer : "Israël vit la grande puissance qu'avait mise en œuvre Yahvé contre les Égyptiens ; le peuple craignit Yahvé, et il crut en Yahvé et en Moïse son serviteur" (Ex. 14:31). La confiance en Moïse figure la foi en la personne du Christ, et rétrospectivement le baptême dans le Christ permet de parler d'un baptême en Moïse.

L'assimilation du Rocher d'où jaillit l'eau avec le Christ se comprend certes à partir des développements midrashiques sur le Puits de

---

[71] F. F. Bruce a montré comment l'exégèse du N.T. se distinguait de celle de Qumrân : elle n'est pas seulement eschatologique, mais *christologique* (*Biblical Exegesis in the Qumran Texts*, Michigan, 1959, p. 68).

[72] W. D. Davies, *The Setting of the Sermon on the Mount*, Cambridge, 1964, p. 40 et 441-443. On y trouvera la traduction d'extraits de la Mekhilta.

[73] Les mêmes remarques seraient à faire au sujet de l'interprétation de la manne chez Paul et dans Jn. 6. Voir P. Borgen, *Bread from Heaven*, Leiden, 1965.

Moïse,[74] mais plus profondément Paul exprime sa foi dans le Christ, comme pôle d'attraction de toute l'histoire du salut (cf. v. 11 : la fin des temps marche à notre rencontre). Cette unité profonde de l'histoire du salut justifie cette παράκλησις τῶν γραφῶν (Rom. 15:4), à laquelle Paul attache tant de prix.

Le Christ, centre de l'Écriture

Si l'Apôtre magnifie Moïse dans la 1re aux Corinthiens, il se montre très critique à son endroit dans le parallèle entre le ministère de la lettre et le ministère de l'Esprit (2 Cor. 3:6-4:6). Les adversaires de Paul exaltaient en effet le rôle de Moïse et faisaient de lui le médiateur suprême.[75] Paul retourne les perspectives ; ce qui était dit à la louange de Moïse par les uns, devient pour lui signe de son rang inférieur :

'Nous ne faisons pas comme Moïse qui se mettait un voile sur le visage pour éviter que les Israélites ne voient la fin d'un éclat passager'' (2 Cor. 3:13).

Contrairement à l'optique juive traditionnelle, selon laquelle la Torah est le centre inégalable de la Révélation, Paul découvre la gloire de Dieu sur la face du Christ ressuscité et juge tout désormais à partir du Christ. L'Écriture devient lettre morte pour qui n'est pas illuminé par l'Esprit du Seigneur :

"Leur intelligence s'est obscurcie ! Jusqu'à ce jour, lorsqu'on lit l'Ancien Testament, ce même voile demeure. Il n'est pas levé, car c'est en Christ qu'il disparaît" (2 Cor. 3:14).

Source d'illumination, l'Esprit apporte la liberté véritable à ceux qui, dans une démarche de foi, se tournent vers le Seigneur :

"C'est seulement par la conversion au Seigneur que le voile tombe. Car le Seigneur est l'Esprit, et là où est l'Esprit du Seigneur, là est la liberté" (2 Cor. 3:17).

---

[74] A. Jaubert, "La symbolique du puits de Jacob, Jean IV, 12", in *L'homme devant Dieu* (Mél. H. de Lubac), Paris, 1963, t. I, p. 63-73. — Sur l'herméneutique de Paul en ce passage, voir G. Martelet, "Sacrements, figures et exhortations en 1 Cor. 10:1-11", in *RSR* 44 (1956), p. 323-359, 515-559.

[75] S. Schulz, "Die Decke des Moses. Untersuchungen zu einer vorpaulinischen Über-lieferung in 2 Cor. 3:7-18", in *ZNW* 49 (1958), p. 1-30 ; Martin McNamara, *The New Testament and the Palestinian Targum to the Pentateuch*, Rome, 1966, p. 168-188. Dans le même sens, les Juifs aujourd'hui encore voient en Moïse le Maître par excellence, le plus grand des prophètes. Cf. A. Neher, *Moïse et la vocation juive*, Paris, 1956.

La typologie ecclésiale du Temple (2 Cor. 6:14-18)

Si l'Esprit manifeste l'orientation christologique de l'Écriture, il révèle aussi aux chrétiens leur dignité. De là l'importance donnée par Paul au "mystère du Temple" [76] (1 Cor. 3:16; 6:19; 2 Cor. 6:16-18). Nous retiendrons le 3e de ces textes, en raison de l'intérêt herméneutique qu'il présente.

A première vue, ce centon de textes scripturaires n'apparaît pas très cohérent. En raison de la saveur qumranienne [77] du passage, on s'est demandé si Paul ne puisait pas son bien dans un recueil de *testimonia*. L'hypothèse est plausible. Pour notre propos, il suffira de voir quel est le principe qui commande cette liste de citations et sa portée ecclésiologique.

L'exhortation à la sainteté semble appartenir à l'un des premiers formulaires catéchétiques de l'Église primitive.[78] "Ce que Dieu veut, c'est que nous vivions dans la sainteté" (1 Th. 4:7, cf. Pt. 1:16). Pour soutenir cette exhortation morale, Paul assimile la communauté au "Temple du Dieu vivant" et utilise des textes tirés et de la Torah et des Prophètes, selon la pratique de la synagogue.

La première citation est tirée du grand chapitre messianique d'Ez. 37 : après la vision des ossements desséchés, interprétée dans le judaïsme comme une annonce de la résurrection des morts,[79] le prophète annonce la réunion d'Israël et de Juda, et proclame la restauration de l'Alliance : "Ils seront mon peuple et je serai leur Dieu. Mon serviteur David sera roi sur eux..." (v. 23, 24; cf. 25). Après avoir prophétisé le retour en Terre promise, Ézéchiel conclut dans une perspective théocentrique : "Ma demeure sera au-dessus d'eux" (TM) ($Καὶ$ $ἔσται$ $ἡ$ $κατασκήνωσίς$ $μου$ $ἐν$ $αὐτοῖς$, LXX); "Je serai leur Dieu et ils seront mon peuple". Selon un procédé bien connu des rabbins,[80] la formule de l'alliance entraîne l'utilisation

---

[76] Titre d'un beau livre de Y. Congar, Paris, 1958.

[77] J. A. Fitzmyer, "Qumran and the interpolated paragraph in 2 Corinthians 6, 16-7, 1", in *CBQ* 23 (1961), p. 271-280; J. Gnilka "2 Kor. 6, 14-7, 1 im Lichte der Qumranschriften und der Zwölf-Patriarchen-Testamente", in *Neutestamentliche Aufsätze* (Festschrift J. Schmid), Regensburg, 1963, p. 86-99. — Autres références dans notre art. "Pureté et Impureté dans le N.T.", in *DBS*, t. 9, c. 550s.

[78] Hypothèse de E. G. Selwyn, *The First Epistle of St. Peter*, Londres, 1947, p. 369 sv.

[79] J. Grassi, "Ezechiel 37:1-14 and the New Testament", in *NTS*, 11 (1964/65) p. 162-164.

[80] Procédé désigné par le verbe ḤRZ enfiler des perles, à savoir des textes scripturaires en raison d'un mot commun (mot-crochet).

d'un autre texte, Lev. 26:11s : «"Je cheminerai (ἐμπεριπατήσω) au milieu de vous; je serai votre Dieu et vous serez mon peuple". De la sorte, à l'idée de présence permanente de Dieu au milieu de son peuple, se joint l'idée du nouvel exode.

De là vient la citation d'Is. 52:11 : "Sortez donc d'entre ces gens là; ne touchez à rien d'impur". L'idée d'exode entraîne à son tour la citation d'Ez. 20:34 LXX : "Je vous ferai sortir d'entre les peuples et je vous accueillerai (εἰσδέξομαι ὑμᾶς)". A son tour l'accueil évoque les relations confiantes entre Dieu et son peuple : "Je serai pour vous un père et vous serez pour moi des fils et des filles". A l'arrière-plan on reconnaît Os. 2:1-2 (cf. Rom. 9:25; 1 Pt. 2:10 en rapport avec la sainteté du peuple élu, comme ici), mais surtout la conclusion de l'oracle de Natan : "Je serai pour lui un père et lui sera mon fils" (2 Sam. 7:14). Ainsi est bouclé le cercle, si l'on se souvient que la première citation (Ez. 37:27) provenait d'un passage annonçant le nouveau David.

Par deux fois dans ce centon scripturaire, revient la formule λέγει Κύριος (v. 17 et 18). Rare dans le Nouveau Testament, elle rappelle le style du messager chez les prophètes de l'Ancien Testament (cf. Act. 21:11).[81] On assiste ainsi à une reformulation de l'oracle passé, en relation avec la situation de l'Église. C'est une nouvelle parole prophétique qui retentit, une "relecture" actualisante pour faire prendre conscience à la communauté chrétienne de sa dignité, de ses devoirs.

Temple du Dieu vivant, la communauté chrétienne doit se distinguer du milieu ambiant par sa sainteté, une sainteté qui fructifie dans une connaissance toujours plus profonde de la volonté de Dieu (Rom. 12:1-2) : le culte spirituel, comme discernement de la volonté divine.[82] En même temps l'Église est assurée de la présence permanente de l'Esprit de Dieu (1 Cor. 3:16) comme source de vie et de connaissance. C'est dire que les "dons spirituels", tant prisés des Corinthiens, sont répandus dans l'Église et pour l'Église,[83] comme Paul le montre en détail dans les chapitres 12 à 14 de la 1ʳᵉ aux Corinthiens.

---

[81] E. E. Ellis, *Paul's Use of the Old Testament*, Londres, 1957, p. 107.

[82] G. Therrien, *Le discernement dans les écrits pauliniens*, Paris, 1973, p. 139-149.

[83] *Ubi enim Ecclesia, ibi et Spiritus Dei; et ubi Spiritus Dei, illic Ecclesia et omnis gratia : Spiritus autem veritas*, dira S. Irénée (*Adv. Haer.*, III, 24, 1).

La prophétie d'après 1 Cor. 12-14

Interrogé par les Corinthiens sur la valeur et le bon usage des "dons spirituels",[84] Paul fournit des principes de discernement théologique. Avant d'être la source de phénomènes extraordinaires, l'Esprit est d'abord Celui qui oriente vers la reconnaissance de la Seigneurie de Jésus (1 Cor. 12:3). Libre dans la dispensation de ses dons, il les répartit non pour la jouissance personnelle des bénéficiaires, mais pour le bien commun de l'Église. C'est à cause de cette plus grande utilité pour le Corps du Christ que l'Apôtre met en valeur la prophétie, et s'emploie à rabaisser la cote de la glossolalie.

Avec les indications du ch. XI sur le repas du Seigneur, le ch. XIV de 1 Cor. constitue le document le plus vivant sur la liturgie chrétienne primitive. Bien que la communauté soit recrutée en majorité dans le milieu païen, bien des traits rattachent l'assemblée chrétienne au culte synagogal. Contrairement à l'opinion de G. Dautzenberg, nous pensons donc qu'il convient de souligner les liens entre la παράκλησις prophétique et la lecture de l'Écriture.

Une première remarque s'impose. Paul suppose de ses lecteurs une connaissance poussée de l'Ancien Testament. C'est ainsi qu'il résume à grands traits l'épopée de l'exode : "Nos pères étaient tous sous la nuée..." (1 Cor. 10:1 sv.). Dans son argumentation, il s'appuie tout aussi bien sur un texte de la Torah (par ex. Dt. 25:4, cité en 1 Cor. 9:9), que sur un oracle prophétique (Is. 28:11s, cité en 1 Cor. 14:21) ou sur des textes sapientiaux (Job. 5:13 et Ps. 94:11 LXX cités en 1 Cor. 3:19-20). La réponse à la Parole de Dieu s'exprime dans l'eucharistie (= berakhah), dont l'enracinement scripturaire n'est pas à démontrer.[85] La participation de nombreux fidèles à l'assemblée n'est pas sans analogie avec la pratique synagogale où plusieurs lecteurs se succédaient à l'ambon ; l'interprète qui doit traduire le discours en langues (1 Cor. 14:27) tient le rôle du meturgeman. Le prophète, chargé de la paraclèse, n'accomplit-il pas celui de l'homéliste à la synagogue ?

On s'est demandé s'il y avait à Corinthe un groupe attitré de "prophètes". Telle est par exemple l'interprétation de H. Greeven.[86]

---

[84] Pour un exposé plus détaillé, nous nous permettons de renvoyer à notre article "Prophétisme dans le N.T.", DBS, t. 8, c. 1290-1301.

[85] L. Bouyer, L'Eucharistie. Théologie et spiritualité de la prière eucharistique, Tournai, 1966, p. 45-54.

[86] H. Greeven, "Die Geistesgaben bei Paulus", in Wort und Dienst ,1959, p. 111-120.

A mon sens il existe une différence entre les "prophètes", considérés avec les apôtres et les didascales comme base de l'Église (1 Cor. 12:28), et "celui qui prophétise" du ch. XIV. L'impression dominante qui ressort de ce second texte, c'est celle de la spontanéité et de la liberté. L'inspiration peut susciter la parole de n'importe lequel des fidèles (v. 30), mais elle ne se manifeste pas de façon incontrôlée : "Les esprits des prophètes sont soumis aux prophètes" (1 Cor. 14:32). Pleinement consciente, la prophétie est orientée vers l'enseignement comme le montre le v. 31 : "Vous pouvez tous prophétiser, mais chacun à son tour, pour que tout le monde soit instruit et encouragé".

Si Paul tient le langage prophétique en telle estime, c'est qu'il vise à l'édification, à la paraclèse et à la consolation de l'Église (1 Cor. 14:3). Οἰκοδομή, telle est une préoccupation majeure de Paul dans sa correspondance avec les Corinthiens.[87] Assigner à la prophétie un rôle de construction, c'est à la fois en montrer l'importance et suggérer une règle de discernement. Ne peut être parole de Dieu un message qui va en contradiction avec les fondements déjà posés (cf. 1 Cor. 3:11); ne peut être authentique une prophétie qui amènerait une communauté à se complaire en elle-même et à oublier les liens qui la rattachent à l'Église universelle (cf. 1 Cor. 14:36).

Comme paraclèse, la parole prophétique prend son appui sur l'Écriture,[88] à la manière dont le Christ déclarait accompli, dans la synagogue de Nazareth, le message d'Isaïe 61. Elle permet de saisir l'orientation christologique de l'histoire d'Israël et des promesses prophétiques. Elle fait entendre l'appel à la conversion en cet aujourd'hui du salut : "Encouragez-vous les uns les autres (παρακαλεῖτε ἑαυτούς), jour après jour, tant que dure la proclamation de l'aujourd'hui, afin qu'aucun d'entre vous ne s'endurcisse trompé par le péché" (Hebr. 3:13, développant les termes du Ps. 95). Dans le même sens, l'homélie d'Antioche de Pisidie se terminait par la citation actualisante d'Hab. 1:5 :

"Prenez donc garde d'être atteints par cette parole des prophètes : Regardez, vous les arrogants, Soyez frappés de stupeur et disparaissez ! Je vais en effet, de votre vivant, accomplir une œuvre, une œuvre que vous ne croiriez pas si quelqu'un vous la racontait" (Act. 13:40s).

---

[87] H. Schlier, "L'objet principal de la Iᵉ aux Corinthiens", in *Le temps de l'Église* (trad. fr.), Tournai, 1961, p. 157-168.

[88] Pour S. Cyrille d'Alexandrie, prophétiser n'est pas autre chose qu'interpréter (διερμηνεύειν) les paroles des prophètes (in 1 Cor. 14:2, P.G. LXXIV, 889).

Il est difficile de tracer les frontières entre la prophétie, ainsi entendue, et la διδαχή. Pourtant des différences existent; la didachè est plus institutionnelle, la prophétie plus spontanée. La διακονία τοῦ λόγου dont parlent les Actes (6:4) a donné naissance très tôt à un premier ensemble d'enseignements, confiés aux catéchètes (cf. Gal. 6:6) et aux didascales. Le prophète, lui, se réclame de l'Esprit qui lui découvre soudain le sens d'une parole de l'Écriture (13:40) ou une exigence concrète pour la communauté (par exemple l'intervention d'Agabus à Antioche, Act. 11:28). La didachè est plus systématique, la prophétie plus occasionnelle et davantage orientée vers l'action. Témoignage rendu à la seigneurie du Christ (cf. 1 Cor. 12:3), elle en manifeste la présence dans toute l'histoire du salut, dans celle d'Israël (1 Cor. 10:4), comme dans la vie présente de l'Église. C'est ainsi qu'elle contribue à édifier le Temple spirituel, bâti sur Jésus Christ comme unique pierre de fondation (1 Cor. 3:11).

En mode de conclusion : Réflexions d'ordre général

L'étude des citations de l'Ancien Testament dans le Nouveau pose une série de questions de grand intérêt : d'abord celle du texte utilisé par le citateur : texte hébreu, LXX ou autre traduction grecque, targum palestinien ? — celle du milieu dans lequel s'est poursuivie la confrontation entre l'événement chrétien et l'Écriture [89] — celle aussi de la validité de la procédure : que penser de l'argument prophétique ?

Sur ce dernier point les recherches sont moins avancées que sur les deux autres; la raison n'en serait-elle pas l'étroitesse de la définition du "sens littéral", qui s'est établie au 19e s. ? Depuis F. Schleiermacher, le problème de la compréhension s'est imposé à la réflexion philosophique. Pour lui, comprendre consiste à reproduire le processus de création de l'œuvre par son auteur. De là l'importance de la connaissance des conditions historiques dans lesquelles écrivait tel ou tel auteur. W. Dilthey a mis l'accent sur l'aspect psychologique; comprendre, c'est saisir la vie psychique d'un autre, c'est connaître celui-ci par une sorte de sympathie. Pour ces deux penseurs, comprendre, c'est en somme parvenir à se mettre à la place de l'auteur. [90]

---

[89] Comme exemples de recherche en ce sens, K. Stendahl, *The School of St. Matthew*, Lund, 1954; B. Gerhardsson, *Memory and Manuscript*, Uppsala, 1961.

[90] M. Dumais, *Le langage de l'évangélisation*, p. 269s. P. Ricœur, "La tâche

Il ne s'agit nullement de rejeter tout l'apport de ce type de recherche qui nous a permis de répartir dans le temps et l'espace les écrits bibliques et a redonné toute leur densité humaine à chacun d'eux. Sans tomber dans les excès actuels du structuralisme qui met entre parenthèses l'Auteur pour ne s'intéresser qu'au Texte, il convient pourtant de revoir la notion de "sens" reçue souvent sans assez de discernement critique. Dans le milieu catholique, la discussion a tourné pendant deux décades autour de la notion de *sensus plenior*.[91] Il lui manquait une ouverture plus générale sur les problèmes d'herméneutique comme tels, valables pour un texte profane comme pour un texte sacré. Des essais convergents s'efforcent en ce domaine de distinguer entre "sens de l'Auteur" et "sens du Texte", "sens littéral (selon la terminologie ancienne) et signification".[92] La signification d'un fait historique, d'une œuvre d'art dépasse toujours de beaucoup le sens perçu sur le moment. N'en va-t-il pas de même pour les textes ?

"J'entendrai des regards que vous croiriez muets".

S'il est permis de faire un usage accomodatice de ce vers de Racine, je dirais que toute œuvre d'art, plastique ou littéraire ou musicale, délivre un message plus vaste que celui auquel avait pensé explicitement son Auteur. Dans son livre *La Parole Inspirée*, L. Alonso-Schoekel fait d'utiles réflexions dans ce sens et cite ces lignes de M. K. Wimsatt :

"Le poème n'est pas la propriété du critique ni celle de l'auteur ; en naissant, il se détache de l'auteur et va son chemin dans le monde, échappant à son intention ou à son contrôle"[93].

De son côté, Paul Ricœur déclarait au Colloque de Rome de 1971 sur *Révélation et Histoire* :

"Avec le discours écrit, l'intention de l'auteur et le sens du texte cessent de coïncider"[94].

Dans ces conditions, les recherches d'analyse littéraire et historique,

---

de l'herméneutique", in *Exegesis. Problèmes de méthode et exercices de lecture*, Neuchâtel-Paris, 1975, p. 179-190.

[91] Sur cette question, voir P. Grelot, *La Bible Parole de Dieu*, Tournai, 1965, p. 367-391.

[92] R. Kieffer, *Essais de méthodologie néo-testamentaire*, Lund, 1972, p. 46-50.

[93] L. Alonso-Schoekel, *La Parole inspirée* (trad. fr.), Paris, 1971, p. 272.

[94] P. Ricœur, *Événement et sens*. Colloque de Rome, 1971, p. 19 et "La fonction herméneutique de la distanciation", in *Exegesis*, p. 201-215.

tout indispensables qu'elles soient, ne permettent pas d'enclore le
sens du texte, comme le berger fait rentrer ses brebis dans le bercail.
L'exégète a plutôt pour mission d'indiquer la direction vers laquelle
oriente un texte, l'élan dont il est porteur.[95]

S'il en est ainsi, nous pouvons aborder de façon plus sereine et
plus juste que nos devanciers la manière dont les auteurs du Nouveau
Testament utilisent l'Ancien. L'ancienne problématique est bien
représentée par l'article de L. Vénard : *"Citations de l'Ancien Testament
dans le Nouveau Testament"*.[96] Article très consciencieux qui répertorie
les citations et les classe selon le degré où est respecté "le sens littéral
exact de l'original". Reconnaissant que les écrivains du Nouveau
Testament argumentent parfois à la manière rabbinique, L. Vénard
les excuse pour cette faiblesse et déclare que, somme toute, "leur
exégèse est bien loin des fantaisies rabbiniques. Les écrivains aposto-
liques partagent avec les maîtres juifs l'idée que l'Écriture possède
un sens supérieur au sens littéral, mais ce n'est pas par des procédés
comme ceux des rabbins qu'ils dégagent ce sens".[97]

De multiples études convergentes montrent la nécessité d'établir
l'histoire d'un texte et de son interprétation pour comprendre comment
et en quel sens il a pu être utilisé par tel auteur, dans telle communauté,
palestinienne ou hellénistique. L'originalité de l'exégèse chrétienne,
— et c'est par là qu'on peut la qualifier de "charismatique",[98] —
vient de ce qu'elle part non d'un texte, mais de l'événement du Christ.
Convaincus que le Christ est l'Amen définitif de Dieu à ses promesses
(cf. 2 Cor. 1:20, cf. Hebr. 1:1), persuadés de la présence du Fils de
l'homme au milieu de son Église (Apoc. 1:12 sv.), les prophètes
chrétiens cherchent dans l'Écriture les annonces, les titres,[99] les
images qui permettent d'expliciter progressivement les richesses

---

[95] En ce sens P. Beauchamp, *Création et Séparation*, Paris, 1969, p. 15.

[96] *DBS*, t. 2, c. 23-51. Même problématique chez J. A. Fitzmyer, "The Use of
Explicit Old Testament Quotations...", cité n. 41.

[97] *DBS*, t. 2, c. 48.

[98] Dans ses réflexions si suggestives sur "L'Actualisation de l'Ancien Testament
dans le Nouveau" (*Théologie de l'A.T.*, trad. fr., t. 2, p. 284-299), G. von Rad emploie
l'expression à plusieurs reprises pour qualifier les réinterprétations à l'intérieur de
l'A.T. "Cette actualisation des données anciennes est sans conteste un *processus
charismatique*" (je souligne, p. 295, cf. 289).

[99] A titre d'exemple signalons l'intéressant essai d'A. Jaubert, "Symboles et figures
christologiques dans le Judaïsme", in *Exégèse biblique et Judaïsme*, Strasbourg, 1973,
p. 219-236.

insondables de son mystère (cf. Eph. 2:7 ; Col. 2:3). S. Jean représente
le point d'arrivée de cette longue recherche, comme le Père F. M. Braun
l'a montré dans son livre *Les grandes traditions d'Israël. L'accord des
Écritures d'après le IVe Évangile.*[100]

La foi au mystère pascal conduit les prophètes chrétiens à reconnaître
dans l'Église la manifestation du Christ Seigneur, étendant son règne
par la victoire sur les Puissances mauvaises (cf. 1 Cor. 15:25) et sur
la Mort (1 Cor. 15:54-57).[101] Telle est l'intuition de Barnabé quand,
à Antioche, il reconnaît la grâce de Dieu à l'œuvre (Act. 11:23). Telle
est l'attitude des "colonnes de l'Église", quand à Jérusalem ils savent
reconnaître la mission de Paul auprès des Gentils et lui tendent la
main en signe de communion (Gal. 2:7-9). Un tel jugement suppose
l'interprétation du fait à la lumière de l'Écriture. C'est pourquoi
Jacques se réfère lors de l'assemblée de Jérusalem à la prophétie
d'Amos (9:11s citée en Act. 15:16s.) Le texte de la Septante, ici
utilisé, ne recouvre certes pas le sens littéral, mais l'interprétation
proposée est en consonance avec l'attente du pèlerinage eschatologique
des nations à Jérusalem, tel qu'il est annoncé par Isaïe (2:2-5 = Mich.
4:1-3). La croyance en l'unité foncière de la Bible permet ainsi de
porter à son plein développement le germe d'universalisme déjà
enclos dans le rude message du berger de Téqoa.

Il faudrait appliquer ces principes pour apprécier correctement la
transmission des logia de Jésus dans l'Église primitive. Le problème
de l'authenticité et de la non-authenticité, particulièrement dans
l'école bultmanienne, me semble posé en termes d'historicisme étriqué.
Perdant de vue la plasticité et l'élan des symboles, on raisonne sur les
logia comme s'il s'agissait de théorèmes de géométrie, et l'on oublie
que Jésus est un grand poète. De quel droit lui refuser des vues sur
l'avenir, exprimées sous forme de symboles ? Ces symboles, qui
"donnent à penser" selon la formule chère à Paul Ricœur, devront
s'expliciter au fil des temps, selon l'expérience ecclésiale, mais ils n'en
dépendent pas moins du Jésus de l'histoire. En ce domaine, le rôle
des prophètes chrétiens apparaît comme celui d'interprètes, non de
créateurs.[102]

---

[100] Coll. Études Bibliques, Paris, 1964.

[101] R. Morisette, "Un midrash sur la mort (1 Cor. 15:54c à 57)", in *RB* 79 (1972),
p. 161-168.

[102] D. Hill, "On the Evidence for the Creative Role of Christian Prophets", in *NTS*
20 (1973/74), p. 272-274; E. Cothenet, art. "Prophétisme", *DBS*, t. 8, c. 1285-1287,

De ces réflexions générales, découlent des *conséquences* importantes *pour le jugement à porter sur le prophétisme* dans l'Église d'aujourd'hui.

1) Alors que, dans le yahvisme, les prophètes ont contribué à un développement substantiel de la révélation, le Christ est la Parole suprême, définitive de Dieu aux hommes (Hebr. 1:1-2). Aussi Jude exhorte-t-il ($\pi\alpha\rho\alpha\kappa\alpha\lambda\tilde{\omega}\nu$) ses correspondants "à combattre pour la foi qui a été transmise aux saints définitivement" (v. 3).

En réaction contre une conception individualiste et statique de la foi, nous assistons à une redécouverte de l'Espérance collective. Dans ce mouvement il existe une intuition juste. Encore faut-il s'exprimer avec nuances. La *Théologie de l'Espérance* de J. Moltmann me donne l'impression que l'auteur se situe davantage dans la perspective de l'Ancien Testament, admirablement développée par G. von Rad,[103] que dans la perspective propre au Nouveau Testament, où le "Déjà" l'emporte sur le "Pas encore". Avec la publication du nouveau livre *Le Dieu crucifié*, l'équilibre est rétabli.

2) Dans la mentalité courante, le prophète est considéré avant tout comme l'homme de la nouveauté, de la contestation. Il ne s'agit pas d'oublier la véhémence d'un Amos contre les "vaches de Basan", ou d'Isaïe contre le formalisme cultuel. Pourtant, à l'encontre des vues de Wellhausen, les prophètes de l'Ancien Testament nous apparaissent de plus en plus comme situés dans une tradition, dont ils défendent les valeurs essentielles contre l'esprit du siècle. De ce point de vue, par leur admiration béate pour la "sécularisation", les théologiens de la Mort de Dieu sont aux antipodes de l'esprit prophétique.

3) Face aux questions urgentes que pose le monde moderne, avec toutes ses richesses et ses criantes inégalités, le prophète est d'abord celui qui a été saisi par la $\kappa\acute{\epsilon}\nu\omega\sigma\iota\varsigma$ du Christ et qui sait que ce sont par des moyens pauvres (cf. 1 Cor. 1:27-29) que Dieu sauve le monde. Il existe une affinité profonde entre le Pauvre et le Prophète, comme le rappelait le Père Ganne.[104] A l'exemple du voyant de l'Apocalypse, le prophète doit redire à l'Église le message destiné à Laodicée :

---

et "Les Prophètes chrétiens dans l'Évangile selon S. Matthieu", in *L'Évangile selon Matthieu*, p. 285-290.

[103] "On ne peut pas lire l'Ancien Testament autrement que comme le livre d'une attente sans cesse grandissante" (*Théologie de l'A. Testament*, trad. fr., t. 2, p. 284, cf. 285).

[104] *Le Pauvre et le Prophète*, cité note 1.

"Parce que tu dis : je suis riche, je me suis enrichi, je n'ai besoin de rien, et que tu ne sais pas que tu es misérable, pitoyable, pauvre, aveugle et nu, je te conseille d'acheter chez moi de l'or purifié au feu pour t'enrichir..." (Apoc. 3:17).

4) Si les prophètes de l'Église primitive discernaient le Christ déjà présent dans l'histoire du salut, n'est-ce pas la mission des prophètes d'aujourd'hui de discerner dans les civilisations et dans l'attente de nos contemporains les pierres d'attente qui favoriseront la prédication et permettront aux convertis d'exprimer leur foi en harmonie avec leur propre culture ?

5) Comme S. Paul le rappelle aux Corinthiens, la prophétie a pour objectif la construction (οἰκοδομὴ) de l'Église, non sa dislocation. L'esprit de secte est donc aux antipodes de l'esprit prophétique. Le message des inspirés est soumis au "discernement ecclésial", ce qui veut dire pour une part mis à l'épreuve du temps. Comme les grands artistes, les vrais prophètes ne sont souvent compris que sur le tard de leur vie, ou après leur mort. Puis-je avancer à cet égard l'exemple du Père Charles de Foucauld ? Il n'a pu trouver de compagnons de son vivant, mais aujourd'hui quel rayonnement dans le monde entier !

Méditant la parabole du bon grain et de l'ivraie, le vrai prophète laisse à Dieu le soin de faire mûrir la moisson. Quoi qu'il lui en coûte, dans les incompréhensions et parfois la persécution, il reste attaché à l'Église dans laquelle, malgré rides et taches, il reconnaît le visage de l'Épouse du Christ.

CHRISTIAN PROPHETS
AS TEACHERS OR INSTRUCTORS IN THE CHURCH

BY

DAVID HILL

One of my colleagues teaching in the field of Old Testament studies has indicated to me on several occasions that one of the questions which most interests him in connection with classical prophets is, "What was the prophet doing when he was not prophesying?" To which, with unfailing regularity, I respond by saying (out of my interest in early Christian prophecy), "And I would like to know what New Testament prophets were doing when they *were* prophesying!"

The difference between the two questions is revealing. We know a good deal about the prophets of the Old Testament. We have the books containing the collected oracles belonging to or attributed to a significant number of prophetic figures : we can analyse these oracles in terms of form, style and content and make judgments as to the function or functions the prophet exercised in relation to tradition, the affairs of the nation and of the cult. Moreover, we have a fair amount of information about prophets, named and unnamed : some of it is autobiographical, and that may help towards the analysis of the prophetic experience : some of the information is biographical or quasi-biographical, and from that we may make deductions about the way in which the prophet was viewed or interpreted by his contemporaries and their successors. But in the case of New Testament prophets there is no such wealth of material. Any attempt at answering the question "What were New Testament prophets doing when they prophesied?" will depend on drawing inferences from the meagre material descriptive of prophetic activity and on the recognition or discovery of prophetic utterances in the New Testament. This will be the method of enquiry as I seek to explore the function of Christian prophets as teachers or instructors of the community. This is of course not the only role the prophet played in the early Church,[1]

---

[1] Consequently there will be some duplication in the descriptions of this role and of others attributable to prophets, especially that of preaching.

but it may be more important than has hitherto been suggested : nor is it a function exercised only by prophets; every leader of the primitive Church was, to some extent, a teacher. It oversimplifies the complexities of the situation to say, with H. B. Swete, that "the prophets seem to have been in fact to a great extent the teaching ministry of the primitive Church;" [2] nevertheless, it would be my contention that the prophets made a contribution, indeed a distinctive and important contribution, to the instruction of the Christian communities.

I

It is in 1 Cor. 12-14 that Paul gives expression to his views on prophecy. Apart from these chapters the apostle, in his acknowledged genuine letters, says very little about the gift and does not refer at all to prophets other than those of the Old Testament. While the exhortation in 1 Thess. 5:20 and the clear reference to prophecy in Rom. 12:4f. will permit us to assume that the gift of prophesying was regarded by Paul as a common phenomenon in the churches, the absence of reference to Christian προφῆται, save in the Corinthian correspondence, may imply (if it is significant at all) that it was in Corinth alone of the Pauline congregations that those who prophesied emerged and were treated as a distinct group within the church.[3] Paul, in common with other New Testament writers, notably Luke and the author of Revelation, is aware that the gift of prophecy belongs in some sense to the whole Church, since the Holy Spirit was given to all, and that therefore any Christian (including a female one,

---

[2] H. B. Swete, *The Holy Spirit in the New Testament*, London 1910, p. 377.

[3] We cannot simply assume that in 1 Cor. 12:28 Paul is dependent on knowledge of the triadic structure—apostles, prophets, teachers—that is attributed by Luke to the church at Antioch, Acts 13:1f. However, that those who prophesy form a relatively fixed group in the Corinthian congregation is clear from 12:28 which names the three groups appointed by God; from the question μὴ πάντες προφῆται (12:29); and from 14:37 (εἴ τις δοκεῖ προφήτης εἶναι ...) which would be meaningless if there was no identifiable position in the church so entitled. The arguments adduced in support of the contrary view are easily disposed of : 1 Cor. 14:5, 24 refer to an idealised or hypothetical state of affairs rather than to the actual situation; and 14:31a refers, not to the totality of the congregation, but to all the prophets (the change from the 2nd to the 3rd person plural in the clauses of 14:31 suggests a different understanding of πάντες). Cf. H. Greeven, "Propheten, Lehrer, Vorsteher bei Paulus", *Z.N.W.*, XLIV (1952), p. 1-43, esp. p. 5-6.

1 Cor. 11:5) might *on occasion* prophesy : but this does not mean that all Christians are, in the narrower sense, "prophets", what Lindblom calls "die berufsmässige Propheten",[4] who hold a recognised and authoritative position in a community by reason of their prominent and continuing use of the spiritual gift,[5] and who, incidentally, from the evidence of Paul's letters, do not engage in an itinerant ministry.

When we turn to examine in detail 1 Cor. 14 in order to discover Paul's view of the prophets and their ministry we find that the information is presented in tension with the Corinthians' understanding of prophecy. However we may account for this difference of view,[6] there can be no doubt about its importance. Paul, himself possessed by the Spirit for his apostolic ministry of preaching and teaching,[7] calls into question the adequacy of the manifestation of religious ecstasy that was accepted by the Corinthians as the legitimising sign of genuine spirit-inspiration : he is on the offensive against the claim that glossolalia was the *sine qua non* of authentic prophetic utterance.[8] Consequently the information given about

---

[4] J. Lindblom, *Gesichte und Offenbarung*, Lund 1968, p. 178.

[5] Cf. H. von Campenhausen, *Ecclesiastical Authority and Spiritual Power in the Church of the First Three Centuries*, E.T., London 1969, p. 61; and E. Earle Ellis, "The Role of the Christian Prophet in Acts", *Apostolic History and the Gospel* (*Festschrift* for F.F. Bruce : Exeter 1970), p. 62-63.

[6] It is most likely that Paul derived his view of προφητεία from Old Testament-Jewish models and possibly from contact with prophets (as portrayed in Acts) influenced by such models, whereas the Corinthians' understanding reflects the Greek ecstatic model : its practitioners were employed in the Mystery cults and these activities and experiences were described by terms like μαίνομαι, μάντις and ἐνθουσιασμός — terms not used of Christian prophets.

[7] Paul never refers to himself as προφήτης, but he functions as a prophet (e.g. receiving and delivering revelations from the risen Lord) and could well be regarded as an example of Christian prophetism. His description of his vocation, Gal. 1:15ff., recalls the prophetic calls of the Old Testament (Isa. 6; Jer. 1; Ezek. 1-3). Cf. J. M. Myers and E. D. Freed, "Is Paul also among the Prophets ?", *Interpretation* XX (1966), p. 40-53.

[8] From Chapter 12 onwards glossolalia is Paul's main concern : this is indicated by the enumerations of gifts in 12:8-10, 28, 29-30. Each time glossolalia (with its interpretation) comes at the end, and it is the only one of the three gifts listed after χαρίσματα ἰαμάτων in v. 28 that is taken up in v. 30. Greeven's remark on glossolalia is of interest (*Z.N.W.*, XLIV, p. 17, n. 38) : "In glossolalia primitive Christianity did not hear the helpless stammering of the person in ecstasy for whom, under the vision of heavenly revelation, language broke down and, so to speak, shattered. It is not the ruins of human speech, but superhuman language that is perceivable on the lips of those who speak in tongues" (trans. mine). It is possible that "to speak in the language of angels" (cf. Test. Job. 48:3 and 1 Cor. 13:1) may have been the original label for

prophecy may well be incomplete, since Paul may be stressing only what can be differentiated from or contrasted with glossolalia : and it may be lacking in balance, for no phenomenon—not even a religious one—is quite fairly accounted for by reference to what it is not. Nevertheless, we have to make the best we can of the information we possess and, allowing all the caveats we can muster, we can learn a good deal from 1 Cor. 14. Whereas the man who speaks in a tongue holds a kind of private discourse with the divine which is incomprehensible to others, he who prophesies speaks to and for men and what he utters is intelligible and profitable edification (οἰκοδομή) [9] which is further defined as παράκλησις and παραμυθία.[10] Although these two words may not offer a comprehensive definition of the prophetic ministry,[11] it will be valuable to discover how informative they are in the context of this chapter. Verse 31 asserts that the purpose of prophecy is that all members of the congregation may receive instruction (i.e. from speech τῷ νοΐ) and exhortation (μανθά-νωσιν καὶ παρακαλῶνται). The immediately preceding verses (26ff.) do not provide us with knowledge of the content of the instruction and exhortation. They tell us that, in trying to restore order to proceedings that were potentially very confusing, Paul limits the number speaking (either in tongues or prophetically) to two or three, and that may imply that the utterances would be longer than those to which the Corinthians were accustomed. They may have expected

---

what came to be called γλώσσαις λαλεῖν, under the influence of the use of γλῶσσα to mean "incomprehensible words", cf. W. Schmithals, *Gnosticism in Corinth*, E.T., New York-Nashville 1971, p. 175.

[9] "Edification" here has both a negative and a positive sense : it expresses the rejection of self-sufficient and over-indulgent religious individualism and egoism which exhausts itself in the production of spiritual phenomena that focus attention on their source : positively, it denotes the helping of the other person, not only as an individual, but as a member of the church, since the congregation is not edified except through the word intelligibly addressed to another person and received by him as encouragement and consolation : cf. P. Vielhauer, *Oikodome*, Karlsruhe 1940, p. 91f.

[10] The three terms are not co-ordinate : the latter two define or show the nature of οἰκοδομή : so H. D. Wendland, *Die Briefe an die Korinther*, Göttingen 1936, p. 109, and H. Conzelmann, *Der erste Brief an die Korinther*, Göttingen 1969, p. 277; *contra* A. Robertson and A. Plummer, *The First Epistle of Paul to the Corinthians*, I.C.C., Edinburgh 1914, p. 206.

[11] M. A. Chevallier, *Esprit de Dieu, paroles d'hommes*, Neuchâtel 1966, p. 196f., points out that they are not associated exclusively with prophecy. Nevertheless, together with οἰκοδομή, the terms provide the nearest approach in Paul's letters to a definition of the prophetic function.

only a series of short, staccato *Offenbarungsworte*, unconnected with
one another : but if only a few prophesy and at one time (καθ'ἕνα)
greater coherence will be achieved. Indeed the congregation as a
whole will be instructed only when what they hear is intelligible and
coherent. We may therefore infer that prophetic παράκλησις is
expressed in sustained utterance.

Something more about the character of prophetic παράκλησις is to
be learned from 14:24f.[12] The effects of prophesying, not on members
of the congregation but on a hypothetical unbeliever who happens to
visit a service of worship, indicate that prophetic speech could bring
about conviction, conversion and the acknowledgement of the divine
presence in the midst of the congregation. The chance hearer of
prophecy ἐλέγχεται and ἀνακρίνεται. The first verb indicates the
experience of conviction : the man's sin or unfaith is exposed and
repentance demanded. The second term means that he is in some
sense judged : and if we seek elucidation from 1 Cor. 4:3-5 we may
say that God, speaking and acting in the prophet(s), is calling the
unbeliever to account, an anticipation of the final judgment. Thirdly,
"the secrets of his heart are laid bare".[13] Although many have
suggested it, this does not refer to the practice of mind-reading :
if that part of the prophet's stock-in-trade was being exercised Allo's
wry comment would be in order : "Quel profane aurait alors voulu
se risquer en de telles réunions ?" [14] It is much more likely that what

---

[12] The suggestion that 1 Cor. 14:23ff. is an example of Pauline irony and nothing
more is unacceptable : more interesting is the view, propounded by G. Dautzenberg
(orally, and in his book *Urchristliche Prophetie*, Stuttgart 1975, p. 246-253), that the
verses describe an abnormal, or even purely hypothetical, situation constructed by
Paul in order to prove (by means of the presence of the phenomenon of cardiognosis,
cf. 1 Cor. 4:5b) the apocalyptic character of prophecy in the church. I still find more
convincing the general view that by including, intentionally, outsiders and non-
believers in his discussion, Paul demonstrates his desire to affirm the missionary function
of the word, even in the case of the prophetic word spoken in worship. It is not without
significance that for Paul the term οἰκοδομεῖν/οἰκοδομή can refer to his apostolic,
missionary activity (2 Cor. 10:8; 12:19 and 13:10) and to the building up of the
congregation as well.

[13] We may observe that Ignatius of Antioch (*Philad.* 7) describes the expected
effects of spirit-inspired prophecy on *members of the church* (not unbelievers) in similar
terms, τὰ κρυπτὰ ἐλέγχει. Ignatius utters, with the voice of God (θεοῦ φωνῇ) the warning,
which the spirit announces through him (τὸ πνεῦμα ἐκήρυσσεν), on divisive tendencies
within the church and the necessity for a return to unity. Conviction, warning and
advice are all mediated through prophetic speech.

[14] E. B. Allo, *Première Épître aux Corinthiens*, Paris 1934, p. 367.

is meant is that, on the basis of the prophet's utterance, the unbeliever is made aware, for the first time perhaps, certainly in a comprehensible manner, that his life has been under the power of sin. "The moral truth of Christianity", says C. K. Barrett,[15] "proclaimed in inspired speech, ... the prophetic Word of God which is sharper than any two-edged sword (Hebr. 4:12), are sufficient to convict the sinner. God's word effects its entrance through the conscience and then creates religious conviction". When the convicted unbeliever demonstrates his sense of unworthiness and confesses his awareness of the immediacy of God's presence ("Truly God is in your midst", 14:25) the eschatological promises of scripture (Isa. 45:14; Zech. 8:23) are fulfilled. In the conversion of the unbeliever there is a genuine sign for believers that God is effectively present through the prophetic ministry, rather than in showy, ecstatic performances that benefit only the performer. Bornkamm's comment is strikingly relevant:

> Without wanting to ignore the peculiarity of the speaking in tongues, we will have to see in this passage the passionate attack of Paul on all irresponsible speaking in worship that does not concern itself with those on the fringe and those outside, and that with self-satisfied skill makes use of an esoteric language or even a Christian "jargon", by contrast with which a stranger must feel himself hopelessly on the outside. To be sure, the speaking in tongues can be designated as a sign of judgment for unbelievers (14:20ff.), which in its strangeness manifests their strangeness in contrast with the Spirit of God, but the real working of the word is that it brings to light the truth about man ("convicts") and opens to him God's will.[16]

Now if conviction and conversion are the desired effects of prophetic speaking in worship, what kind of utterance is it? One thinks immediately of the category of preaching. It is not without significance that in his long essay *Die Verkündigung im Gottesdienst*,[17] H. Schlier

---

[15] C. K. Barrett, *The First Epistle to the Corinthians*, London 1968, p. 326. Cf. also J. P. M. Sweet, "A Sign for Unbelievers: Paul's Attitude to Glossolalia", *N.T.S.*, XIII (1966-67), p. 240-257.

[16] G. Bornkamm, *Early Christian Experience*, London 1969, p. 177, n. 4; E. Schweizer, *Church Order in the New Testament*, E.T., London 1961, p. 226 (28c) makes the same point and goes on to claim that Paul would in the last resort allow no distinction to be drawn between prophetic proclamation to church members and those from outside: what happens to the latter, according to 1 Cor. 14:25, is not fundamentally different from what happens to every church member when he really hears God's word afresh and accepts again what he has already learnt. In this way the individual believer is edified by the prophetic utterance whilst the congregation as a whole is edified by the response to the word by the outsider.

[17] *Die Zeit der Kirche*, Freiburg ⁵1972, p. 244-264.

describes *die Predigt* (pp. 258ff.) on the basis of an examination of these verses from 1 Cor. 14 and says "die prophetische Rede steht dem, was wir 'Predigt' nennen, nahe" (p. 259). Is, then, prophetic utterance the preaching of the word to unbeliever and church member alike ? We may, I think, be a little more precise than that. The direction of my thinking on the matter is indicated by two quotations. At the end of the examination of 1 Cor. 14, M. A. Chevallier writes : "La prophétie a pour fonction d'éclairer par la révélation de Dieu l'existence des chrétiens, soit comme communauté, soit comme individus":[18] and, with reference to Rom. 12:6, F. J. Leenhardt says : "Le prophète n'est pas l'homme des prédictions, mais de la prédication qui insère la Parole de Dieu dans l'existence d'une communauté, qui donne des mots d'ordre concrets et précis". The proclamation of the prophet is *pastoral preaching* which, by its very nature, offers guidance and instruction to the community. Already we have noticed that when he is describing the effects of prophetic speaking Paul uses terms like οἰκοδομεῖν and μανθάνειν which refer, wholly or in part, to instruction. To these we may be justified in adding the verb κατηχεῖν. In 1 Cor. 14:19 Paul says, "In the assembly I would rather speak five words with my mind (τῷ νοΐ μου) in order that I may give instruction to others as well (ἵνα καὶ ἄλλους κατηχήσω), than a thousand words in a tongue". In the context of a chapter in which glossolalia and prophecy are contrasted in terms of the unintelligibility of the one and the comprehensibility of the other, speech with the mind (i.e. intelligent and intelligible speech) may well refer, implicitly, to prophetic speech :[19] if so, its aim is instruction. The rare word κατηχέω is normally used with the meaning of giving instruction in the content of the faith.[20]

Is there any idea of instruction inherent in the terms παρακαλεῖσθαι/παράκλησις and παραμυθία also used by Paul with reference to the purpose or effects of prophetic speaking ? It would be difficult to draw any sharp distinction between the meanings of παράκλησις and παραμυθία in 1 Cor. 14:3 : both are characterised by the two-

---

[18] *Esprit de Dieu, paroles d'hommes*, p. 198; cf. p. 209. The quotation of Leenhardt is from *L'Épitre aux Romains*, Neuchâtel 1957, p. 174.

[19] Cf. C. K. Barrett, *op. cit.*, p. 231f.; Greeven, *Z.N.W.*, XLIV, p. 10; and H. Schlier, *op. cit.*, p. 259.

[20] Cf. K. Beyer, *T.D.N.T.*, III (*sub* κατηχῶ), p. 638f. Gal. 6:6 suggests the presence in the congregation of a (professional) teaching ministry carried out by κατηχοῦντες, the equivalent of the διδάσκαλοι of 1 Cor. 12:28.

foldness of admonition and comfort, and these, in turn, are grounded in the Gospel itself which is both gift and task, consolation and demand.[21] However, if we confine our investigation of the meaning of παράκλησις/παρακαλέω to Paul's usage, we may sum up its varied nuances (plead, admonish, console) in the words of H. Schlier : "le mot que nous traduisons par 'exhorter' désigne, dans le vocabulaire de l'Apôtre, une sorte de rappel à l'ordre, qui est à la fois une demande et un encouragement".[22] The request may be for men to accept the Gospel (2 Cor. 5:20; 1 Thess. 2:3), but it may also be admonitory, addressed to those already within faith and designed to lead them to conduct worthy of the Gospel, and here Phil. 2:1 (where παράκλησις and παραμύθιον are found together) [23] is important, but even more so is 1 Thess. 2:12 where Paul describes his work in relation to the Thessalonians as individual Christians in these words : παρακαλοῦντες ὑμᾶς καὶ παραμυθούμενοι καὶ μαρτυρόμενοι εἰς τὸ περιπατεῖν ὑμᾶς ἀξίως τοῦ θεοῦ τοῦ καλοῦντος ὑμᾶς εἰς τὴν ἑαυτοῦ βασιλείαν καὶ δόξαν. This is the outworking of the charisma of pastoral exhortation (Rom. 12:8) [24] and, indeed, Paul's letters are examples of this παράκλησις. It is exhortatory preaching; it constantly refers back to the work of salvation as its presupposition and basis; its locus is normally in the worshipping congregation and it contributes to the guidance, correction, encouragement, in short, the οἰκοδομὴ of the community. The purpose of παράκλησις overlaps with that of intelligible *propheteia* and that of *didaché*. Ellis may be right in suggesting that παράκλησις has a special connexion with Christian prophecy, even when that connexion is not explicitly expressed.[25]

In asserting that New Testament prophecy functions, at least in

---

[21] Cf. G. Stählin, *T.D.N.T.*, V (*sub* παραμυθία), p. 821.

[22] H. Schlier, "Le caractère propre de l'exhortation chrétienne selon St. Paul", *Essais sur le Nouveau Testament* (trad. franç.), Paris 1968, p. 393-412 : quotation from page 394. See also the same author's "Vom Wesen der apostolischen Ermahnung nach Römerbrief 12:1-2", *Die Zeit der Kirche*, p. 74-89 : "Es entspricht jener Neigung der Mahnung zur Bitte und jener Verborgenheit des Trostes in der Ermahnung, dass sie stets etwas von einer beschwörenden Art der Verkündigung an sich hat" (p. 77).

[23] If the verse is correctly interpreted as referring to the presence of παράκλησις and loving consolation in the common life of the Body of Christ, we may then ask whence these are derived. Is it from worship, from the ministries of preaching and teaching, as well as from the spiritual fellowship ?

[24] Here παράκλησις/παρακαλεῖν appears to be a charisma in its own right, though O. Schmitz (*T.D.N.T.*, V, p. 796) thinks it may fall within the scope of prophetic activity.

[25] E. E. Ellis, *op. cit.*, p. 57.

part, as what we would call 'pastoral instruction', and that the term
παράκλησις, so closely connected with prophetic speaking, is to be
interpreted often in terms of exhortatory teaching, one is conscious
of continuity with one strand of the Old Testament understanding
of prophecy. A view of New Testament prophecy that allows it to
include a broadly paraenetical function has a significant precedent
in what may be called the Deuteronomistic conception of prophecy
in which the activity of prophets is largely concerned with (legal)
instruction and with warning people to change their ways. O. H. Steck [26]
has directed attention to 2 Kings 17:13f. where the accepted role of
prophets in predicting salvation or curse is absent, and the prophets
are represented as the proclaimers of stern admonition and of legal
obedience. "The Lord solemnly charged Israel and Judah by every
prophet and seer, saying, 'Give up your evil ways : keep my command-
ments and statutes given in the law...' " According to Zech. 1:4-6,
the preaching of the early prophets can be summed up as a warning
summons to repentance : "Do not be like your fore-fathers : they
heard the prophets of old proclaim, 'These are the words of the Lord
of Hosts : Turn back from your evil ways and your evil deeds' ".
This view of the prophetic task is continued in later Judaism : in
Jub. 1:12 which says, "I (God) will send instructors in order that I
may warn you", in 1 En. 89:53f., and in *Liber Antiquitatum* 30:5f.
where it is said that through the prophets God entrusted the law to
Israel,[27] and where the prophets are called *hi qui vos monent*, as well
as in Jos. *Ant.* X.4.2 (X.60).[28] It is this kind of understanding of the
prophetic role that is carried forward when the New Testament
attributes to prophets in the church the task, not only of kerygmatic
proclamation, but of warning, instructing and correcting the congregation and individuals on the fringe, of guiding Christians towards
conduct more worthy of the Gospel by the communication of the
παράκλησις that upbuilds. As *pastoral* preachers the New Testament

---

[26] O. H. Steck, *Israel und das gewaltsame Geschick der Propheten*, W.M.A.N.T.,
XXIII, Neukirchen-Vluyn 1967, p. 69ff. Cf. also Ulrich B. Müller, *Prophetie und
Predigt im Neuen Testament*, Gütersloh 1975, p. 38ff., on whom I am dependent for
the passages cited.

[27] This idea undoubtedly reflects the understanding of Moses as a prophet (Deut.
18:15)—again a Deuteronomictic theme.

[28] In this passage, Huldah (in reply to Josiah) asserts that the people "had trans-
gressed against the laws... and had not repented, although the prophets had exhorted
(παραινέω) them to act thus wisely, and foretold the punishment for their impious deeds".

prophets teach and give instruction on what the Christian way requires of individual believers and of the community. More will be said later on how this relates to the work of διδάσκαλοι in the primitive churches, but at this point I wish to forestall a possible objection to my view. It may be argued that a teacher works with material already known and makes that relevant to his hearer's needs, whereas a prophet's utterance cannot and should not be dissociated from the impartation of knowledge not already available and which does not come to him by the application of rational thought. Can a prophet teach and still fulfil his prophetic calling? Yes: for the prophet is not only the leader in the church whose speech is inspired by the Spirit, nor does his every utterance have to convey truth hitherto unknown if it is to be genuinely prophetic.[29] Moreover, Paul is emphatic in his demand that what the prophet says must be intelligent and intelligible and what he utters ἐν νοΐ may be "teaching" for those who hear. It is the glossolalist, not the prophet, who *speaks* mysteries in the spirit! And the ecstatic has ἀποκαλύψεις (cf. 2 Cor. 12:1, 7). But these are private experiences and do not edify the community. The prophet *knows* "mysteries" (1 Cor. 13:2), but he will proclaim them to the community ἐν νοΐ; and their communication can surely be described as "teaching".

If we ask what kind of "mystery" could be revealed by the prophet that would build up the community and offer παράκλησις and παραμυθία, 1 Cor. 12-14 provides no information. But bearing in mind the prophetic character of Paul's experience, ministry and correspondence, we may be justified in pointing to Rom. 11:25f. and 1 Cor. 15:51 as examples of prophetic μυστήρια.[30] The disclosure of the latter "mystery"—without detriment to its function in the context—offers comfort to the reader: the mystery "that all Israel will be saved" is the climax of Rom. 9-11, but especially of 11:16-24 which warns Gentile Christians not to be arrogant or complacent. The revelation of this μυστήριον is not simply proclamation; it is prophetic instruction [31] ("I do not want you to be ignorant...", 11:25)

---

[29] One very important restraint on the prophet is the demand that he should exercise the gift κατὰ τὴν ἀναλογίαν τῆς πίστεως (Rom. 12:6), that is, in agreement with the faith as proclaimed by the apostles. Cf. H. von Campenhausen, *op. cit.*, p. 62.

[30] So P. Vielhauer, *New Testament Apocrypha II*, E.T., London 1965, p. 605.

[31] One might argue that Paul bases this mystery on study of the Scripture and that he discloses it in his role of διδάσκαλος. However, since "the salvation of all Israel" cannot be logically deduced from Isa. 59:20f., it is wiser to assume inspired prophetic

which builds up the church, giving warning and, as in the case of
1 Cor. 15:51, comfort as well. If Christian prophets revealed μυστήρια
in the manner of the Apostle, that activity belonged to their ministry
of παράκλησις and παραμυθία : their inspired knowledge of the
eschatological secrets [32] is turned to the service of the community in
advice, encouragement and warning.

As is well known Käsemann claims to have isolated specific prophetic
utterances in the New Testament, the *Sätze heiligen Rechtes*, which
set forth the eschatological *ius talionis* (e.g. 1 Cor. 3:17 ; 14:38 ; 16:22).
Recent form-critical analysis of these "sentences" [33] make it probable
that they are not legal statements but are conditional relative clauses
of wisdom origin. To associate certain prophetic sayings with the
tradition of sapiential exhortation would indeed strengthen my case
for Christian prophets exercising a ministry of teaching and instruction,
were I convinced that the sayings isolated, if not wrested from their
contexts by Käsemann could or should be attributed to prophets
in the congregation. I am still of the opinion that it is hazardous
to extrapolate from a literary form (whose precise classification is
somewhat uncertain) to an assertion about the identity of those who

---

insight (O. Michel, *Der Brief and die Römer*, *K.E.K.*, 12 Aufl., Göttingen 1963, p. 280) :
but the insight is intelligibly communicated. Nevertheless, the example may suggest
that prophetic-revelation and Scriptural exegesis are not opposing, but supplementary
channels of knowledge.

[32] The prediction of earthly events of the future, as distinct from the disclosure
of eschatological secrets, is not a function of the prophet in the Pauline letters : *contra*
Greeven, *Z.N.W.*, XLIV, p. 11. I do not now think that Gal. 5:21 is strictly an
eschatological utterance (*pace* Vielhauer, *loc. cit.*) and the use of προλέγω there and
at 1 Thess. 3:4 does not imply prophetic prediction. H. Conzelmann (*op. cit.*, p. 286)
correctly defines prophecy in Paul's letters as "nicht Vorhersage von Künftigen, sondern
Enthüllung des Menschen". The possibility that 1 Cor. 2:6-16 was, in origin, a prophetic
revelation of a mystery is explored in Professor Dautzenberg's paper in this volume
(p. 131-161). Attractive though the view is, it depends on the virtual identification of
πνευματικοί with prophets, and that cannot be assumed without further ado
(cf. E. E. Ellis, "Spiritual Gifts in the Pauline Community", *N.T.S.*, XX (1973-74),
p. 128-144. It seems to me that πνευματικοί is a general designation of those endowed
with spiritual gifts and perhaps in particular the gift of inspired speech (to sing, pray,
teach, interpret) whereas προφήτης has a more restricted designation (so E. Schweizer,
T.D.N.T., VI, p. 423 (*sub* πνεῦμα). The revelation of the hidden mystery in 1 Cor.
2:6-16 (which has midrashic features) may therefore derive from a pneumatic teacher.

[33] K. Berger, "Zu den sogenannten Sätzen heiligen Rechts", *N.T.S.*, XVII (1970-71),
p. 10-40 and "Die sogenannten 'Sätze heiligen Rechts' im N.T.", *Th. Z.*, XXVIII
(1972), p. 305-330.

may have employed the form : form-criticism cannot demonstrate the prophetic origin and character of the "sentences" Käsemann has examined, or any others, for that matter.[34] Although, therefore, we are not, in my view, in the fortunate position of having a number of clear examples of prophetic utterance to appeal to, the basic character of Christian prophecy is assured : its παράκλησις was concerned to bring to bear upon the life of the church, as individual Christians or as community, the word of God, whether it serve as reprimand or consolation. Friedrich has summed up well this aspect of the role of Christian prophets in the Pauline churches :

> The prophet is the spirit-endowed counsellor of the community who tells it what to do in specific situations, who blames and praises, whose preaching contains admonition and comfort, the call for repentance and promise.[35]

That, I submit, may be called a ministry of pastoral teaching and instruction.

II

If there was doubt about this aspect of the ministry of Christian prophets, we would need only to reflect on the utterances of the prophet John whose words are found in the Apocalypse, and especially his messages to the churches in Asia Minor (Rev. 2-3).[36] Elsewhere [37] I have expressed support for the view that we ought not to regard John as typical of the prophets in the New Testament church. By reason of the authority he claims and commands, he is set above, or at least apart from, his brother-prophets; he is the one by means of whom they become sharers in the knowledge and ministry of the divine revelation; they are the bearers and keepers of his words.

---

[34] See my "On the Evidence for the Creative Role of Christian Prophets", *N.T.S.*, XX (1973-74), p. 262-274, esp. p. 270ff. Of Käsemann's theory H. von Campenhausen (*Aus der Frühzeit des Christentums*, Tübingen 1963, p. 69, n. 82) says, "eine willkürliche Hypostasierung eines philologischen Phänomens ins Historische, die als solche kaum Wahrscheinlichkeit für sich hat".

[35] G. Friedrich, *T.D.N.T.*, VI (*sub προφήτης*), p. 855. Cf. E. Cothenet, *SDB*, VIII, col. 1286.

[36] The argument of A. Satake (*Die Gemeindeordnung in der Johannesapokalypse*, Neukirchen-Vluyn, 1966) that the contents of this book may be used to delineate the features of a Christian prophetism earlier at home in Palestine is not entirely convincing : see the criticism by T. Holtz, *T.L.Z.*, XCIII (1968), p. 262-264.

[37] D. Hill, "Prophecy and Prophets in the Revelation of St. John", *N.T.S.*, XVIII (1971-72), p. 401-418, esp. p. 415f.; also in *N.T.S.*, XX (1973-74), p. 269f.

Nonetheless, even if it is unwise to extrapolate from his prophetic consciousness and activity to those of Christian prophets in the primitive communities,[38] it is undeniable that John speaks out of an authentic prophetic experience (although nowhere is he called προφήτης) which is strikingly similar to the experience of Old Testament prophets. He appears to consider himself as standing in the succession of those who regarded themselves as the messengers of Yahweh. His letters commence with the *Botenformel* of the Old Testament prophets, "Thus saith the [Lord]". By means of this formula his words are given authority : he transmits a message that is inspired. The repeated concluding formula of the letters ("He that has ears to hear let him hear what the Spirit is saying to the churches") again legitimises his utterance(s) as the word of God and the testimony of Jesus, for "the testimony of Jesus is the spirit of prophecy" (Rev. 19:10c) : through the ministry of prophets (among whom John occupies a leading, if not unique place) the witness of Jesus, his attestation or confirmation of God's declared purpose, is re-presented in the church by the continuing inspiration of the Spirit.

In his recently-published book,[39] Ulrich Müller has examined the form and content of the letters to the churches and suggests that they reveal one or other (or a mixture) of two patterns.[40]

1. (a) a verdict on the church's life;
   (b) an exhortation to remember its reception of the gospel and a call to repentance;
   (c) a conditional threat of judgment.
2. A salvation-word (*Heilswort*) or unconditional announcement of eschatological salvation, with two parts : (a) a verdict on the church (either of praise or blame), and (b) the proclamation of victory or salvation.

Here we have a prophetic message that builds up the church through consolation (παραμυθία) and exhortation and instruction (παράκλησις) : it expresses the divine judgment on the situation in the church, appeals (when necessary) for repentance and a return to Christ and

---

[38] The same caution is required in the case of Paul's prophetic experience and words.

[39] *Prophetie und Predigt im N.T.*, p. 57-100.

[40] Pattern 1 is found in Rev. 2:1-7; 12-17 (in a varied form); 18-29; 3:14-22. Pattern 2 is found in 2:8-11 and, in varied form in 3:7-13. Both patterns are found in 3:1-6.

encourages to constancy (2:2f., 19; 3:10) and fidelity (2:13, 19). This is prophetic *paraclesis* : it is, as Müller is concerned to make clear, *Predigt*; but it is *pastoral* preaching or instruction, designed not to proclaim the gospel but to call or recall Christians to a path of life and witness which is worthy of the Lord who gives them a share in his kingdom and glory.

Whilst it is legitimate to cite the letters of Rev. 2-3 as evidence that the prophet John (with a probably unique standing in the Church) addressed the communities using the name of Christ in the first person, it is an unwarranted assumption that utterances of this kind found their way into the tradition of Jesus' words. At the time of writing (towards the end of the first century A.D.) the letters and the I-words they contained are clearly acknowledged to be sayings of the exalted Lord spoken through the Spirit by the prophet. Similarly with Rev. 16:15 ("Behold, I am coming like a thief..."). The voice is self-evidently that of the exalted Lord, but it echoes a logion ascribed in the Gospel to Jesus, in a life-setting which is perfectly appropriate (Lk. 12:39/Matt. 24:43, cf. Rev. 3:3). Instead of inferring that the prophetic utterance has become part of the tradition of Jesus' saying, we may suggest that a prophetic utterance in the name of Christ has taken up a genuine logion of Jesus and adapted or pointed it to the current situation [41]—hardly a surprising use of the authentic Jesus-material in the teaching ministry of the church.

To return briefly to the question of the relation of the prophet John to the community-prophets : so great is his consciousness of authority in disclosing divine revelation that one wonders if an analogue of his role is not to be discovered in the "Teacher of Righteousness" or "Right Teacher" at Qumran who saw himself in the role of a prophet of the end-time (although he is never called by that title) and a successor of the ancient prophets who was able to give definitive elucidation of the revelation given to Moses and of the words of the prophets (1Qp Hab. 7:4f.). If this is plausible, then we might go on to suggest that John's brother-prophets, who become sharers in the knowledge of divine revelation through him and who presumably pass it on by teaching, stand in a relation to him (their leader) and the community similar to that in which the wider number

---

[41] See F. F. Bruce, "The Spirit in the Apocalypse", *Christ and the Spirit in the New Testament* (*Festschrift* for C. F. D. Moule : London 1973), p. 431.

functioning as "instructors" (*maskilim*) at Qumran stand to the Teacher and the sect : having been instructed in the mysteries of God's hidden purpose by their prophet-like teacher, they impart that understanding to others (1 QS 9:17ff.).[42]

III

If I argue that Christian prophets exercised a teaching ministry in the Church, which included pastoral preaching and instruction in Christian living, have I not trespassed into a description of the functions associated with διδάσκαλοι, another fairly fixed circle in the communities (1 Cor. 11:28f., Rom. 12:7) ? [43] The presence in the church of "teachers" is not in doubt, but certainty about their function is lacking. They are spirit-endowed; their teaching must be intelligible if it is to be profitable (1 Cor. 14:6). But what did they teach ? The view that the specific activity of the διδάσκαλος was the provision of *paraenesis* [44] requires modification. If παράκλησις—which is certainly part of the prophet's task—includes guidance in the Christian way of life, then *paraenesis* cannot have been the exclusive ministry of "teachers". Admittedly, 1 Cor. 4:17 states that the content of what Paul taught in every church was αἱ ὁδοί μου αἱ ἐν Χριστῷ, and when the rabbinic background of the phrase is accepted (ὁδοί = הֲלָכוֹת from הָלַךְ, "to go, walk") this comes to denote the *rules* for Christian living (cf. also Rom. 16:17). But should one presume to describe the Christian teacher's function on the basis of what Paul says he always and everywhere taught ? No : and one ought not to describe the Christian prophet's activity solely on the basis of Paul's prophetic experience. I doubt if all Christian teachers and prophets were gifted with his authority and inspiration !

Recent scholarship is correct in claiming that the characteristic feature of the "teacher's" work is to be found in his relation to

---

[42] Cf. A. Satake, *op. cit.*, p. 196-219; also F. F. Bruce, "The Book of Daniel and the Qumran Community", *Neotestamentica et Semitica (Festschrift* for M. Black, Edinburgh 1969), p. 228f. E. E. Ellis (*op. cit.*, p. 137) observes a striking resemblance between the functions of the *maskilim* and those of the pneumatics in the Pauline community : but this does not mean that the *maskilim* may be regarded as prophets, since, in my view, all πνευματικοὶ were not *ipso facto* προφῆται.

[43] Cf. H. Greeven, *Z.N.W.*, XLIV, p. 16f.

[44] So, for example, M. Dibelius, *Die Formgeschichte des Evangeliums*, 2 Aufl., Tübingen 1933, p. 241.

tradition.[45] In the words of H. von Campenhausen, "teaching is
concerned with handing on and expounding the Christ-tradition,
with impressing on men the precepts and propositions of the faith,
and above all with the exegesis of the Old Testament as understood
by the young Church".[46] The teacher was pre-eminently the interpreter of the Old Testament with reference to the meaning of the
Christ-event for the church,[47] in much the same way as the "Right
Teacher" at Qumran expounded the prophecies of the Old Testament
with reference to the situation and life of the Sectarian community.
Obviously the meaning of διδάσκειν and διδαχὴ has a certain fluidity
in Paul's usage, but H. Schlier is right in asserting that when they
are used pointedly it is clear that "Lehren ist die unterrichtende
Entfaltung der apostolischen Überlieferung".[48] It would be wrong
to make a too neat differentiation between the functions of teacher
and prophet.[49] Both instruct and preach, but the characteristic
emphasis of the teacher may be found in his expository work : that
is different from, but not opposed to, prophetic revelation (even of
Scripture's meaning)[50] and to the ministry that builds up the
congregation by offering correction, guidance and pastoral exhortation.

IV

Although in the book of Acts prophecy, as an eschatological power
of the Spirit, is a possibility for any Christian [51]—else what would

---

[45] Cf. H. Greeven, *op. cit.*, p. 20f.

[46] H. von Campenhausen, *Ecclesiastical Authority and Spiritual Power*, p. 61. In this
connection the parallelism between "being taught" and "receiving in tradition", Gal.
1:12, should be noted.

[47] The relevance to this point of Rom. 15:4 should be observed : ὅσα γὰρ προεγράφη,
εἰς τὴν ἡμετέραν διδασκαλίαν ἐγράφη.

[48] H. Schlier, *Die Zeit der Kirche*, p. 260.

[49] H. von Campenhausen (*op. cit.*, p. 192) observes that in primitive Christianity
the activities of teachers were frequently hard to distinguish from those of prophets :
teachers (he thinks) were especially active as catechists in the congregation and preserved
and passed on in their instruction the oral or written tradition.

[50] Cf. note 31 above.

[51] The ability of the Pentecost assembly to speak "in other tongues" (= "foreign"
languages) is probably a different phenomenon from glossolalia at Corinth : it may be
derivative from Luke's understanding of the Spirit as an endowment which enables
the Apostles (and others) to *communicate* the word and works of God to all people.
The prophets at Antioch (Acts 13:1) show no ecstatic features.

the fulfilment of Joel's promise mean ?—it is mainly associated with certain leaders who exercise the gift as a ministry in the Church, *viz.* a group from the Jerusalem church visiting Antioch, including Agabus (Acts 11:27f., cf. 21:10), a group in Antioch, including Agabus (Acts 11:27f., cf. 21:10), a group in Antioch, including Barnabas and Paul (Acts 13:1), and Judas Barsabbas and Silas who accompanied the Jerusalem Decree to Antioch (Acts 15:22, 32).

To one prophet there is attributed the ability to predict future events. Agabus prophesied a great famine (11:28) and, with a symbolic gesture, predicted the fate of Paul (21:10)—a prediction which was not quite literally fulfilled! Both narratives reveal the imprint of Lucan formation and theological *Tendenz* and their historical worth as evidence of the character of prophecy must be treated with reserve. Probably the famine, on a universal scale, which Agabus prophesied,[52] was an established *topos* of eschatological preaching, one of the signs preceding the end of the Age (Mk. 13:8) : Luke has de-eschatologised and historicised what was originally an eschatological message.[53]

Whatever view we take of the Agabus story, it is clear that for the author of Acts prediction is not the main function of prophets. In 15:32 the phrase παρεκάλεσαν τοὺς ἀδελφοὺς καὶ ἐπεστήριξαν is specifically connected with the fact that Judas Barsabbas and Silas are prophets (καὶ αὐτοὶ προφῆται ὄντες) :[54] the same terms are used in 14:22 of the activity of Paul and Barnabas, who must have been regarded, at some stage in their careers, as prophets, in view of 13:1. This verse (14:22) offers some insight into their *paraclesis* : "they heartened the converts, exhorting them to be true to the faith and warning them that to enter the Kingdom of God we must pass through many hardships". Here again the prophetic ministry seems to have the characteristics of pastoral preaching.[55] The name Barnabas is

---

[52] The use of σημαίνω (11:28) suggests an apocalyptic utterance, cf. Rev. 1:1.

[53] The fact that (according to Luke) a rescue operation followed upon the prediction may be due to Luke's having combined two quite separate traditions, one about an itinerant prophet, the other concerning relief brought from Antioch to Jerusalem : so E. Haenchen, *The Acts of the Apostles*, E.T., Oxford 1971, p. 376.

[54] Cf. Haenchen, *op. cit.*, p. 454. The similarity of the construction in verse 27 should be noted.

[55] According to 15:31 the letter which makes known the Jerusalem Decree is referred to as ἡ παράκλησις, and that Decree enabled the Church to accept as full Christians men who were uncircumcised, provided they abstained from certain food, etc. Again a matter of urgent pastoral concern.

explained at 4:36 as meaning "son of παράκλησις" [56] which probably indicates that "Barnabas" is interpreted by the writer as "son of prophecy" : Joseph's name in the Church is indicative of his gift and function (Ιωσηφ ὁ ἐπικληθεὶς Βαρναβᾶς ἀπὸ τῶν ἀποστόλων) "In Luke's thought", says Ellis,[57] "παράκλησις is one way in which the Christian prophets exercise their ministry and... is a form of prophecy". As in the case of the prophets in the Pauline churches, παράκλησις points to the role of prophets as teachers and counsellors.[58]

Ellis suggests that the interpretation of Scripture was an important activity of the Christian prophet in the book of Acts, and he takes as his chief example the homily found in 13:16-41. This sermon, set in the context of synagogue worship, is given by Paul in response to the request for λόγος παρακλήσεως,[59] and Paul (or Saul) is listed with Barnabas among the προφῆται καὶ διδάσκαλοι in the Antioch church (13:1). Two interesting and important questions are immediately raised. Is the sermon at Pisidian Antioch given by Paul in the capacity of prophet ? Is the interpretation of Scripture its chief characteristic ?

It certainly does not emerge from Acts 13:1 that some of the five men named were prophets and the rest teachers, hence that they were differentiated according to office.[60] Luke nowhere else uses the term διδάσκαλος and therefore we do not have evidence in his writing on which to delimit neatly the functions of the teacher from those of the prophet. In the beginning of the Christian mission there can have been no absolute distinction between prophets and apostles :[61]

---

[56] The interpretation would suit better the name Manaen (associated with Barnabas) in 13:1, for Menahem (the Hebrew equivalent) means "comforter".

[57] E. E. Ellis, "The Role of the Christian Prophet in Acts", p. 58.

[58] John the Baptist's prophetic preaching—a mixture of stern accusation and promise—is regarded by Luke as *paraclesis* (Lk. 2:18).

[59] The same phrase is used to describe the letter to the Hebrews (Heb. 13:22). Does this imply anything about the liturgical origin of the letter ? Does the use in Hebrews illumine the meaning of the phrase in Acts ?

[60] Cf. Haenchen, *op. cit.*, p. 395. Nevertheless attempts have been made to find at Antioch—and if Luke has taken his information from an "Antioch" source (as many scholars argue) this would take us back to 40-50 A.D.—not only a two-fold ministry, but a three-fold, prophets, teachers and, by implication, apostles, since two of those named (Paul and Barnabas) were sent off immediately as missionaries and are called "apostles" in 14:4, 14. Thus we would have the origin of Paul's triad (1 Cor. 12:28) (1 Cor. 12:28) traced back by as much as a decade, and to Antioch.

[61] One recalls the view of E. C. Selwyn (*The Christian Prophets*, London 1900, p. 24f.) that apostles were "prophets on circuit" in contrast to "prophets in session", though

nor can we always distinguish prophets from teachers. The most we
can plausibly suggest is a difference between them in terms of the
manner and method by which they build up the church's life, the prophet
disclosing the will of God to and in a certain set of circumstances, the
teacher being more concerned with the exposition of Scripture and
the transmission of tradition. Acts 13:1 does not permit us to say
with certainty that Paul delivered his homily at Antioch in his role
as prophet or teacher, or even as apostle.

Does the content or form of the sermon assist a decision? Some
years ago J. W. Bowker [62] suggested that the address at Pisidian
Antioch reveals a number of clear indications of Jewish proem homily
form, the *seder* reading being Deut. 4:25-46, the *haftarah* 2 Sam. 7:6-16,
and the proem text 1 Sam. 13:14 (quoted in its Targumic form).
The case cannot be conclusive (as Bowker knows) for it was part of
the method that the controlling lections governing the pattern were
not explicitly quoted and so have to be presupposed from the address
itself. Besides, the fact that the introductory verses of the sermon
(17-21) will not fit the known formal pattern of proem homily is
embarrassing to the theory. But even if the case is granted probability,
would the form imply the preaching of a prophet or of a teacher?
J. W. Doeve argues for the genuineness of the sermon and draws
attention to signs in it of Jewish exegetical methods, but says "In
the argument of Acts xiii the work of a schooled rabbi is quite
perceptible".[63] The form of the homily, then, may represent the
exegetical method, the Christological interpretation of Old Testament
texts, that is characteristic of the teacher's task. If, on the other hand,
we take the view of Haenchen, Conzelmann and Wilckens [64] that the
address is intended by the author of Acts to show how Paul spoke
to a synagogue audience, beginning with a retrospect of sacred history
before coming to the decision required in the present and the hope

---

that will not account for the fact that elsewhere in Acts apostles reside in Jerusalem
and prophets do some travelling. Eph. 4:11 appears to distinguish prophets and apostles,
but 2:20 and 3:5 are ambiguous : ἀπόστολοι καὶ προφῆται may be a hendiadys.

[62] "Speeches in Acts : A Study in Proem and Yelammedenu Form", *N.T.S.*, XIV
(1967-68), p. 96-111.

[63] J. W. Doeve, *Jewish Hermeneutics in the Synoptic Gospels and Acts*, Assen 1953,
p. 175.

[64] E. Haenchen, *op. cit.*, p. 415f.; H. Conzelmann, *Die Apostelgeschichte (Handbuch
zum N.T.)*, Tübingen 1963, p. 75; U. Wilckens, *Die Missionsreden der Apostelgeschichte*,
2. Aufl., Neukirchen 1963, p. 50ff.

for the future,[65] in short, if we look at the content of the speech, rather than at its formal structure, we may discern the utterance of a prophetic spirit, an exhortation designed to lead to repentance and conversion (cf. 1 Cor. 14:24ff.). If the sermon is the work of a Christian prophet (in this case, Paul) it is prophetic not because it interprets Scripture in the way it does (or may do), but because of the exhortation to repentance and obedience, the *paraclesis*, which it contains.[66]

Ellis makes an appeal to the Qumran literature in support of his view that the expository sermon at Antioch represents the activity of a prophet and suggests that there are similarities between the method of Biblical interpretation in Acts 13:16-41 and that employed at Qumran where the "Right Teacher" and the *maskilim* impart their understanding of the divine purpose, especially with reference to the life of the sect. But the Qumran teachers never identify themselves as prophets; they are the "wise" of Dan. 11-12, the instructors, and their activity may (as I have claimed) form a better parallel for the main function of the New Testament διδάσκαλος, that of exposition and the interpretation of tradition.

V

Our brief review of the evidence in Paul's letters, Revelation and Acts on the role of Christian prophets is completed. It is my contention that a strong case can be made for seeing the prophet as exercising,

---

[65] Haenchen (*op. cit.*, p. 416) observes that "the speech ends with an Old Testament warning that rumbles with the menace of an earth-tremor and drives home the responsibility of the Jews". Is the "work" which God is working in their days (13:40f.), and which the audience is warned against despising, the mission to the Gentiles on which Paul embarks as a result of the (inevitable) rejection of the message?

[66] It will be obvious to the reader that I take a different view of the prophetic character of the sermon in Acts 13 from that put forward by E. Cothenet in his contribution to this volume (p. 77ff). At the heart of the disagreement lies my uncertainty about the correctness of attributing the exposition of Scripture to prophets in the Christian community: the interpretation of the Old Testament with reference to the Christ-event may more correctly be attributed to inspired teachers. Professor Ellis has drawn my attention (orally) to the presence in Paul's Antioch sermon of the phrase "be it known to you" (γνωστὸν ἔστω ὑμῖν, 13:38) which, (with other uses of γνωστὸν and γνωρίζω), he thinks may be an idiom indicative of prophetic utterance (cf. Acts 4:10; 28:28; 15:18, also 1 Cor. 12:3; 15:1, etc.). But again, one must ask, does the idiom or the idea of communicating knowledge, even of the kind envisaged, necessarily mark the utterance as prophetic?

among other functions, a teaching ministry in the Church. This is
not to discover something novel, but to correct an imbalance in some
recent writing on the prophet's role. It is not in doubt that Christian
prophets were spirit-inspired preachers : I wish simply to stress that
much of their preaching was pastorally oriented, aimed at building
up the Church by exhortation, warning and encouragement. This
teaching role overlaps with that of the διδάσκαλος, but, whereas
the latter appears to have been concerned with the exposition of the
Scriptures and the transmission of the apostolic tradition, the prophet's
task was to bring to bear on the life of Christian men and women
the revelation of the word and will of God : in the words of Leenhardt
(which were quoted earlier), "Le prophète n'est pas l'homme des
prédictions, mais de la prédication, qui insère la Parole de Dieu dans
l'existence d'une communauté, qui donne des mots d'ordre concrets
et précis". If to this one adds the prophet's ministry of encouragement
to faithfulness, we have a fairly satisfying definition of his role as
teacher or pastoral preacher. Future research may uncover more
prophetic sayings of παράκλησις than have emerged thus far in my
opinion. Perhaps, in this connection, an examination of what we call
the Pastoral Epistles, as well as of parts of the Johannine literature,
would be fruitful.

One final observation, and briefly : if the argument of this paper
carries conviction, then we are provided with one clear line of
continuity between the classical prophets of the Old Testament and
Christian prophets in the New, a continuity which is surely implied
in the use of the word προφήτης for both. New Testament Christianity
must have been aware, not only of those prophetic words in its
Scriptures that could be interpreted in relation to the coming, the
fate and the significance of Jesus, but also of the utterances of Amos,
Jeremiah and others who delivered a message to the life-situation
of the people they addressed, in words of consolation, judgment,
guidance or exhortation. In their pastoral preaching, as I have tried
to sketch it, the prophets of the New Testament continue this aspect
of the ancient prophetic task and ministry.

VI

In view of the title under which our consultation takes place,
"Prophetic Vocation in the New Testament and Today", it is proper
that some attempt should be made to relate the findings of this essay

to the re-emergence of the prophetic phenomenon in churches which
are experiencing charismatic renewal. The attempt is made with some
misgiving, for I would not wish to give the impression that I think
that the pattern of charismatic activity found in the New Testament
—even if we could discover it with certainty—is normative for the
church today.[67] Nevertheless, the following observations may be
useful in contemporary discussion.

1. If the argument of this essay is correct, then we find that a
service to the Christian congregation which is less dramatic than
often imagined belongs within the ministry of the prophet. The
utterance of a prophet need not always be grandly proclamatory,
much less predictive of events : prophecy may be manifested in the
exhortation and encouragement of Christians, by intelligent and
intelligible speech, to live as faithful disciples. As the "spirit-endowed
counsellor of the community" (to use Friedrich's phrase) the prophet's
activity will demonstrate his pastoral concern.

2. If Paul's statement in 1 Cor. 14:24f. may be appealed to, i.e.
if it does not describe a purely hypothetical and abnormal situation
constructed by the writer for the sake of his apocalyptic understanding
of prophecy, then prophecy must, to some extent, be judged by its
effects on the outsider or fringe member of the Christian community.
Is he brought to an awareness of his own condition and to a knowledge
of God by the prophetic word ? The οἰκοδομή of the church requires
this to happen.

3. It is salutory to observe that no one in the New Testament
calls himself προφήτης *simpliciter*. This is not surprising, for the New
Testament figures (including Jesus) generally do not lay claim to
names or titles descriptive of their roles, preferring to be recognised
and named by others, but it does mean that there is no self-confessed
prophet whose experience or activity we might analyse and be sure
of being informed about the prophetic phenomenon. Paul, like others,
had prophetic aspects to his ministry, but how does one confidently
decide what Paul did, spoke or wrote in his capacity of prophet, as
distinct from apostle, teacher, evangelist, homilist ? I am not convinced
that the criteria employed by other contributors to the consultation

---

[67] To seek a normative pattern of ecclesiastical order, ministry, discipline or activity
in the New Testament is to seek something the New Testament never intended to offer,
and, therefore, it is to use the New Testament wrongly.

are adequate, or indeed correct : inspiration by the Spirit is not by itself necessarily the mark of the prophetic person.

Moreover, there is no word or passage in the New Testament which can, in my opinion, be classified beyond doubt or question as a prophetic utterance.[68] The one possible exception is the content of the book of the Revelation and especially the letters of Rev. 2-3 : but the words of John, and indeed his experience—and he comes nearest to calling himself a prophet, cf. Rev. 22:6—are so remarkably unlike those of other New Testament speakers or writers and so strikingly like those of Old Testament prophets that one may be justified in regarding him as unique : at the very least, it is unwise to regard him as typical of New Testament prophets.

This dearth of assuredly genuine material about and from New Testament prophets provokes the question : In our desire to understand and assess prophetism today, are we seeking from the New Testament information that is much more precise than the various writers and books in fact give ? We should be content to recognise the fluidity of the New Testament use of terms like προφήτης and the overlapping of functions in the apostolic, prophetic and teaching ministries. Certain things that some Christians, especially Christian leaders, did and said under the inspiration of the Spirit and in the congregation were regarded by those who witnessed them as being prophetic : these were the prophets of the primitive Christian church. As in the Old Testament, so in the New, a word spoken with the immediacy of the Spirit's inspiration was regarded as prophetic only when heard and discerned as such by the community of faith. An utterance is not to be regarded as genuinely prophetic because it adheres to some given or predetermined form or content : genuineness depends on recognition of the *vox Dei* speaking through his servant and on the effects of his word on the life of the congregation.

---

[68] As indicated earlier I cannot accept what E. Käsemann offers as utterances deriving from Christian prophets : nor am I convinced that any word of Paul is prophetic, without qualification.

BOTSCHAFT UND BEDEUTUNG
DER URCHRISTLICHEN PROPHETIE
NACH DEM ERSTEN KORINTHERBRIEF (2:6-16; 12-14)

GERHARD DAUTZENBERG

Die urchristliche Prophetie gehört immer noch zu den am meisten verborgenen und umstrittenen Phänomenen oder Institutionen des Urchristentums. Die neutestamentlichen Texte bezeugen uns zwar ihre Existenz, bisher konnten aber nur wenige Texte zuverlässig mit ihrer Wirksamkeit und Botschaft in Verbindung gebracht werden. Anders als bei der Jesustradition, der kerygmatischen Tradition oder der urchristlichen Ethik ist es anscheinend kaum oder nur in Ausnahmefällen zu einer Verschriftung prophetischer Aussagen oder Traditionen gekommen.[1] Angesichts dieser Quellenlage haben sich formgeschichtliche Erwägungen und Untersuchungen bisher als wenig förderlich erwiesen.[2] Die Prophetenforschung muss daher bei der Interpretation der neutestamentlichen Zeugnisse für Prophetie ansetzen und diese auswerten. Ich bin davon überzeugt, dass eine genaue Interpretation vor allem von 1 Kor. 14 in Verbindung mit religionsgeschichtlichen Überlegungen in der Lage ist, das Profil der urchristlichen Prophetie freizulegen, wenn man sich davor hütet die Texte theologisch zu überfordern. In meiner Arbeit über die "Urchristliche Prophetie"[3] habe ich einen solchen Versuch vorgelegt. Daran knüpfe ich bei den folgenden Überlegungen an und versuche, mich der in meiner Arbeit nur umrisshaft angedeuteten Frage nach der Botschaft der urchristlichen Prophetie in ihrem Verhältnis zum Kerygma weiter zu nähern. Dies soll vor allem durch eine Einbeziehung von 1 Kor. 2:6-16 in die Frage nach der urchristlichen Prophetie geschehen.

---

[1] Vgl. dazu G. Dautzenberg, *Urchristliche Prophetie. Ihre Erforschung, ihre Voraussetzungen im Judentum und ihre Struktur im ersten Korintherbrief*, Stuttgart 1975, 214f.

[2] Zuletzt: U. B. Müller, *Prophetie und Predigt im Neuen Testament. Formgeschichtliche Untersuchungen zur urchristlichen Prophetie*, Gütersloh 1975; zur Forschungsgeschichte und ihrer Problematik s. ebd. 11-19.43-46; Dautzenberg, *Prophetie* 24-28.302.

[3] S. Anm. 1.

1. Die Funktion der Prophetie in dem Gemeindeversammlungen als der leitende Gesichtspunkt der paulinischen Aussagen über die Prophetie.

Alle paulinischen Aussagen über die Prophetie stehen im Zusammenhang mit der Funktion der Propheten in den Gemeindeversammlungen und mit ihrer Bedeutung für diese Versammlungen. Dieser Umstand mag mit der Eigenart der Paulusbriefe als Gemeindebriefe zusammenhängen. Er ist aber ebenso im paulinischen Verständnis der Prophetie und in der Eigenart urchristlicher Prophetie überhaupt begründet. Die Voranstellung der Prophetie in den Charismenkatalogen 1 Kor. 12:28.29; Röm. 12:6 entspricht ihrer Bedeutung für die Gemeindeversammlung nach 1 Kor. 14:1-5.22.27-33a.39, so dass man von der vereinzelten Aufzählung 1 Kor. 12:28 : πρῶτον ἀποστόλους, δεύτερον προφήτας, τρίτον διδασκάλους, ἔπειτα δυνάμεις kaum auf die Zugehörigkeit der Prophetie zu einer urchristlichen Ämtertrias schliessen kann.[4] Die mag in späteren Zeiten (Eph., Apk., Did.) anders geworden sein, als die Ämterfrage drängender wurde und sich im Anschluss an die Charismen der ersten Gemeinden stärker institutionalisierte gemeindeleitende Funktionen herausbildeten.

Paulus ist in seiner Sicht der Prophetie nicht von besonderer Originalität, er steht vielmehr in einer breiten urchristlichen Tradition, welche bis in das palästinische Judenchristentum zurückgeführt werden kann. Darum kann er sich bei der Frage, ob Frauen, wenn sie in Gemeindeversammlungen beten oder prophetisch reden (1 Kor. 11:5), sich ihrer Verhüllung entledigen dürfen, auf den "Brauch" der "Gemeinden Gottes" berufen (1 Kor. 11:16).[5] Man hatte unter dem Eindruck der Geisterfahrung, vielleicht im Zusammenhang damit auch auf Grund urchristlicher Schriftinterpretation (Joel. 3) [6] entgegen dem Brauch der Synagoge Frauen zum Reden in der Gemeindeversammlung zugelassen, jedoch die traditionelle Verhüllung beibehalten. In Korinth haben die Frauen sich jedoch, wenn sie vor die Gemeinde traten und sprachen, dieser Verhüllung entledigt. Die Durchbrechung des traditionellen Schweigens der Frauen, ihr gleichberechtigtes Auftreten in der Gemeinde neben den Männern schien

---

[4] Anders A. v. Harnack, *Die Mission und Ausbreitung des Urchristentums in den ersten drei Jahrhunderten*, Leipzig [4]1924, 339-357; Lietzmann, *1 Kor.* 73; Conzelmann, *1 Kor.* 253.

[5] Dautzenberg, *Prophetie*, 265-268.

[6] Müller, *Prophetie*, 21.

ihnen wohl die Berechtigung zu einer weitergehenden Befreiung wenigstens in den Gemeindeversammlungen zu geben. Paulus wehrt dieses Verhalten durch den Verweis auf den urchristlichen Brauch und durch den Appell an die beim Gottesdienst zu wahrende Dezenz ab (1 Kor. 11:5-7.13). Auch in der Gemeindeordnung 1 Kor. 14:26-33a.39f ist die Dezenz, die Wahrung der "schönen Ordnung" eines der leitenden, die Ordnung regulierenden Prinzipien (14:40 : πάντα δὲ εὐσχημόνως καὶ κατὰ τάξιν γινέσθω), welches Paulus wie die gesamte Ordnung in Anlehnung an den judenchristlichen Brauch formuliert hat.[7]

Einzig die in 1 Kor. 13 enthaltenen Aussagen über die Prophetie (13:2.8-12) stehen, wenn man sie für sich betrachtet, ausserhalb dieser Orientierung der urchristlichen Prophetie auf die Gemeindeversammlung hin. Sie handeln nämlich von der relativen Bedeutung der prophetischen Gabe für den Propheten selbst im Vergleich zum Höchstwert, der ἀγάπη (13:2),[8] und von der grundsätzlichen Begrenzung der Prophetie durch die Bedingungen des Lebens vor der Vollendung (13:8-12). Der Zusammenhang von 1 Kor. 13 mit 1 Kor. 12-14, mit dem paulinischen Bemühen, die Glossolalie in den korinthischen Gemeindeversammlungen zugunsten der Prophetie auf ein vertretbares Mass einzuschränken, lässt auch für die Aussagen von 1 Kor. 13 noch eine entfernte Beziehung auf die Gemeinde erkennen. Für uns sind die genannten Aussagen auch deshalb so wertvoll, weil sie nachdrücklich das Moment der prophetischen Erkenntnis und Erfahrung als die Voraussetzung prophetischer Wirksamkeit in der Gemeinde erkennen lassen (vgl. auch 14:26, 30 : der Prophet redet in der Gemeinde auf Grund einer Offenbarung).

2. Die Vorrangstellung der Prophetie nach 1 Kor. 14.

Für eine genauere Erfassung des geschichtlichen Gewichts der urchristlichen Prophetie hängt sehr viel davon ab, ob es gelingt, ihre Rolle und Bedeutung in den Gemeindeversammlungen einigermassen zuverlässig zu bestimmen. Da die paulinischen Aussagen auf Grund ihrer Situationsbezogenheit in der Sache bruchstückhaft sind, kann eine solche Bestimmung nur in mehreren Schritten unternommen werden. Man wird dabei auf jeden Fall von 1 Kor. 14 auszugehen haben.

Der korinthischen Gemeinde war das prophetische Charisma bekannt,

---

[7] Dautzenberg, *Prophetie*, 278-284.

[8] Dautzenberg, *Prophetie*, 149ff.

aber es wurde dort wie andere Formen charismatischer Rede offensichtlich weniger geschätzt als das Charisma der Glossolalie. In den
Versammlungen hatte diese nach 1 Kor. 14:1-25 eine derartige
Dominanz gewonnen, dass kaum noch Raum für die Prophetie und
sonstige verständliche Redeformen geblieben war. Es wäre zu einfach,
ja falsch, wollte man den Grund für die korinthische Bevorzugung
der Glossolalie einzig in deren hochekstatischen Charakter suchen.
Das ὅτι μαίνεσθε (14:23) gibt ja nicht eine korinthische Einschätzung
der Glossolalie wieder, es hat vielmehr eine abgrenzende Funktion
und soll der Gemeinde deutlich machen, in welche gefährliche Nähe
zu heidnischer μανία ihre von der Glossolalie bestimmten Versammlungen im Urteil Aussenstehender geraten könnten. Die Korinther
haben die Glossolalie als die eschatologische Manifestation des Geistes
geschätzt (14:1, 12), als σημεῖον (14:22) und zwar wegen ihrer Eigen-
schaft als eines Sprechens in Engelsprachen (vgl. 1 Kor. 13:1). Der
Glossolale nimmt am himmlischen Lobpreis Gottes teil (14:2: οὐκ
ἀνθρώποις λαλεῖ ἀλλὰ θεῷ; 14-17; vgl. T. Hiob. 48:3; anon. Apk./
Soph. Apk. 13:2f) und versenkt sich in die Geheimnisse der Schöpfung
und der göttlichen Herrlichkeit (1 Kor. 14:2: πνεύματι δὲ λαλεῖ
μυστήρια; vgl. T. Hiob. 49:2f: ἐδοξολόγησεν τοῦ ὑψηλοῦ τόπου τὸ
ποίημα; 50:2: δοξολογοῦσα τὸν δεσπότην τῶν ἀρετῶν ἐνδειξαμένη
τὴν δόξαν αὐτῶν).[9] So ordnet sich die Dominanz der Glossolalie dem
Bild ein, welches wir uns auch sonst von der korinthischen Spiritualität
machen können. Sie gehört zur korinthischen Hochschätzung einer
besonderen Weisheit (1 Kor. 1:18-2:5; 2:6; 3:18f), zur Selbstein-
schätzung der Korinther als Pneumatiker (3:1), zu ihrem eschatologisch
begründeten Hoheitsbewusstsein (4:7-10).

Paulus stellt die "ideologische" Grundlage der Glossolalie nicht in
Frage, er teilt sie selber. Jedoch versucht er, die Glossolalie in den
korinthischen Gemeindeversammlungen zurückzudrängen und statt
ihrer die Prophetie zu fördern (14:1-5). An sich ist es auffällig, dass
er der Glossolalie nicht die Fülle verständlicher charismatischer
Redeformen (14:6, 26) gegenüberstellt, sondern sich praktisch ausschliesslich auf die Prophetie konzentriert, und zwar ohne eine für
die Prophetie spezifisch geltende Begründung zu geben. Dieses Vor-
gehen ist nur verständlich, wenn der Prophetie auch nach der dem

---

[9] Die im Thiob genannten Inhalte begegnen ähnlich bei den Therapeuten Philos
Vit. Cont. 26 und in den Spekulationen der jüdischen Mystiker über die m'śh brsjt und
über die m'śh mrkbh : Dautzenberg, *Prophetie*, 110f (Lit.) 234-237.

Paulus vertrauten judenchristlichen Tradition eine bestimmende Rolle in den Gemeindeversammlungen zukam. Doch wird man sich mit dieser Erklärung nicht zufrieden geben dürfen. Denn diese traditionelle Dominanz der Prophetie kann sich nur deshalb herausgebildet haben, weil die Prophetie ähnlich wie die Glossolalie eine eigene "ideologische" Grundlage besass und weil sie eine besondere für das frühe Christentum wichtige Botschaft zu übermitteln hatte. Mit der Botschaft der Prophetie werden wir uns weiter unten noch näher beschäftigen. Zu ihrer "ideologischen Grundlage" will ich wenigstens einige Bemerkungen machen. Die Prophetie gilt wie die Glossolalie als eschatologische Manifestation des Geistes (1 Kor. 14:1, vgl. Apg. 2:17f), als "Zeichen" (14:22). Zu ihr gehört ebenfalls der Gedanke der Gemeinschaft mit den Engeln (vgl. 1 Kor. 11:10). Sie hat eine ähnliche Orientierung auf die himmlischen Geheimnisse (1 Kor. 13:2, vgl. 1 Kor. 14:2). Die prophetische Erfahrung wurde auf Grund dieser Implikationen so hoch geschätzt und als so fundamental für die Gemeinde und ihr Selbstverständnis begriffen, dass man sie auch bei Frauen anerkannte und Frauen gegen den festen Brauch des Judentums zur Verkündigung in der Gemeinde zugelassen wurden.[10]

Dieser Bewertung der Prophetie entsprechen die Entfaltungsmöglichkeiten, welche Paulus den Propheten in seiner Gemeindeordnung 1 Kor. 14:29-33a einräumt. Die Prophetie ist ein fester Bestandteil der Gemeindeversammlung, während die Glossolalie nur zugelassen werden soll, wenn ein "Übersetzer" anwesend ist. Die Zahl der prophetischen Beiträge wird zwar für den Normalfall mit "zwei oder drei" angegeben (dagegen 14:27 : "höchstens drei" Glossolalen), jedoch kann diese Zahl bei neuen Offenbarungen immer überschritten werden. Da auf die Prophetie gewöhnlich noch die "Deutung"[11] durch andere Propheten oder Gemeindemitglieder folgt, wird

---

[10] Das Schweigegebot für die Frauen 1 Kor. 14:34f gehört samt seiner Umgebung 14:33b-38 zu einer nachpaulinischen Interpolation und dient der Durchsetzung einer nichtprophetischen patriarchalischen Gemeindeordnung. Es kann also nicht zur Rekonstruktion der urchristlichen Prophetie herangezogen werden, ebensowenig der Satz 1 Kor. 14:37; s. Dautzenberg, *Prophetie*, 270ff.-297f.

[11] Zur Interpretation der termini technici διάκρισις, διακρίνω, συγκρίνω als Deuteausdrücke s. Dautzenberg, Zum religionsgeschichtlichen Hintergrund der διάκρισις πνευμάτων : *BZ* NF 15 (1971), 93-104; *Prophetie*, 122-140. Die von Müller, *Prophetie*, 27f, geäusserte Kritik an meinem Artikel ist durch meine Arbeit wenigstens zum grössten Teil hinfällig geworden. M. bewertet die Aussagekraft der aus dem Judentum (LXX, Qumran, Philo, Josephus) stammenden Parallelen zu gering. Sie können in der

ein grosser Teil der für die Gemeindeversammlung zur Verfügung
stehenden Zeit tatsächlich von der Prophetie in Anspruch genommen
und bestimmt worden sein. Diese Bedeutung der Prophetie für die
Gemeinde kommt auch darin zum Ausdruck, dass sie in den sehr
unterschiedlichen Katalogen 1 Kor. 12:28 und Röm. 12:6-8 an erster
Stelle unter den Charismen steht. Gegenüber der korinthischen Hochschätzung einer Rede in Weisheit beruft Paulus sich in 1 Kor. 1:18-2:5
auf das Kerygma als Verkündigung des gekreuzigten Christus, in
2:6-16 jedoch auf die Prophetie als auf eine Verkündigung der θεοῦ
σοφία ἐν μυστηρίῳ (s. unten). Damit ist nicht nur die Frage nach dem
Verhältnis von Prophetie und Kerygma angesprochen. Wenn die
Zuordnung von 1 Kor. 2:6-16 zur Prophetie zu Recht erfolgt, ist mit
ihr auch die nur dem Christuskerygma zu vergleichende Bedeutung
der Prophetie für das urchristliche Selbstverständnis und für die
urchristlichen Versammlungen, wenigstens in der judenchristlichen
und paulinischen Tradition, erwiesen. Diese Bedeutung macht freilich
angesichts unseres geringen Wissens über die urchristliche Prophetie
und angesichts des frühen Verschwindens der Prophetie aus den
Dokumenten und wohl auch aus dem Erscheinungsbild der urchristlichen Gemeinden, die Frage nach der Botschaft der Prophetie zu
einer nicht nur den Historiker angehenden schwerwiegenden Frage
nach dem Selbstverständnis des Urchristentums.

3. Der Ertrag von 1 Kor. 12-14 für die Frage nach der Botschaft
    der urchristlichen Prophetie.

Im Zusammenhang unserer Fragestellung ist es eine auffällige Tatsache, dass Paulus nirgends in 1 Kor. 12-14 den Versuch macht, den
Vorrang der Prophetie vor der Glossolalie oder die von ihm für
erstrebenswert gehaltene Dominanz der Prophetie in den Gemeindeversammlungen mit einem Verweis auf die Botschaft der Prophetie
zu begründen. Seine Argumentation ist vielmehr völlig an dem formalen, aber für die Gemeindeversammlung wesentlichen Kriterium der
Verständlichkeit orientiert. Wenn die Glossolalie übersetzt wird, kann
die Gemeinde aus ihr einen ähnlichen Nutzen ziehen wie aus der
Prophetie. Für diesen Fall gilt das Urteil: μείζων δὲ ὁ προφητεύων
ἢ ὁ λαλῶν γλώσσαις ausdrücklich nicht, denn dann reden beide mit

---

Tat zu einem religionsgeschichtlich abgesicherten Verständnis der urchristlichen
Prophetie führen.

dem Erfolg der "Erbauung" (14:3-5). Daher wird man auch aus den in 14:3 auf οἰκοδομή folgenden Bestimmungen, dass der Prophet zur παράκλησις und παραμυθία rede (vgl. 14:31b) kaum auf einen besonderen Inhalt oder auf eine besondere Form der prophetischen Rede zurückschliessen können.[12] Denn sie ergeben sich aus der Verständlichkeit der Prophetie, aus ihrem zugänglichen Informationsgehalt und stehen auch sonst in den paulinischen Schriften nicht in einer festen oder auch nur lockeren Verbindung mit Prophetie.[13] Dieser Feststellung könnte man allenfalls die Bemerkung aus der Gemeindeordnung 14:31 entgegenhalten : ἵνα πάντες μανθάνωσιν καὶ πάντες παρακαλῶνται. Indes erweist diese Bemerkung sich als Rückgriff auf die Argumentation von 14:3-5. Das Moment der "Erbauung" ist bereits im Rahmen der Gemeindeordnung als Ziel aller Vorgänge in der Gemeindeversammlung genannt worden, nun wird bei der Prophetie das Moment der παράκλησις genannt. Jedoch wieder nicht in einer unmittelbaren Verbindung mit der Prophetie. Es ist für unsere Fragestellung bedeutsam, dass ihm das "Lernen" als ein intellektuelles, auf die Verständlichkeit und auf die Botschaft der Prophetie bezogenes Moment vorgeordnet ist.[14] Der Abschnitt 1 Thess. 4:13-18 stellt geradezu ein Modell für einen solchen Zusammenhang von verständlicher, wahrscheinlich prophetischer Information (4:13 : οὐ θέλομεν δὲ ὑμᾶς ἀγνοεῖν. 15 : τοῦτο γὰρ ὑμῖν λέγομεν ἐν λόγῳ κυρίου), dem Lernen der Gemeinde und der Wirkung der παράκλησις dar, wenn er nach der Darstellung der sich am Ende eröffnenden

---

[12] Anders Müller, *Prophetie*, 24ff. Er erblickt in der παράκλησις die übergeordnete Funktion, welche Paulus der Prophetie zuteilt und kann sich diese παράκλησις eigentlich nur in der Form einer Buss- oder Mahnrede vorstellen. Daher begibt er sich auf die formgeschichtlich orientierte Suche nach prophetischen Predigten im NeuenTestament. Die Wendung " 'Ich ermahne euch durch den Herrn Jesus' o.ä." wird bei ihm zur "paulinischen Ausprägung einer besonderen prophetischen Autorisationsformel, mit der urchristliche Propheten ihre Reden legitimieren konnten" (128f) und zu einer Einleitung prophetischer Reden in den Paulusbriefen. Mitunter wie bei 1 Kor. 1:10 fällt dann das ganze Briefcorpus unter die prophetische Autorität des Paulus (127). Infolge dieses Verfahrens werden die Texte praktisch nur umbenannt. Was bisher als apostolisch galt, z.B. 1 Kor. 4:14ff, gilt nun als prophetisch (127). Es ist ein grundlegender Mangel dieser Arbeit, dass sie auf eine Analyse von 1 Kor. 14 verzichtet und ohne methodische Reflexion Einzelaussagen aus dem Textzusammenhang herausbricht.

[13] Dautzenberg, *Prophetie*, 231ff.

[14] Es ist auch zu beachten, dass προφητεύειν in 14:31 das in 14:29 genannte διακρίνειν mit einschliesst und von dem Gesamtvorgang ein παρακαλεῖσθαι erwartet wird.

Gemeinschaft mit dem Herrn die Aufforderung anschliesst: ὥστε παρακαλεῖτε ἀλλήλους ἐν τοῖς λόγοις τούτοις (4:18).[15]

Einzig aus dem Beispiel 1 Kor. 14:24f könnte man Konkreteres über die Botschaft und die Funktion der Prophetie zu entnehmen versuchen. Die in der Gemeinde redenden Propheten wenden sich einem Ungläubigen oder Aussenstehnden, der in die Gemeindeversammlung gekommen ist, zu, und "er wird von allen überführt, von allen beurteilt, das Verborgene seines Herzens wird offenbar". Jedoch handelt es sich um einen von Paulus konstruierten Fall, keineswegs um den normalen Vollzug der Prophetie in der Gemeinde. Der Adressat ist ein Ungläubiger. Die hier geübte Kardiognosie erweist sich als ein Sonderfall der auch sonst den Propheten zugeschriebenen Kenntnis der Geheimnisse.[16]

Die Kenntnis und Mitteilung der Geheimnisse bleibt so nach 1 Kor. 13:2; 14:2 das wesentliche Merkmal der urchristlichen Prophetie.[17] Solche Geheimnisse werden in "Offenbarungen" empfangen worden sein (14:30, vgl. 14:6, 26; 2 Kor. 12:1). Ihr Umfang und Inhalt ist von 1 Kor. 12-14 aus nur durch den Vergleich mit der Vorstellung von Geheimnissen in der jüdischen Apokalyptik einigermassen beschreibbar. Dort handelt es sich um kosmologische, soteriologische und eschatologische Geheimnisse.[18] In ihren Kreis können auch

---

[15] Vgl. auch das analoge Verhältnis von Offenbarung und Trost syr. Bar. 54:4 unten Anm. 53; ferner syr. Bar. 43:1 : "Du aber, Baruch, mache dein Herz geschickt für das, was dir gesagt worden ist, und verstehe das, was dir kundgetan worden ist, weil es für dich vielen Trost gibt, der für immer währt".

[16] Dautzenberg, *Prophetie*, 250ff; Müllers (*Prophetie*, 25) Reserve gegenüber dieser religionsgeschichtlich gesicherten und sprachlich sich aufdrängenden (1 Kor. 14:25 : τὰ κρυπτὰ τῆς καρδίας αὐτοῦ φανερὰ γίνεται) Auffassung hängt ursächlich mit seiner Auffassung der Prophetie als Predigt zusammen; zur Vorgeschichte dieser Auslegungslinie vgl. Dautzenberg, *Prophetie*, 247f.

[17] 1 Kor. 13:2 spiegelt nicht die "korinthische Meinung" (so Müller, *Prophetie*, 29), sondern die allgemeine urchristliche Auffassung der prophetischen Erkenntnis; s. Dautzenberg, *Prophetie*, 159. Es ist grundsätzlich falsch, nur die paulinische Aussagespitze dem Paulus zuzurechnen und Paulus ständig im Gegensatz zu seiner Tradition sehen zu wollen (Müller a.a.O. "Paulinisch ist nur das Kriterium der Liebe"). Gerade im Hinblick auf die urchristliche Prophetie erweist Paulus sich als Verteidiger und Interpret der judenchristlichen Tradition; s. meine Analyse der Gemeindeordnung 1 Kor. 14:26-40 in : *Prophetie*, 274-291.

[18] Vgl. R. E. Brown, "The Semitic Background of the New Testament Mysterion I", *Bibl.* 39 (1958), 426-448; ders., "The Pre-Christian Semitic Concept of 'Mystery' ", *CBQ* 20 (1958), 417-443; E. Vogt, " 'Mysteria' in textibus Qumran", *Bibl.* 37 (1956), 247-257; Bornkamm, *ThW* IV, 820-823; Dautzenberg, *Prophetie*, Register s.v. : Geheimnis, μυστήριον, swd, rz.

Offenbarungen gehören, welche einen konkreten Menschen (1 Kor. 14:25f; Gal. 2:1; vgl. Apg. 13:2; 21:11) oder eine bestimmte Situation betreffen. Solche Offenbarungen waren häufig geheimnisvoll — 1 Kor. 13:12 spricht in Anlehnung an Num. 12:8 von einem Sehen im "Rätsel" [19] — und darum wurden sie, wie die Worte der Heiligen Schrift, gedeutet vom Propheten selber und in der Gemeinde von allen zur Deutung Begabten. Auch dieses Verfahren des διακρίνειν/ Deutens lässt sich wieder mit reichen Beispielen aus dem jüdisch-apokalyptischen Milieu belegen und illustrieren (*pšr* in Dan, Qumran, Schrift- und Zeichendeutung bei Josephus).

Angesichts dieser starken Verbindung der urchristlichen Prophetie mit den Anschauungen und Verfahren der Apokalyptik würde man gerne etwas über ihr christliches Proprium erfahren. Vielleicht hängt es mit der inhaltlichen Eigenart der urchristlichen Prophetie zusammen, dass Paulus in 1 Kor. 12-14 nicht einmal den Versuch macht, den Vorrang der Prophetie irgendwie christologisch oder aus dem Kerygma zu begründen (vgl. dagegen seine Argumentation in 1 Kor. 11:3 im Zusammenhang der Verhüllung der Frauen). Aufschluss in dieser Frage ist nur durch eine Erweiterung der Textbasis zu erreichen, vor allem durch eine Interpretation von 1 Kor. 2:6-16.

4.   Die Botschaft der urchristlichen Prophetie nach 1 Kor. 2:6-16.

In der gegenwärtigen exegetischen Diskussion ist die Beziehung von 1 Kor. 2:6-16 auf die urchristliche Prophetie alles andere als gesichert. Dominierend sind Auslegungen, welche den Text in irgendeiner Weise als Forsetzung des in 1:18-2:5 angeschlagenen Themas der Christus- oder Kreuzesverkündigung begreifen.[20] Über die Schwierigkeiten, welche diese Auslegungslinie bei der Textinterpretation im Einzelnen zu überwinden hat, brauche ich hier nicht zu berichten. Davon kann sich jeder bei der Lektüre der einschlägigen Arbeiten leicht überzeugen. Als Voraussetzung für unsere Frage muss aber der Versuch gemacht werden, die Beziehung des Textes auf die Prophetie zu sichern.

---

[19] Dautzenberg, *Prophetie*, 194-198.

[20] Conzelmann, *1 Kor*. 74 : "Nach der bisherigen Darlegung kann diese σοφία nicht ein zusätzlicher Inhalt neben dem Wort vom Kreuz sein, sondern nur das Verstehen dieses Wortes, wozu gerade das Verstehen der Torheit desselben gehört". Vgl. H. Schlier, "Kerygma und Sophia", in : ders., *Die Zeit der Kirche*, Freiburg 1958, 226-229; K. Niederwimmer, "Erkennen und Lieben", *Kerygma und Dogma* 11 (1965), 78-89; Bornkamm, *ThW* IV, 825f; Schweizer, *ThW* VI, 422-424; Wilckens, *ThW* VII, 520-523.

4.1.   Stellung im Kontext, Struktur und Aufbau.

Der Abschnitt ist mit dem Kontext durch das Stichwort σοφία (2:6f)
verbunden. Dieses fällt zum ersten Male in 1, 17 und wird dann in
1:18-2:5 polemisch aufgenommen. Der Abschnitt 1:18-2:5 ist beherrscht
vom Gegensatz zwischen dem λόγος τοῦ σταυροῦ (1:18; vgl. 23; 2:2)
und der σοφία ἀνθρώπων (2:5; vgl. 1:19-21; 2:1, 4). Das Thema
"Weisheit" wird dann noch einmal im Résumé 3:18-20 aufgenommen.
Aber nicht in 2:10-16. In den Versen 2:6-8 konzentrieren sich auch die
sonstigen Stichwortverbindungen mit dem übergreifenden Kontext:
τοῦ αἰῶνος τούτου 2:6, 8 (vgl. 1:18; ferner 1:19.21.27f: τοῦ κόσμου
τούτου); καταργεῖσθαι 2:6 (vgl. 1:27f); σταυροῦν 2:8 (vgl. 1:18, 23;
2:2); γινώσκειν 2:8 (vgl. 1:21). Stärkere Beziehungen zur Umgebung
finden sich auch in dem polemischen Abschnitt 2:14f: γινώσκειν,
μωρία (1:18-27; 3:18f); ἀνακρίνειν (4:3f). Im übrigen unterscheidet
sich das Vokabular von 2:6-16 charakteristisch vom Kontext. Während
dieser Vokabeln aufweist, welche im Zusammenhang mit dem Kerygma
und mit dem Christwerden stehen (Beispiele aus 1:18-2:5: σῴζειν,
κήρυγμα, πιστεύειν, σκάνδαλον, κλῆσις, ἐκλέγεσθαι Aor., ἀπόδειξις
πνεύματος καὶ σοφίας), ist das spezifische Vokabular von 2:6-16 eher
apokalyptisch oder prophetisch [21]: μυστήριον,[22] ἀποκαλύπτειν διὰ
τοῦ πνεύματος, ἐρευνᾶν, τὰ βάθη τοῦ θεοῦ, εἰδέναι, πνευματικός,
συγκρίνειν.

2:6 stellt nach der vorausgehenden Erinnerung an die paulinische
Verkündigung in Korinth (2:1-5) einen deutlichen Neueinsatz dar:
σοφίαν δὲ λαλοῦμεν ἐν τοῖς τελείοις 3:1 lenkt wieder zum Auftreten
des Paulus in Korinth zurück. Der Abschnitt 2:6-16 ist also ein vom
Kontext abgegrenzter Zusammenhang. Seine innere Struktur ist
durch einen Wechsel von positiven und polemischen Aussagen bestimmt.[23] 2:6-9 umreissen die paulinischen Weisheitsrede in polemischer
Abgrenzung gegen die σοφία τοῦ αἰῶνος τούτου. 2:10-13 beschreiben

---

[21] Gegen Conzelmann, *1 Kor.* 74: "An die Stelle der eschatologischen Termini
(σῳζόμενοι, ἀπολλύμενοι) tritt Mysteriensprache" — das ist ein die weitere Auslegung
belastendes religionsgeschichtliches Fehlurteil.

[22] Die Lesart μυστήριον 1 Kor. 2:1 ist textkritisch unsicher; s. K. Aland, M. Black,
B. M. Metzger, A. Wikgren, *The Greek New Testament* (1966). Sie könnte unter dem
Einfluss des Sprachgebrauchs der Deuteropaulinen das gut bezeugte μαρτύριον zurück-
gedrängt haben; vgl. Dautzenberg, *Prophetie*, 152.

[23] Conzelmann, *1 Kor.* 75: "Ist dieser Abschnitt nun vorwiegend polemisch oder
vorwiegend thetisch entworfen?".

den Vorgang dieser Rede als ein Reden auf Grund von Offenbarung des Geistes. 2:14f grenzt wiederum polemisch ab : nur Pneumatiker können die Offenbarungen des Geistes erkennen. 2:16 schliesst mit der Anwendung eines Schriftzitats auf Paulus und die Pneumatiker. Die polemischen Aussagen haben im Ganzen des Abschnitts die Funktion, den positiven Aussagezusammenhang in die Auseinandersetzung des Paulus mit den Korinthern einzubeziehen, ihn für diese Auseinandersetzung nutzbar zu machen. Darum stehen in den polemischen Abschnitten den positiven Sätzen (2:6a, 7, 15), negative abgrenzende Sätze (2:6b, 8, 14) gegenüber. Dieses Widerspiel von antithetischen Sätzen arbeitet bestimmte für die Auseinandersetzung wichtige Aspekte des eigentlichen positiven Aussagezusammenhangs stärker heraus. Eine Auslegung des Textes wird darum nicht mit den polemischen Abschnitten einsetzen dürfen, sondern zunächst zu fragen haben, welche Art positiver Grundaussage hier von Polemik überlagert wird oder ob auf 1 Kor. 2:6-16 die Unterscheidung von Tradition und Redaktion anzuwenden ist.[24]

4.2. 1 Kor. 2:6-16 als von der urchristlichen Prophetie bestimmter Text.

Der in 2:10-13 beschriebene Vorgang der Offenbarung durch den Geist (2:10), das darauf folgende Reden in vom Geist gelehrten Worten (2:13a) und das sich daran anschliessende weitere Deuten der vom Geist herkommenden Worte (2:13b) entspricht dem in 1 Kor. 12:10; 14:29-33a beschriebenen Vorgang des Redens der Propheten in der Gemeindeversammlung.[25] Zweifellos unterscheiden sich die verglichenen Texte im Sprachgebrauch. Bei συγκρίνειν/διακρίνειν handelt

---

[24] Die Annahme eines in 1 Kor. 2:6-16 zugrundeliegenden "Revelationsschemas" (D. Lührmann, *Das Offenbarungsverständnis bei Paulus und in paulinischen Gemeinden,* Neukirchen-Vluyn 1965, 113ff) greift zu weit. Zur Kritik vgl. Conzelmann, *1 Kor.* 75; B. A. Pearson, *The Pneumatikos-Psychikos Terminology,* Missoula 1973, 32 : "The form of 1 Corinthians 2:6ff must rather be ascribed to Paul, who in turn is merely employing an apocalyptic type of preaching form common in the primitive church from its very beginnings". In der Tat, Paulus bemüht sich um eine theologische Darstellung und Erschliessung des Vorgangs der prophetischen Verkündigung.

[25] Zu ἀπεκάλυψεν 2:10 vgl. ἀποκαλυφθῇ 14:30; zu λαλεῖν ἐν διδακτοῖς πνεύματος 2:13a vgl. λαλεῖν 14:29; προφητεύειν 14:31; zu πνευματικοῖς (masc.; aus der Beziehung auf den Kontext 2:14f wie aus der besseren Kenntnis des Deuteverfahrens ist eine neutrische Bedeutung unwahrscheinlich) 2:13b vgl. οἱ ἄλλοι 14:29; zu πνευματικὰ συγκρίνοντες 2:13b vgl. διάκρισις πνευμάτων 12:10; διακρινέτωσαν 14:29; weiteres : Dautzenberg, *Prophetie,* 138f., 284ff.

es sich allerdings nur um eine terminologische Variante.[26] Der auf-
fallendste Unterschied zwischen 1 Kor. 2:10-13 und 1 Kor. 12; 14
liegt darin, dass 1 Kor. 2 auf den Gebrauch des Terminus προφήτης
und seiner Ableitungen verzichtet. Die Vermeidung dieses Terminus
kann damit zusammenhängen, dass Paulus 1 Kor. 2:10-13 ganz
anders als in 1 Kor. 12; 14 um eine theologische Darstellung und
Deutung des Vorgangs des prophetischen Redes bemüht ist. Er will
nicht einfach beschreiben, sondern den pneumatischen Charakter der
prophetischen Erkenntnis und Rede herausarbeiten. Die teilweise
Ersetzung des technischen Vokabulars durch ein mehr theologisches
Vokabular hat eine interessante Analogie im Verhältnis der Anweisungen zur Glossolalie in der Gemeindeordnung 1 Kor. 14:27f zu
der in den Kontext von Röm. einbezogenen Anspielung auf die Glossolalie Röm. 8:26f.[27] Auch dort wird ein charismatischer Vorgang in
der Gemeinde theologisch gedeutet und der Geist als sein eigentlicher
Urheber herausgestellt.

In den Bereich urchristlicher Prophetie führt ferner die Thema-
angabe in 1 Kor. 2:6f. Paulus nimmt in 2:6 das korinthische Schlagwort
σοφία polemisch auf, beansprucht eine bestimmte Form von σοφία
für sich und definiert diese in 2:7 als θεοῦ σοφία ἐν μυστηρίῳ. Damit
hat das Stichwort σοφία seine Funktion erfüllt, er benutzt es im
Folgenden nicht mehr. Das Thema σοφία ist ihm also offenbar durch
die Auseinandersetzung mit den Korinthern aufgenötigt, er benutzt
es als Brücke, um zu dem ihm mehr entsprechenden Terminus
μυστήριον zu kommen. Die Konstruktion σοφία ἐν μυστηρίῳ ist
aufzulösen in: "wir reden Weisheit in Form eines Geheimnisses" [28]
oder besser: "Wir reden Weisheit, die Geheimnis ist".[29] Das bedeutet:
λαλοῦμεν θεοῦ σοφίαν ἐν μυστηρίῳ steht für ein von Paulus inten-

---

[26] Es handelt sich um Übersetzungsvarianten für pšr, welche nicht nur in der
griechischen Bibel und bei den hellenistisch-jüdischen Schriftstellern, sondern sogar
in der gleichen Schrift (Philo Jos. 158 und 125.143) nebeneinander begegnen; Dautzenberg, *Zum religionsgeschichtlichen Hintergrund*, 99f; ders., *Prophetie*, 58.138.

[27] Vgl. Käsemann, *Röm.* 229ff.

[28] Blass-Debrunner, § 220, 2.

[29] Zur Konstruktion vgl. Eph. 2:15: τὸν νόμον τῶν ἐντολῶν ἐν δόγμασιν; Moulton,
Einleitung, 167; Moulton, III, 265; Moulton-Milligan, 210; Bornkamm, *ThW* IV, 826:
"Für θεοῦ σοφίαν ἐν μυστηρίῳ τὴν ἀποκεκρυμμένην könnte Paulus also einfach μυστήριον
sagen". Brown, *The Semitic Background of the New Testament Mysterion*, 437, kommt
von seiner Interpretation des Kontextes her zu einem ähnlichen Ergebnis: "In other
words σοφία ἐν μυστηρίῳ covers much of the same conceptual territory that we shall
later see covered by μυστήριον alone".

diertes λαλεῖν μυστήρια (vgl. 1 Kor. 14:2). Dieses gehört zur urchristlichen Prophetie (vgl. 1 Kor. 13:2). Es ist daher nicht weiter erstaun-
lich, dass der Terminus σοφία im weiteren Verlauf von 2:6-16 nicht
mehr im positiven Sinne verwendet wird.

Schliesslich gehört auch die 1 Kor. 2:7, 12f beobachtbare Abfolge
von εἰδέναι und λαλεῖν zu dem Bild, welches wir uns nach 1 Kor.
12-14 von der urchristlichen Prophetie machen können. Die prophetische Erfahrung und Erkenntnis geht der prophetischen Verkündigung voraus. 1 Kor. 13:2 beschreibt die Prophetie nach der Seite der
Erkenntnis in äusserst denkbarer Steigerung als ein εἰδέναι τὰ μυστήρια
πάντα καὶ πᾶσαν τὴν γνῶσιν. Diese Anschauung von einem Erkennen
oder Wissen der Prophetie steht hinter der Wendung: ἵνα εἰδῶμεν
τὰ ὑπὸ τοῦ θεοῦ χαρισθέντα ἡμῖν (2:12). Dass die prophetische Erkenntnis in 1 Kor. 2 stärker nach ihrem Inhalt charakterisiert wird,
entspricht der schon bemerkten Tendenz des Abschnitts, die prophetische Erkenntnis theologisch darzustellen und zu deuten.

Noch von einer anderen Seite her erschliesst sich die Beziehung von
1 Kor. 2:6-16 zur urchristlichen Prophetie. Der Text hat auffällige
Kontakte mit Röm. 11:25-36, und zwar nicht mit der besonderen
Botschaft dieses Abschnitts, nämlich dem Heilsplan Gottes mit
Israel, sondern mit der formalen Struktur des Textes. Die einleitende
Charakterisierung des Folgenden als μυστήριον (Röm. 11:25) wird
wohl mit Recht als Hinweis darauf verstanden, dass prophetische
Erkenntnisse mitgeteilt werden (vgl. 1 Kor. 15:51), ihr ist 1 Kor. 2:6f
zu vergleichen. Auf die Mitteilung der Offenbarung folgt in Röm.
11:33-36 ein feierlicher Abschluss, dessen Elemente teilweise in 1 Kor.
2:10 und 16 begegnen.[30] Spricht Röm. 11:33 objektivierend von der
Tiefe des Reichtums, der Weisheit und der Erkenntnis Gottes, von
seinen unerforschbaren Gerichten und seinen unaufspürbaren Wegen,
in welche die prophetische Erkenntnis 11:25-32 einen Einblick
gewonnen hatte, so spricht 1 Kor. 2:10 davon, dass der Geist sogar

---

[30] Röm. 11:33-36 steht zwar am Ende der paulinischen Auseinandersetzung mit
dem Schicksal Israels Röm. 9-11, doch handelt es sich nicht um eine isolierte Schluss-
bildung. Die Doxologie steht vielmehr im Zusammenhang mit der Enthüllung des
Mysterions Röm. 11:25-32. Das hat Käsemann, Röm. 305 erkannt, ohne die nötigen
Schlussfolgerungen für die Struktur von *Röm.* 11 zu ziehen. Ich schlage vor, den
gesamten Abschnitt 11:25-36 als so von Paulus intendierten Höhepunkt und Schluss
von Röm. 9-11 zu betrachten; vgl. die Stellung von 1. Kor. 15:51-58 im Aufbau von
1 Kor. 15. Die Themen "Geheimnis" (Röm. 11:25; 1 Kor. 2:7) und "Tiefe" (Röm. 11:33;
1 Kor. 2:10) gehören zusammen; vgl. 1 QS 11:19; Vogt, *Mysteria in textibus Qumran*, 250.

die Tiefen Gottes erforscht. Gegenüber dem Staunen angesichts der Unergründlichkeit der Geheimnisse Gottes in Röm., soll in 1 Kor. 2 gerade die durch den Geist vermittelte Teilhabe an der Weisheit Gottes hervorgehoben werden. Ähnlich unterschiedlich wird das Zitat Jes. 40:13 in Röm. 11:34 und 1 Kor. 2:16 eingesetzt, welches in beiden Zusammenhängen am Ende steht. In Röm. 11 soll es die Erhabenheit und Souveränität des göttlichen Ratschlusses unterstreichen, in 1 Kor. hat es neben dieser Aufgabe durch den Kontext in 2:15 und durch die Kommentierung in 2:16a eine weitere Funktion. Es soll wesentlich offener als dies in Röm. 11 geschieht zugleich den Anteil hervorheben, welchen die Pneumatiker/Propheten durch den Geist am νοῦς κυρίου erhalten haben. Deshalb sind sie zur Erkenntnis befähigt und den Urteilen der Psychiker entzogen.[31]

Fassen wir zusammen: 1 Kor. 2:6-16 erweist sich als ein Text, der von der urchristlichen Prophetie und ihren Traditionen her zu dem korinthischen Verlangen nach Weisheit Stellung nimmt. Weil in ihm zugleich stärker über die Prophetie reflektiert wird als in 1 Kor. 12-14, sind von ihm auch eher Aufschlüsse über die Botschaft der urchristlichen Prophetie zu erwarten. Weil er durch seine Stellung im Kontext auf eine vom Kerygma bestimmte Auseinandersetzung mit dem korinthischen Verlangen nach Weisheit folgt, er selbst aber von der Prophetie her zu diesem Verlangen Stellung nimmt, müsste sich von ihm her das Verhältnis von Prophetie und Kerygma näher bestimmten lassen.[32]

---

[31] Pearson, *The Pneumatikos-Psychikos Terminology*, hat nachgewiesen, dass diese Terminologie im 1 Kor. im Zusammenhang mit der jüdisch-hellenistischen Exegese von Gen. 2:7 zu sehen ist und nicht als gnostisch charakterisiert werden kann (82f). "The opponents of Paul in Corinth were teaching that they had the potentiality of becoming πνευματικοί within themselves by virtue of the πνευματικὸς nature given them by God" (39). Paulus habe die Terminologie aufgenommen und uminterpretiert: der Pneumatiker wandelt entsprechend dem Geiste Gottes; der Psychiker "is the one who has only natural possibilities apart from the eschatological gift of the Spirit, and cannot attain 'the things of the Spirit of God' by virtue of anything within himself" (40f). Mir ist es fraglich, ob man überhaupt auf eine Terminologie der Korinther zurückschliessen kann; die paulinische Aussageintention ist sicher richtig wiedergegeben und könnte sich auch unabhängig von einem korinthischen Sprachgebrauch aus der Exegese von Gen. 2:7 ableiten lassen. Vgl. ferner Schweizer, *ThW* VI, 435; IX, 664.

[32] Mit Schlier, *Kerygma und Sophia*, erkenne ich also in 2:6-16 eine andere Art der Argumentation als in 1:18-2:5, halte aber anders als Schlier nicht die Weisheit, sondern die Prophetie für das eigentliche Thema von 1 Kor. 2:6-16. Konvergenzen mit Schliers Ausführungen ergeben sich aus der Eigenart des Textes, so die Erkenntnis, dass Paulus

4.3. Die prophetische Botschaft nach 1 Kor. 2:6-16.

4.3.1. 1 Kor. 2:6-9.

Paulus konnte das Stichwort σοφία, auch wenn es von der korintischen Situation her vorgegeben war, benutzen, um die prophetische Verkündigung in scharfer Abgrenzung gegen die σοφία τοῦ αἰῶνος τούτου zu charakterisieren. Dies war möglich, weil er die Termini σοφία und μυστήριον in Beziehung zueinander setzen konnte. Schon lange vorher waren im Judentum, vor allem in der Apokalyptik, die ursprünglich getrennten Traditionskreise der Weisheit und der eschatologischen Prophetie teilweise miteinander verschmolzen.[33] Das Programm einer "Weisheit auf Grund von Offenbarung"[34] implizierte auch schon ähnlich scharfe Abgrenzungen von der den natürlichen oder sterblichen Menschen an sich zustehenden Erkenntnismöglichkeiten.[35] Es gehört zum Wesen dieser Weisheit, dass sie

---

von charismatischen Erscheinungen spricht (226). Unklar bleibt bei Schlier neben anderem vor allem das Verhältnis der "Sophia" zum Kerygma : "Aber heisst das, dass die Sophia, die Paulus hier meint, ihrem Gegenstand nach etwas anderes bedenkt als das Kerygma ? Keineswegs... sie bedenkt die dem menschlichen Herzen und dem mächtigen Geist der Welt verborgene, ewig von Gott zur Erfüllung in der Zukunft bestimmte 'Herrlichkeit', die sich am Kreuz verwirklicht hat und jetzt in mannigfaltiger Weise angebrochen ist... Die Sophia sagt also nicht anderes als das Kerygma auch" (229). Die Paraphrase von 1 Kor. 2:7-9 und die Behauptung einer Identität zwischen Sophia und Kerygma stehen unvermittelt nebeneinander. Eine traditions- und religionsgeschichtliche Analyse hätte zu einem anderen Ergebnis geführt. Immerhin sieht Schlier sich durch den Text genötigt, zwischen Kerygma und Sophia eine Verlagerung der Akzente anzunehmen, diese beschäftige sich mehr mit dem erlösten Menschen und seiner Welt, mehr mit der Gegenwart als mit dem Gewesenen. Damit hat sich der Zukunftsaspekt der urchristlichen Prophetie sogar in der Konzeption Schliers angemeldet.

[33] Vgl. aeth. Hen. 37:2 : "Dies aber ist der Anfang der *Weisheit*sreden". 3 : "auch den Nachkommen wollen wir die wahre *Weisheit* nicht vorenthalten"; 49:1f : "Denn *Weisheit* ist wie Wasser ausgegossen, und *Herrlichkeit* hört nimmer vor ihm auf von Ewigkeit zu Ewigkeit. Denn er ist mächtig über alle *Geheimnisse* der Gerechtigkeit; vgl. 51:3; 69:6 findet sich sogar die Wendung "Geheimnisse der Weisheit"; vgl. H. W. Kuhn, *Enderwartung und gegenwärtiges Heil*, Göttingen 1966; Dautzenberg, *Prophetie*, 84-89.

[34] Vgl. M. Hengel, *Judentum und Hellenismus*, Tübingen 1969, 369-381.

[35] Vgl. 4 Esr. 4:11 : "Du aber ein sterblicher Mensch, der im vergänglichen Äon lebt, wie kannst du das Ewige begreifen?"; 4:27 : "Er (nämlich : dieser Äon) vermag es ja nicht, die Verheissungen, die den Frommen für die Zukunft gemacht sind, zu ertragen; denn dieser Äon ist voll von Trauer und Ungemach". 1 QS 11:5f : "Ein Licht ist in meinem *Herzen* auf Grund seiner wunderbaren *Geheimnisse*; auf das, was ewig ist, schaut mein *Auge* : nämlich auf Wissen, das *verborgen* ist vor den Menschen, auf

"verborgen/ἀποκεκρυμμένη" ist (2:7).[36] Ihre Charakterisierung als
θεοῦ σοφία weist auf die Herkunft der Weisheits- oder Geheimnisrede
des Paulus von der σοφία θεοῦ, in welche der Prophet nach Röm.
11:33 einen Einblick erhalten hat.[37] Paulus arbeitet den Gegensatz
zwischen der θεοῦ σοφία und der σοφία τοῦ αἰῶνος τούτου durch
scharfes sich steigerndes Kontrastieren heraus, indem er die Adressaten
der göttlichen Weisheit den ἄρχοντες τοῦ κόσμου τούτου gegenüberstellt. Für die einen ist die verborgene Weisheit zu ihrer Herrlich-
keit/δόξα von Ewigkeit vorherbestimmt,[38] die anderen konnten sie
nicht erkennen, so dass sie sogar den κύριος τῆς δόξης gekreuzigt haben.

Was sagt diese rätselhafte und umstrittene Anspielung auf den
Kreuzestod Christi über die Beziehungen der θεοῦ σοφία oder der
urchristlichen Prophetie zur Christologie oder zum Kerygma? Die
ἄρχοντες τοῦ αἰῶνος τούτου sind nach der Entwicklung des Gedankens

---

Erkenntnis und kluges Verstehen, (die verborgen sind) vor den Menschenkindern, auf
die Quelle des Heils und die Sammlung der Stärke zusammen mit dem Quell der *Herrlichkeit*, (die verborgen sind) vor der Gemeinschaft des Fleisches"; vgl. Kuhn, *Enderwartung und gegenwärtiges Heil*, 171f.

[36] Vgl. aeth. Hen. 93:8; 94:5; 1 QH 5:25f: "und mit dem *Geheimnis*, das du in mir
verborgen hast, gehen sie verleumderisch um bei den Söhnen des Verderbens. Aber um
dich an mir gross zu erweisen, und um ihrer Frevel willen hast du die Quelle der
Einsicht und das wahre *Geheimnis versteckt*"; ferner 1 QH 5:11; 9:24; 1 QS 11:6 (oben
Anm. 35); vgl. G. Jeremias, *Der Lehrer der Gerechtigkeit*, Göttingen 1963, 227, 240-242.

[37] Vgl. damit die Beschreibung des prophetischen Wissens 1 Kor. 13:2: καὶ ἐὰν
ἔχω προφητείαν καὶ εἰδῶ τὰ μυστήρια πάντα καὶ πᾶσαν τὴν γνῶσιν. Die Prophetie bezieht
sich auf ein ausserhalb des Menschen liegendes, ungeheuer grosses, allumfassendes
Wissen. Zur Herkunft dieser Vorstellung aus der Apokalyptik vgl. syr. Bar. 14:8f;
54:12f: "Denn wer vergegenwärtigt sich deine Wundertaten, o Gott, oder wer erfasst
deine *tiefen* Gedanken, die voll Leben sind? Denn du regierst durch deine Vernunft
alle Geschöpfe, die deine Rechte erschaffen hat; und du hast jeglichen Quell des Lichts
für dich zurechtgemacht und hast die Schätze der *Weisheit* zunächst deinem Thron
bereitgelegt"; Dautzenberg, *Prophetie*, 156.159.

[38] Vgl. 4 Esr. 4:27 (oben Anm. 35); 1 QS 11:7f: "Denen, die Gott erwählt hat, hat
er sie (nämlich: die Heilsgüter) zum ewigen Besitz gegeben und so hat er sie zu Erben
am Los der Heiligen gemacht"; 4 Esr. 8:51f: "forsche nach der *Herrlichkeit*, die deine
Brüder ererben sollen. Denn für euch ist... die *Weisheit bereitet*". Unverständlich
Conzelmann, *1 Kor.* 80: "Die 'jetzige' Enthüllung ist durch εἰς δόξαν ἡμῶν angedeutet.
δόξα bezeichnet hier das neue Sein als übernatürlich. Ein gnostisch-habituelles Selbstverständnis liegt nahe, wird aber dadurch vermieden, dass Paulus auf das Moment
des 'extra nos' hinweist"; ebd. Anm. 60: προορίζειν bezeichne den Weltplan Gottes.
So schnell kann man nicht vom Text zur Sache übergehen; die modernen theologischen
Kategorien verstellen eher den Zugang zur paulinischen Aussage. Sie haben sich zu
einer nicht mehr textbezogenen theologischen Kunstsprache verselbständigt.

in 2:6 als Exponenten dieses Äons zu verstehen,[39] und zwar als seine wirklichen irdischen Herrscher.[40] Es besteht kein Anlass an dämonische Herrscher zu denken. Das Gericht über sie ist schon mit dem Kreuzestod Christi und mit der Erwählung der Geringen (1:27f) ergangen. Darum heisst es von ihnen, dass sie zunichte werden (τῶν καταργου-μένων, vgl. 1:28f κατήργησεν). Ihr Scheitern hat seine Ursache in ihrem Mangel an wahrer Weisheit, in ihrer Fixierung auf die Weisheit dieses Äons.[41] In 2:8 verdeutlicht Paulus die Unzulänglichkeit und Hinfälligkeit der σοφία τοῦ αἰῶνος τούτου durch den Hinweis darauf, dass sie die ἄρχοντες nicht an der Kreuzigung gehindert habe. Jesus erscheint hier als der κύριος τῆς δόξης. Das ist kaum ein traditioneller Christustitel. Er ergibt sich vielmehr aus dem urchristlichen Kyriosbekenntnis und aus der Aufnahme der Wendung εἰς δόξαν ἡμῶν von 2:7, vielleicht unter dem Einfluss von Menschensohntraditionen und einer Menschensohnchristologie.[42] Die Teilhabe an der θεοῦ σοφία vermittelt den Christen zugleich Teilhabe an der eschatologischen δόξα. Wenn Jesus als κύριος τῆς δόξης bezeichnet wird, sieht Paulus in ihm den verherrlichten Herrn der Gemeinde, von dem her den Christen die für sie bestimmte θεοῦ σοφία zuteil wird. D.h. Paulus versteht die Teilhabe an der Weisheit Gottes als Gabe des Geistes (2:10-15) und zugleich als Teilhabe am νοῦς Χριστοῦ (2:16). Er kann die urchristliche Prophetie christologisch begründen (vgl. 1 Kor. 12:4-6 allgemein zu den Charismen). Der κύριος τῆς δόξης eröffnet den seinen die eschatologischen Geheimnisse.[43] Eine darüber

---

[39] Vgl. 3:18: εἴ τις δοκεῖ σοφὸς εἶναι ἐν ὑμῖν ἐν τῷ αἰῶνι τούτῳ; 1:27: τὰ μωρὰ τοῦ κόσμου.

[40] Vgl. Jos. Ant. 10:205 (zu Dan. 2:29): σοὶ τοίνυν φροντίζοντι περὶ τοῦ τίς ἄρξει τοῦ κόσμου παντὸς μετὰ σέ.

[41] Vgl. aeth. Hen. 98:3: "Weil ihnen Wissen und *Weisheit* fehlt, so werden sie zusammen mit ihren Schätzen, mit all ihrer *Herrlichkeit* und *Ehre untergehen*"; vgl. 98:9, 14; 100:6; Dautzenberg, *Prophetie*, 88f. Jeremias, *Lehrer der Gerechtigkeit*, 242 zu 1 QH 5:25f (oben Anm. 36): "Deshalb sind die Folgen der Verfehlungen für die Abtrünnigen furchtbar: Sie sind von dem göttlichen Heilswissen getrennt. Gott lässt sie um ihrer Verschuldungen willen in der Finsternis tappen".

[42] Vgl. aeth. Hen. 48:1-3; 49:2f: "Denn der Auserwählte steht vor dem Herrn der Geister, und seine *Herrlichkeit* ist von Ewigkeit zu Ewigkeit... In ihm wohnt der *Geist* der *Weisheit* und der *Geist* dessen, der *Einsicht* gibt"; 51:3 (s. Anm. 43); 63:2 begegnet "Herr der Herrlichkeit" als Gottesprädikat neben anderen (Herr der Geister, der Könige, der Mächtigen, der Herrscher, der *Herrlichkeit*, der *Weisheit*); die Fortsetzung dieser Doxologie 63:3: "*tief* und unzählig sind alle deine *Geheimnisse*, und deine Gerechtigkeit ist unberechenbar".

[43] Vgl. aeth. Hen. 51:3: "Der Auserwählte wird in jenen Tagen auf meinem Throne

hinausgehende inhaltliche Beziehung zwischen der Prophetie und dem Kerygma ist an dieser Stelle nicht erkennbar.

Das verhielte sich anders, wenn aus 2:8 eine stärkere inhaltliche Beziehung zwischen der Weisheit Gottes und dem Kreuzestod Jesus erschlossen werden könnte. Dazu müsste man θεοῦ σοφία im Sinne eines "göttlichen Heilsplans" verstehen, dessen Kenntnis die Herrscher dieses Äons an der Kreuzigung Jesu gehindert haben würde. Diese Einschränkung des Terminus σοφία auf einen eng gefassten göttlichen Heilsplan hat den Kontext gegen sich. Ausserdem wäre dann immer noch zu fragen, weshalb die ἄρχοντες sich nicht auch diesem Heilsplan gegenüber feindlich verhalten sollten.[44] Wie wir bereits sahen ist der Terminus σοφία von Paulus aber herangezogen worden, um den Inhalt der prophetischen Verkündigung ganz allgemein als "Weisheit auf Grund von Offenbarung" zu charakterisieren. Die noch zu besprechenden Inhaltsangaben in 2:9 : ἅ ἡτοίμασεν. 12 : τὰ χαρισθέντα. weisen wie μυστήριον in 2:7 ganz allgemein auf den Bereich der eschatologischen Geheimnisse und Heilsgüter. Mit dem Hinweis auf die Kreuzigung des κύριος τῆς δόξης demonstriert Paulus den tatsächlichen Abstand der σοφία τοῦ αἰῶνος τούτου und der von ihr bestimmten Grossen dieser Welt von der Weisheit Gottes. Die Aussage verdeutlicht den schon in 2:6f angelegten Gegensatz zwischen den beiden Arten der Weisheit und ihren unterschiedlichen Adressaten, zwischen den ἄρχοντες und den ἡμεῖς. Die ἄρχοντες sind von der εἰς δόξαν ἡμῶν bestimmten Weisheit ausgeschlossen, ja ihr feindlich, darum haben sie den κύριος τῆς δόξης getötet. Ihr Verhalten belegt das Scheitern der Weisheit dieses Äons.[45] Es soll den Korinthern drastisch zeigen, dass von dieser Weisheit nichts zu erwarten ist, während ihnen die ihnen zugedachte θεοῦ σοφία die δόξα verbürgt.

---

sitzen und alle *Geheimnisse der Weisheit* werden aus den Gedanken seines Mundes hervorkommen, denn der Herr der Geister hat es ihm verliehen und hat ihn *verherrlicht*".

[44] Conzelmann, *1 Kor.* 81, verdeutlicht die Aporien der dämonologischen Interpretation von 1 Kor. 2:8 : "Wenn die Archonten Jesus nicht erkannten, warum kreuzigten sie ihn dann ? Wussten sie, dass er der Offenbarer war, nicht aber, dass sie gerade durch seinen Tod vernichtet werden sollten ? Der Wortlaut macht diese letzte Deutung kaum möglich. Es bleibt also beim Widerspruch : Gerade dadurch wird die Pointe sichtbar die theologia crucis — Daher die paradoxe Verbindung von κύριος und Kreuz. Das ist deutliche Polemik gegen die korinthische Erhöhungschristologie" — Nicht jede Erwähnung des Kreuzes ist schon eine "theologia crucis"; Paulus wäre wahrhaftig ein schlechter Polemiker, wenn er seine Meinung so verdeckt ausdrücken würde.

[45] Weish. 2:22 erläutert ganz ähnlich das schmähliche Handeln der Gottlosen am Gerechten : οὐκ ἔγνωσαν τὰ μυστήρια τοῦ θεοῦ.

Diese eine Identität zwischen der θεοῦ σοφία ἐν μυστηρίῳ und dem Kerygma oder streng christologischer Verkündigung ausschliessende Interpretation erfährt ihre Bestätigung durch das Zitat in 1 Kor. 2:9, welches im Kontext die Funktion hat, den in 2:6-8 statuierten Gegensatz zwischen der Weisheit dieser Welt und ihren Exponenten und der Weisheit Gottes und ihren Adressaten durch den Rückgriff auf die Schrift zu unterstreichen. Das Zitat stammt nicht aus den alttestamentlichen Schriften, sondern aus einer apokalyptischen Schrift, vermutlich aus dem Testament Jakobs.[46] Dort steht es im Zusammenhang einer Himmelsreise des Patriarchen. Zunächst sieht er die jenseitigen Straforte,[47] dann die Orte der Gerechten.[48] Dort erfreuen sich die Patriarchen "im Königreich der Himmel in der Stadt des Geliebten.[49] Und er zeigte mir alle Ruheorte mit allen Gütern, die bereitet sind den Rechtschaffenen, und diejenigen (Dinge), die kein Auge gesehen [50] und kein Ohr gehört [51] hat und die nicht gekommen sind zu dem Herzen der Menschen,[52] diese Dinge, die Gott denen

---

[46] E. v. Nordheim, "Das Zitat des Paulus in 1 Kor. 2, 9 und seine Beziehung zum koptischen Testament Jakobs", *ZNW* 65 (1974), 112-120. Ein Teil des Zitats ("was kein Auge gesehen und kein Ohr gehört hat und in das Herz des Menschen nicht aufgestiegen ist") begegnet Ps. Philo Lib. Ant. 26, 13 ebenfalls in einem apokalyptischen Kontext, nämlich im Zusammenhang der Einrichtung des endzeitlichen Heiligtums. Das Textstück ist in Ps. Philo verhältnismässig ungeschickt eingefügt und wohl ein Zitat. Die rabbinische Interpretation von Jes. 64:3 (s. Billerbeck, III, 328f) kommt der Intention von 1 Kor. 2, 9 ebenfalls nahe, besonders Midr. Spr. 13, § 25 (37a) : R. Levi hat gesagt : Komm und sieh, wie gross das Gute ist, das Gott für die Gerechten der Zukunft verwahrt... R. Jochanan sagte : Nicht so ! Vielmehr man mag ein Auge sehen lassen, was es nur sehen kann, und man mag ein Ohr hören lassen, was nur hören kann, aber, was er den Gerechten für die Zukunft bereitet hat, vermag ein Auge nicht zu sehen und vermag ein Ohr nicht zu hören, wie es heisst (Jes. 64:3)...

[47] Vgl. aeth. Hen. 54:3f.

[48] Zu dem Nebeneinander der jenseitigen Orte, vgl. 4 Esr. 7:36.38; Targum zu Jes. 24:16 : "The prophet said 'The *mystery* of the reward of the righteous hath been shown unto me; the *mystery* of the punishment of the wicked hath been revealed to me' ".

[49] v. Nordheim, *Zitat 119.* Anm. 16 : die doppelte Ortsangabe lege es nahe, in dem zweiten Ausdruck eine nachträgliche vermutlich christliche Interpretation des ersten zu sehen; vgl. aber unten Anm. 59.

[50] Zum Ausdruck, vgl. 1 QS 11:3 (Auge, Herz), 5f (s. oben Anm. 35); 4 Esr. 10:55 (Zionsvision) : "geh hinein und besieh dir die Pracht und Herrlichkeit des Baues, soviel nur deine *Augen* fassen und schauen können".

[51] Zum Ausdruck, vgl. 1 QH 1:21 : "Dies erkannte ich auf Grund deiner Einsicht; denn du hast mein *Ohr* aufgetan für wunderbare *Geheimnisse*"; 4 Esr. 10:56 (Zionsvision) : "Darnach wirst du hören, soviel deine Ohren fassen und hören können".

[52] Zum Ausdruck, vgl. 4 Esr. 12:38 : "und lehre es die Weisen deines Volkes, von denen du sicher bist, dass ihre *Herzen* diese *Geheimnisse* fassen und bewahren können".

bereitet hat,[53] die ihn lieben werden, und denjenigen, die seinen Willen auf der Erde tun werden...".[54] Der jüdisch-apokalyptische Charakter des Zitats [55] und seines Kontextes [56] im Testament Jakobs lässt sich zweifelsfrei erheben. Er hat diesen Charakter auch in 1 Kor. 2, 9 behalten [57] und ist somit ein wichtiger Hinweis auf die Beziehung der urchristlichen Prophetie zur Thematradition der Apokalyptik. Wenn Paulus es zustimmend aufnimmt, könnte diese Zustimmung sich wohl auch auf die im engsten Kontext angesprochenen Themen "Königreich der Himmel" [58] und "Stadt des Geliebten" [59] beziehen, so dass wir über den allgemeinen Hinweis auf die von Gott bereiteten

---

[53] Vgl. zur Vorstellung und zum Ausdruck aeth. Hen. 11:1; 103:2f: "Ich weiss dieses *Geheimnis*; ich habe es auf den himmlischen Tafeln gelesen, ... dass allerlei Gutes, Freude und Ehre für die Geister der in Gerechtigkeit Verstorbenen *bereitet* und aufgeschrieben ist, dass euch vielerlei Gutes zum Lohn eurer Mühen gegeben wird, und dass euer Los besser ist als das der Lebenden"; 4 Esr. 7:14: "Wenn die Lebenden also in diese Engen und Eitelkeiten nicht eingegangen sind, können sie nicht erlangen, was ihnen *aufbewahrt* ist"; syr. Bar. 54:4: "Du, der denen, die *dich fürchten*, das *offenbarst*, was ihnen *bereitet* ist, um sie von daher zu *trösten*".

[54] Übersetzung nach v. Nordheim, *Zitat*, 53.

[55] Vgl. die in Anm. 47-53 genannten sprachlichen und sachlichen Parallelen.

[56] Vgl. v. Nordheim, *Zitat*, 118-120.

[57] J. Dupont, *Gnosis. La connaissance religieuse dans les épitres de S. Paul*, Louvain-Paris 1949, 189ff erkennt mit Recht eine Verwandtschaft zwischen 1 Kor. 2:9a und 2 Kor. 12:4 ἄρρητα ῥήματα (Kontext: Himmelsreise oder Entrückung) und nimmt für 1 Kor. 2:6-12 und 2 Kor. 12:2-4 einen gemeinsamen Hintergrund an.

[58] Vgl. Weish. 10:10 (Handeln der Weisheit an *Jakob*): "Sie zeigte ihm das *Reich Gottes* und gab ihm das Wissen der Heiligen"; s. dazu Dautzenberg, *Prophetie*, 157. Die Haggadah berichtet, dass Jakob in der Vision von der Himmelsleiter die Engel der vier Reiche (vgl. zum Thema der vier Reiche: Dan. 2:37-40; 7:17f; zum Thema der Völkerengel: Dan. 10:13, 20) sah: Pesiq. 150b, 151a; Lev. R 29 (127a); Pirque R Eliezer, Billerbeck, III, 49f; L. Ginzberg, *Legends of the Bible*, Philadelphia 1956, 167; M. J. ben Gorion, *Die Sagen der Juden*, Frankfurt 1962, 314. Vermutlich steht diese Überlieferung im Zusammenhang mit jener von TJakob und Weish. 10:10, nach welcher Jakob auch das Reich Gottes (vgl. Dan. 2:44; 7:18, 27) sah.

[59] Vgl. 4 Esr. 8:52: "Denn für euch ist das Paradies eröffnet, der Lebensbaum gepflanzt; der zukünftige Äon zugerüstet, die Seligkeit *vorausbestimmt*; die *Stadt* erbaut, die Heimat auserwählt; die guten Werke geschaffen, die *Weisheit bereitet*" (vgl. auch oben Anm. 33 und 38); syr. Bar. 4:3-6; 4 Esr. 10:27, 44. Zur Bedeutung des Themas der Stadt in der christlichen Prophetie Offb. 21:2, 10; Herm. v. 3:3, 3; 3:10, 3-5, vgl. H. Kraft, "Die Altkirchliche Prophetie und die Entstehung des Montanismus", *ThZ* 11 (1955), 257-260. Aus den Paulusbriefen gehört hierher Phil. 3:20: ἡμῶν γὰρ τὸ πολίτευμα ἐν οὐρανοῖς ὑπάρχει, ἐξ οὗ καὶ σωτῆρα ἀπεκδεχόμεθα κύριον Ἰησοῦν Χριστόν; vgl. damit die von der urchristlichen Prophetie herkommenden Texte 1 Thess. 4:15ff; 1 Kor. 15:51ff.

Heilsgüter, uns auch konkretere Vorstellungen von der Thematradition der urchristlichen Prophetie machen dürften, wenigstens
von denjenigen Traditionen und Inhalten, welche Paulus in 1 Kor.
2:6-16 dem korinthischen Verlangen nach weltlicher Weisheit gegenüberstellt. Die prophetische Verkündigung spricht von der noch ausstehenden Vollendung (vgl. 1 Kor. 4:5: das Thema "Gericht".
8: συμβασιλεύσομεν) und kritisiert so das korinthische Vollendungs-
bewusstsein (4:8: ἤδη κεκορεσμένοι ἐστέ · ἤδη ἐπλουτήσατε · χωρὶς
ἡμῶν ἐβασιλεύσατε).

4.3.2. 1 Kor. 2:10-13.

Der Abschnitt führt die in 2:6-9 angeschlagene Thematik weiter,
indem er die prophetische Verkündigung auf Offenbarung durch den
Geist zurückführt und ihre ideale Gestalt im Kreis der Pneumatiker
beschreibt. Der Inhalt der prophetischen Verkündigung wird unter
verschiedenen Rücksichten erkennbar: in der Umschreibung des
Inhalts der Offenbarung an die ἡμεῖς (2:12), in der Darstellung der
Forschens des Geistes und noch einmal in der Abgrenzung des Offen-
barungswissens von der menschlichen Weisheit.

Während 2:10 an das Zitat anknüpfend die eschatologischen
Heilsgüter, die von Gott, denen, die ihn lieben, bereitet wurden,
als Inhalt der Offenbarung (ἀπεκάλυψεν) nennt, beschreibt 2:12 ihn
mit der Wendung: ἵνα εἰδῶμεν τὰ ὑπὸ τοῦ θεοῦ χαρισθέντα ἡμῖν. Der
Aorist ἀπεκάλυψεν sagt nicht, dass die Offenbarung durch den Geist
ein in der Vergangenheit abgeschlossener Vorgang ist, sondern dass
durch Offenbarung das Menschen an sich Unerreichbare (2:9: οὐκ
εἶδεν, οὐκ ἤκουσεν, οὐκ ἀνέβη) den Auserwählten zugänglich geworden
ist.[60] Diese Deutung legt sich weiterhin deshalb nahe, weil 2:10b-13

---

[60] Ingressiver Aorist, vgl. Moulton, III, 71f. Einen spezifischen Zusammenhang
zwischen Offenbarung und Taufe bzw. Bekehrung bringt dieser Aorist nicht zum Ausdruck (gegen Kuhn, *Enderwartung*, 162). Die Ausdruckweise ist hier wie im Folgenden
traditionell apokalyptisch; vgl. das Danklied Dan. Th. 2:20-23: ... ἡ σοφία καὶ ἡ σύνεσις
αὐτοῦ ἐστιν ... διδοὺς σοφίαν τοῖς σοφοῖς ... αὐτὸς ἀποκαλύπτει βαθέα καὶ ἀπόκρυφα; Dan. Th.
2:28f, 47: ἐπ' ἀληθείας ὁ θεὸς ὑμῶν αὐτός ἐστιν θεὸς θεῶν καὶ κύριος τῶν βασιλέων καὶ
ἀποκαλύπτων μυστήρια; dazu Dautzenberg, *Prophetie*, 46f.55; Sir. Sˢ 3:19: ἀλλὰ πραέσιν
ἀποκαλύπτει τὰ μυστήρια αὐτοῦ; 4;18 (von der Weisheit): καὶ ἀποκαλύψει αὐτῷ τὰ
κρυπτὰ αὐτῆς.

[61] Zur Formulierung ἵνα εἰδῶμεν, vgl. 1 Kor. 13:2: εἰδέναι τὰ μυστήρια πάντα καὶ πᾶσαν
τὴν γνῶσιν. Zum apokalyptischen Hintergrund eines solchen "Wissens", vgl. Dautzenberg, *Prophetie*, 153-156.

durchweg im Präsens gehalten sind. Die Offenbarungen des Geistes
haben wie 1 Kor. 4:29 zeigt, kein Ende (vgl. 2 Kor. 12:1). Die Prophetie
wäre erst am Ende, wenn sie alle Geheimnisse kännte (vgl. 1 Kor.
13:2), wenn an die Stelle des Sehens "durch einen Spiegel und im
Rätsel" die Gottesschau "von Angesicht zu Angesicht" getreten ist
(1 Kor. 13:12).

Die Wendung τὰ χαρισθέντα ἡμῖν [61] führt die Beschreibung des
Offenbarungsinhalts von 2:9, 10a weiter. Die eschatologischen Heilsgüter erscheinen nun nicht nur als für die Christen von Gott bereitet
(2:9 : ἡτοίμασεν; vgl. auch 2:7 : προώρισεν), sondern als ihnen schon
in Gnaden geschenkt, ohne dass man daraus den Schluss ziehen dürfte,
dass sie dadurch ihren futurischen, eschatologischen Charakter verloren hätten.[62]

Paulus verzichtet auf eine detaillierte Beschreibung des Offenbarungsinhalts. Das Stichwort μυστήριον und das Zitat in 2:9 scheinen
den Vorstellungskreis für ihn und seine Leser genügend deutlich
angesprochen zu haben. Entsprechend der in 2:6-8 angelegten Konfrontation zwischen menschlicher und göttlicher Weisheit will er die
theologische Qualität der Prophetie herausarbeiten. Das geschieht in
dem Exkurs über das Forschen des Geistes 2:10b-11.

Das Forschen des Geistes wird mit dem Verbum ἐρευνάω beschrieben,
welches in LXX neben ἐξιχνιάζω und anderen Worten für hebr.
ḥḳr steht. Das Wort ist von verschiedenen Seiten seines Gebrauchs
her für die Beschreibung des Forschens des Geistes besonders geeignet.
Mit ihm kann sowohl das prophetische Bemühen, Einblick in den
göttlichen Plan des Heils zu gewinnen, charakterisiert werden (1 Petr.
1:10f neben ἐκζητέω),[63] wie auch die Unerforschlichkeit der Ratschlüsse Gottes (Röm. 11:33 ἀνεξερεύνητος neben ἀνεξιχνίαστος) [64]
und Gottes Fähigkeit, die Herzen der Menschen zu erforschen (Röm.
8:27; vgl. Offb. 2:27).[65] Er allein "erforscht" die Weisheit (Hi. 28:27).
In 1 Kor. 2:10 verbinden sich diese Aspekte. Der Geist erforscht
alles, auch die Tiefen Gottes, das was Gottes ist (2:11), mit der nur
Gott zukommenden Fähigkeit des gründlichen Erforschens und

---

[62] Vgl. die Spannung zwischen Röm. 8:18 : τὴν μέλλουσαν δόξαν ἀποκαλυφθῆναι εἰς ἡμᾶς
und 8:30 : οὓς δὲ ἐδικαίωσεν τούτους καὶ ἐδόξασεν.

[63] Vgl. Weish. 6:22; 9:16; Sir. 1:3; 6:27; 18:4-6; Joh. 5:39.

[64] Vgl. Ps. 145:3; zur Bezeichnung der Unermesslichkeit : Spr. 28:3; 1 QH 3:20;
6:3; 8:17.

[65] Jer. 17:10 LXX : ἐτάζω; Ps. 44:22 : ἐκζητέω; 139:1, 23 : δοκιμάζω; Sir 42:18 :
ἐξιχνεύω: Hi. 13:9 : ἐξιχνιάζω.

zugleich als der Geist, von dem her prophetische Erkenntnis geschenkt wird.

Gegenstand des Forschens des Geistes sind τὰ βάθη τοῦ θεοῦ. Der Ausdruck lässt an theosophische Spekulationen denken, er ist jedoch ungnostisch [66] und vor dem Hintergrund apokalyptischer Ausdruckweise eher als eine äusserste Verkürzung apokalyptischen Lobpreisens und Staunens über die Unfassbarkeit und Unermesslichkeit Gottes zu verstehen (vgl. Hiob. 11:8; 4 Esr. 4:7f; 13:51f; syr. Bar. 54:3). Seine Gedanken (Ps. 92:6; syr. Bar. 54:12), seine Wege (syr. Bar. 14:8), seine Geheimnisse (aeth. Hen. 63:3; 1 QM 10:10) sind tief.[67] 1 QS 11:18-20 : "Du hast alle Erkenntnis gelehrt, und alles, was geschehen ist, geschah durch dein Wohlgefallen. Kein anderer ist da ausser dir, um auf deinen Ratschluss zu antworten und zu verstehen deinen ganzen heiligen Plan und in die Tiefe deiner Geheimnisse zu blicken und all deine Wege zu begreifen, samt der Macht deiner Stärke". Der Mensch kann nur auf Grund von Offenbarung Einsicht in die "Tiefe" göttlichen Planens und Wissens gewinnen. Wenn Paulus an unserer Stelle auf eine materiale Ausdeutung des Offenbarungsinhalts verzichtet und statt dessen seine Herkunft vom alles erforschenden Geist und von den Geheimnissen Gottes selber herausstellt, will er die theologische Qualität der urchristlichen Prophetie unterstreichen.

Die Parallele Röm. 11:33 lässt samt ihrem Kontext von 11:25 ab bei dem Stichwort "Tiefen Gottes" an eine vor allem auf den Heilsratschluss Gottes ausgerichtete Prophetie denken, während der Kontext in 1 Kor. eher eine Ausrichtung auf die eschatologischen Heilsgüter nahelegt. Es zeigt sich, dass beide Bereiche nicht kategorial voneinander getrennt werden dürfen. Die Ausrichtung auf die Heilsgüter wird durch die Auseinandersetzung mit der korinthischen Spiritualität so stark in den Vordergrund getreten sein. Die Erkenntnis der Heilsgüter steht aber gerade durch 1 Kor. 2:10b-11 und 16 im Zusammenhang der Erkenntnis der Heilsratschlüsse Gottes (vgl. auch die personalen Formulierungen in 2:7 : προώρισεν. 9 : ἡτοίμασεν).[68] Die Unschärfe der paulinischen Ausdrucksweise erschwert eine präzise Erfassung des Gegenstands der Prophetie. Diese Unschärfe ist aber

---

[66] Conzelmann, *1 Kor.* 84; ebd. Anm. 95 und 96, Hinweise auf gnostische Belege.

[67] Vgl. Dautzenberg, *Prophetie*, 212f.

[68] Wilckens, *ThW* VII, 520, hält an der Alternative "Heilsplan" oder "Heilsgut" fest. Allerdings geht er dabei von dem für das Verständnis von 1 Kor. 2:6-16 sekundären Terminus σοφία aus.

wohl durch die Sache selbst bedingt. Die Unermesslichkeit und Unfassbarkeit der Ratschlüsse Gottes ist Bedingung der einzelnen Offenbarungen, deren Inhalt eben nicht schon von vornherein feststeht
und also auch nicht anders als nur generell angedeutet werden kann.

   Die in Offenbarungen erfahrenen prophetischen Erkenntnisse
kommen in den Gemeindeversammlungen zur Sprache. Die Formulierung dieses Sachverhalts in 2:13 ist wieder polemisch auf das
korinthische Weisheitsverlangen abgestellt : die Worte der Propheten
sind vom Geist gelehrt. Wichtig für die Erfassung der urchristlichen
Prophetie ist die beigefügte partizipiale Wendung : πνευματικοῖς
πνευματικὰ συγκρίνοντες. Sie verweist auf den aus 1 Kor. 12:10;
14:29 bekannten Brauch des Deutens von Geistesoffenbarungen und
bezieht ihn so eng wie möglich in die prophetische Verkündigung ein.
Die erfahrenen Geheimnisse sind der weiteren Deutung fähig, der Zuordnung zu bereits Bekanntem, des tieferen Eindringens in den Sinn
der Offenbarungen, in den Willen und Ratschluss Gottes. Paulus
macht sehr deutlich, dass Prophetie, so wie er sie kennt und versteht,
nur in einer Gemeinde oder Gruppe Ereignis werden kann, welche
sich ihr und ihrer Botschaft öffnet, also in einem gewissermassen
pneumatischen Milieu. In solchen Zusammenkünften und Vorgängen
wird sich eine theologische Durchdringung der prophetischen Offenbarungen vollzogen, eine prophetisch bestimmte Theologie ausgebildet
haben. Dabei wird es auch zu einer Begegnung und gegenseitigen
Durchdringung prophetischer Offenbarungen und Stoffe mit der
kerygmatischen Tradition und mit der urchristlichen Schriftauslegung
gekommen sein.

   In der kurzen Weisung Röm. 12:6 : εἴτε προφητείαν κατὰ τὴν
ἀναλογίαν τῆς πίστεως hat Paulus die Prophetie auf den Massstab der
πίστις verwiesen [69] und d.h. wohl die Richtung für den Erkenntnis-
und Deutungsprozess angeben wollen. Nicht alle möglichen durch die
apokalyptische Tradition vorgegebenen Traditionen und Spekulationen
sollten durch die Prophetie Einlass in die Gemeinden finden, sondern
jene, welche sich dem vom Kerygma oder der πίστις vorgegebenen
Entwurf eines Welt- und Geschichtsverständnisses einfügen oder
diesen ergänzen.[70]

---

[69] Πίστις hat hier objektiven Sinn, meint die *fides quae creditur*; vgl. Bultmann,
ThW VI, 214; Käsemann, *Röm.*, 326.
   [70] Vgl. H. Greeven, "Propheten, Lehrer, Vorsteher bei Paulus", *ZNW* 44 (1952/1953),
9 : "Aber die Vermutung ist nicht ganz von der Hand zu weisen, dass die Bindung der

Der Vorgang solcher σύγκρισις wie deren Inhalt ist uns ebenso wie der Vorgang der Prophetie weitgehend verborgen. Dennoch ist mit einer Auswirkung beider Charismen auf die paulinische Theologie und auf den Text der Paulusbriefe zu rechnen. Ich kann in diesem Zusammenhang nur andeuten, wie ich mir den hier nötigen exegetischen Klärungsprozess vorstelle. Einigermassen sicher sind wir bei der Zuweisung von 1 Thess. 4:15-18; 1 Kor. 15:51-58; Röm. 11:25-36 zur urchristlichen Prophetie. Diese Texte weisen einen beträchtlichen Anteil theologischer Reflexion und auch von Schriftinterpretation auf. In ihnen könnte man ebenso einen Niederschlag der vom Propheten und seiner Gemeinde geübten σύγκρισις oder διάκρισις πνευμάτων erblicken oder auch eine Interpretation der Prophetie nach dem Massstab der πίστις. Da diese Texte weder nach dem Vokabular noch nach ihren Inhalten und nach ihrer Theologie in den paulinischen Briefen als Fremdkörper dastehen, halte ich es für wahrscheinlich, dass grosse Teile der paulinischen Theologie aus der Begegnung oder theologischen Verschmelzung von kerygmatischen und prophetischen Elementen hervorgegangen sind. Die Textbasis für diese Vermutung wäre durch eine Untersuchung verwandter Aussagen und Texte langsam zu erweitern.

4.3.3. 1 Kor. 2:14-16.

Die in den abschliessenden Sätzen zum Ausdruck kommende Polemik gegen die korinthische Spiritualität (2:14) interessiert in unserem Zusammenhang nur insofern, als Paulus durch sie noch einmal von einer neuen Seite her zu einer Aussage über die Kompetenz und Einsicht des Pneumatikers bzw. des Propheten gelangt. Die scharfe Konfrontation der Kompetenz und des Wissens des Psychikers und des Pneumatikers ist durch die apokalyptische Tradition [71] wie durch den Kontext in 1 Kor. vorgegeben. Die positive Aussage über den Pneumatiker in 2:15 [72] ist nur vor dem Hintergrund dieser

---

Prophetie an den Glauben Röm. 12:6 letztlich dazu dienen soll, sie vor der Gefahr eines Abgleitens in apokalyptische Phantastik zu bewahren".

[71] Vgl. oben 4.3.1 und Anm. 35; ferner 4 Esr. 4:21 : "Nur die Himmlischen erkennen, was in Himmelshöhen ist, die Erdenbewohner erkennen nur Irdisches".

[72] Zum Hintergrund von 1 Kor. 2:15f, vgl. auch Weish. 7:21-27 (27 : μία δὲ οὖσα πάντα δύναται ... προφήτας κατασκευάζει;) 8:4 : μύστις γὰρ ἐστιν τῆς τοῦ θεοῦ ἐπιστήμης; 9:11 : οἶδε γὰρ ἐκείνη πάντα καὶ συνίει; 16 : τὰ δέ ἐν οὐρανῷ τίς ἐξιχνίασεν; 17 : βουλὴν δέ σου τίς ἔγνω, εἰ μὴ σὺ ἔδωκας σοφίαν καὶ ἔπεμψας τὸ ἅγιόν σου πνεῦμα ἀπὸ ὑψίστων.

Konfrontation und der Aussagen über den Geist in 2:10b erklärbar.[73]
Für sich genommen wäre sie höchst problematisch. Paulus bindet
sie aber durch das Zitat aus Jes. 40:13 und durch dessen Anwendung
in 2:16 bewusst an den Ursprung der Offenbarung, den κύριος τῆς
δόξης, den Χριστός zurück.

Das Zitat Jes. 40:13f gehört schon seiner ursprünglichen Aussageintention nach zur prophetischen Polemik gegen die Weisheit dieser
Welt.[74] Jahwe lenkt souverän, ohne Ratgeber die Geschichte, niemand
hat seinen Geist bestimmt (M),[75] er hat keinen Ratgeber. LXX hat
durch τίς γὰρ ἔγνω νοῦν κυρίου die Unvergleichlichkeit und Souveränität Jahwes durch die Betonung der Unerkennbarkeit seines νοῦς
noch schärfer gegen die weltliche Weisheit abgegrenzt. In dieser
Intention hat Paulus den Text in 1 Kor. 2:16 aufgenommen, nur auf
dieses Element bezieht sich die Anwendung in 2:16c, während die
Erweiterung in Röm. 11:35 (Hiob. 41:3?) wieder zur Betonung der
Souveränität Gottes zurücklenkt. Die Erkenntnis des νοῦς, der
Absichten Gottes, seines Heilswillens, ist den ἡμεῖς, den Pneumatikern,
dem Paulus eröffnet durch ihr Teilhaben am νοῦς Χριστοῦ, während
sie ohne Offenbarung verschlossen bleibt, wie die ganz ähnlich
strukturierte Aussage 1 QS 11:18f betont: "Kein anderer ist da,
ausser dir, um auf deinen *Ratschluss* zu antworten und zu *verstehen*
deinen ganzen heiligen *Plan* und in die *Tiefe* deiner *Geheimnisse* zu
blicken und alle deine Wege zu begreifen". Wenn in diesem Zitat
wesentliche Stichworte aus 1 Kor. 2:6-16 zusammenstehen, beweist
das nur noch einmal die Einheitlichkeit des Textes und die Zugehörigkeit der urchristlichen Prophetie zur apokalyptischen Tradition. Die
singuläre Wendung νοῦς Χριστοῦ steht infolge der Angleichung an
das Zitat für πνεῦμα Χριστοῦ [76] (vgl. Röm. 8:9; 2 Kor. 3:17; Gal.
4:6; Phil. 1:19). Paulus interpretiert hier wie dort die pneumatische
Tradition christologisch. Die Prophetie hat auf Grund ihrer Herkunft
vom νοῦς Χριστοῦ ihr eigenes Recht, und sie hat eine eigene Botschaft
in der Gemeinde auszurichten. Sie steht in der Gemeinschaft mit dem
κύριος τῆς δόξης. Es darf aber nicht übersehen werden, dass sie dadurch
in ihrem Inhalt nicht explizit und exklusiv christologisch bestimmt
ist, sondern, wie vor allem 2:10b-11, aber auch das Zitat in 2:16a

---

[73] Dupont, *Gnosis*, 322ff.

[74] W. McKane, *Prophets and Wise Men*, London ²1966, 81f.

[75] Duhm, *Jesaja*, 294.

[76] Conzelmann, *1 Kor.* 87.

zeigen, auf Gott, seine Ratschlüsse und Geheimnisse ausgerichtet ist. Der νοῦς Χριστοῦ führt sie zur Erkenntnis des νοῦς Κυρίου.

5. Prophetie und Kerygma.

5.1. Das Verhältnis von Prophetie und Kerygma in den Paulusbriefen.

Nach allem, was im Verlauf dieser Überlegungen bereits zum Thema "Prophetie und Kerygma" gesagt wurde, ist es wohl deutlich, dass dieses Begriffspaar zur Zeit eine Anfrage an das Neue Testament formuliert, eine heuristische Empfehlung an die Mitforscher darstellt, sich dieses Problems anzunehmen, und noch durch weitere Untersuchungen auf seine Brauchbarkeit für die Erschliessung der Geschichte des Urchristentums geprüft werden muss. Für die Angemessenheit dieser Fragestellung sprechen die am Text des 1 Kor. zur Prophetie gemachten Beobachtungen.

Paulus unterscheidet in 1 Kor. 1:18-2:5; 2:6-16 Kerygma und Prophetie sehr deutlich sowohl nach der Form wie auch nach dem Inhalt. Während das Kerygma die einmalige Heilstat Gottes in Tod und Auferweckung Jesu verkündet, spricht die Prophetie auf Grund immer neuer Geistesoffenbarungen von Gottes Ratschlüssen, den eschatologischen Heilsgütern, vom Reiche Gottes, vor der noch ausstehenden Herrlichkeit. Paulus selber spricht sowohl als Apostel wie als Prophet. Wenn auch an der Vorordnung des Kerygmas vor der Prophetie, des Apostels vor dem Propheten kein Zweifel sein kann (vgl. die Abfolge von 1 Kor. 1:18ff und 2:6ff; 1 Kor. 12:28 : πρῶτον ἀποστόλους, δεύτερον προφήτας), so hält er doch die Prophetie für unerlässlich für die Vollkommenheit (1 Kor. 2:6; 3:1-3) [77] einer christlichen Gemeinde. Er selbst betrachtet sich als apostolischen Verkündiger, als ὑπηρέτης Χριστοῦ, und als οἰκονόμος μυστηρίων θεοῦ, d.h. als Propheten, der die Geheimnisse Gottes erfährt und von ihnen der Gemeinde mitteilt (1 Kor. 4:1).[78] Prophetie und Kerygma antworten in unterschiedlicher Weise dem korinthischen Verlangen nach weltlicher Weisheit.

Paulus kann sich eine Gemeinde ohne Prophetie offensichtlich ebensowenig vorstellen wie eine Gemeinde ohne Kerygma. Daher sein

---

[77] Zu τέλειοι, 1 Kor. 2:6; vgl. Delling, ThW VIII, 76f.

[78] Vgl. Dautzenberg, Prophetie, 152f; dort auch meine Stellungnahme zu anderen Interpretationen der Stelle.

Eintreten für die Prophetie in 1 Thess. 5:20; 1 Kor. 2:6-16; 12-14
und der erste Platz der Prophetie unter den Charismen (Röm. 12:6;
vgl. 1 Kor. 12:28). Er hat die Prophetie als Auszeichnung des Propheten
(1 Kor. 13:2; 2 Kor. 12:2) und als Gnadengabe Gottes an die Gemeinde
(1 Kor. 12:4-6) begriffen, weil sie die Geheimnisse Gottes erschliesst
und die Gemeinde am νοῦς Κυρίου und an der eschatologischen
Herrlichkeit teilhaben lässt. Jede von der Prophetie bestimmte
Gemeindeversammlung konnte neue Offenbarung und Einsicht
bringen (1 Kor. 14:30; vgl. 2:13). Für Paulus und seine Tradition
war die "Offenbarung" mit der Ausbildung des Kerygmas also nicht
abgeschlossen.[79] Durch die Prophetie blieben die Fragen nach den
Heilratschlüssen Gottes und nach dem Ende und Sinn der Geschichte
ständig im Bewusstsein der Gemeinde.

Freilich in Korinth wie in Thessalonike — in überwiegend heidenchristlichen Gemeinden — traf die Prophetie auf Widerstände, welche
wenn überhaupt nur zeitweise überwunden werden konnten. Es ist
eine Tatsache, dass die Prophetie im Bereich der paulinischen Gemeinden kaum die Zeit des Paulus überlebt hat. Das Fehlen weiterer
Verweise auf in der Gegenwart wirkende Propheten in den Deuteropaulinen und in den Pastoralbriefen kann kaum anders erklärt werden.
Wenn sich dieses Scheitern der Prophetie schon zur Zeit des Paulus
abzeichnet, ist nach seinen Gründen zu fragen. Mir scheint, dass die
Hauptschwierigkeiten zur Zeit des Paulus auf den unterschiedlichen
Traditionsvoraussetzungen von Juden- und Heidenchristen beruhten.
Heidenchristliche Gemeinden wie die von Thessalonike und Korinth
konnten die im Judenchristentum unter Aufnahme apokalyptischer
Voraussetzungen entwickelte Prophetie nur schwer verstehen schätzen,
und ausüben.[80] Die von Paulus kritisierte korinthische Spiritualität
dürfte sich gerade infolge der korinthischen Schwierigkeiten mit der
urchristlichen Prophetie ausgebildet haben; aus dem gleichen Grunde
dürfte es auch zu der einseitigen Hochschätzung der Glossolalie in
Korinth gekommen sein.

5.2. Das Erbe der urchristlichen Prophetie.

Die geschichtlichen Auswirkungen des Ausfalls des prophetischen
Elements für die weitere Entwicklung des Urchristentums, seines

---

[79] Dautzenberg, *Prophetie*, 289f.
[80] Dautzenberg, *Prophetie*, 299f.

Gottesdienstes, seiner Ämter und seiner Theologie müssten eigens untersucht werden. Der konservative Charakter etwa der Pastoralbriefe und ihrer Gemeindeordnung zeigt deutlich, dass für das prophetische Element kaum noch Platz ist. Dem entspricht der für die weitere Kirchengeschichte bestimmend gebliebene Ausschluss der Frauen von einer aktiven Teilnahme am Gottesdienst (1 Kor. 14:33b bis 38; 1 Tim. 2:11-15).[81]

Jedoch rechne ich nicht mit einem völligen Ausfall des prophetischen Elements in der Geschichte des Urchristentums. Zu fragen wäre einmal, ob nicht einige seiner Funktionen und bestimmte Aspekte seiner Botschaft in anderer Gestalt in der Urkirche weiterlebten und weiterwirkten, ob es also analog zur "Nachfolge" des apostolischen Amts auch eine allerdings weniger offene und weniger bewusste Nachfolge der Prophetie gegeben hat. Diese Frage wäre zunächst an die Deuteropaulinen zu richten und von dort aus in die Kirchengeschichte hinein zu verlängern. Ich vermute, dass die sich ausbildende urchristliche Theologie sowohl in der Nachfolge der Apostel, wie in der Nachfolge der Propheten steht.

Ferner wirkt das prophetische Element der Frühzeit weiter nach durch die Verschriftung prophetischer Traditionen, Offenbarungen und prophetischer Theologie in den Paulusbriefen (und in der Offb.). So ist es geschichtlich nie ganz unwirksam geblieben. Unsere gegenwärtige Zuwendung zur urchristlichen Prophetie könnte allerdings in Verbindung mit den vielfältigen Versuchen, Theologie und Kirche aus den Engführungen der Geschichte des abendländischen Christentums zu befreien, zu einer bewussteren Anknüpfung an bestimmte Elemente urchristlicher Prophetie führen. Die Theologie wendet sich mehr als je zuvor der Frage nach der Bedeutung der gegenwärtigen Stunde für die Christen zu, sie fragt nach dem Sinn und Ziel der Geschichte, nach der Zukunft, also in den Kategorien der Prophetie, nach den Heilsratschlüssen Gottes. Allenthalben ist das Ungenügen an der herkömmlichen Rollenverteilung im Gottesdienst und Gemeindeleben erkennbar; sind nicht alle Christen, Männer und Frauen, zur Teilnahme am Suchen und Fragen nach den Heilsratschlüssen Gottes berufen und durch den Geist befähigt?

W. Pannenberg hat in seinem Aufsatz "Eschatologie und Sinnerfahrung"[82] von einer ganz anderen Seite her, nämlich im Zusammen-

---

[81] Dautzenberg, *Prophetie*, 257-263.270-273.290-298.
[82] In: *Kerygma und Dogma* 19 (1973), 39-52.

hang einer Analyse der gegenwärtigen Situation des Christentums und seiner Fähigkeit auf die Menschheitsfrage nach dem Sinn des Lebens zu antworten, auf eine Aufgabe hingewiesen, welche eigentlich von der Prophetie oder von ihren Erben erfüllt werden müsste. Er konstatiert den Ausfall der eschatologischen Dimension, der Zukunft, im gegenwärtigen Christentum, der sicher eine Spätfolge des Ausfalls der Prophetie ist, wenn er schreibt: "Im religiösen Leben gibt es bis heute nur Ansätze zu einem entsprechenden Durchbruch auf den Primat der Zukunft hin. Die prägende Kraft einer normativen Vergangenheit erweist sich hier als besonders stark, sei es in Gestalt einer mythischen Urgeschichte, sei es im Namen einer ein für allemal ergangenen Offenbarung, oder einer einmal geschichtlich begründeten konfessionellen Identität, die es angeblich von da an zu bewahren gilt".[83] Doch müsse die Geschichtlichkeit menschlicher Sinnerfahrung von einer religiösen Vision aufgenommen und erschlossen werden, welche die "Zukunft als konstitutiv für die menschliche Sinntotalität erfasst und daher auch den Veränderungen in der geschichtlichen Welt und im religiösen Bewusstsein selbst positive Bedeutung zuzumessen vermag".[84] Die in der israelitischen Prophetie anhebende und in der Botschaft Jesu kulminierende Konzentration auf die Zukunft, nämlich auf die Zukunft der Gottesherrschaft [85] scheint ihm mit ihren anthropologischen Implikationen diesem Desiderat zu entsprechen. So fordert er ein Verständnis Gottes als der "Macht der Zukunft, die die Wesenszukunft des Menschen heraufführen wird" [86] und damit eine theologische Orientierung zur Zukunft. Dabei berührt er sich ganz nah mit der in unseren Überlegungen mehr historisch abgehandelten Frage nach dem Verhältnis von Prophetie und Kerygma,[87] wenn er einwendet: "Aber bleibt nicht die Bindung christlichen Glaubens an die vergangene Geschichte Jesu unvereinbar mit einer derartigen theologischen Orientierung zur Zukunft"? [88] Die Antwort,

---

[83] Pannenberg, *Eschatologie und Sinnerfahrung*, 50.

[84] Pannenberg, *Eschatologie und Sinnerfahrung*, 50.

[85] Die βασιλεία τοῦ θεοῦ war wahrscheinlich ein hervorragendes Thema der Prophetie; vgl. oben 4, 3.1 (Ende).

[86] Pannenberg, *Eschatologie und Sinnerfahrung*, 52.

[87] Vgl. Dautzenberg, *Prophetie*, 300.303: "Während der Ansatzpunkt des christologischen Kerygmas in der Vergangenheit liegt, ist die Prophetie wesentlich stärker auf die Zukunft bezogen. Der Ausfall der urchristlichen Prophetie bedeutet für die urchristlichen Gemeinden auch eine veränderte Einstellung zur Zukunft".

[88] Pannenberg, *Eschatologie und Sinnerfahrung*, 52.

welche er sich gibt, dürfte sich in die Linien einzeichnen lassen, welche nach 1 Kor. 2:6-16 Prophetie und Kerygma, die Geheimnisse Gottes und den κύριος τῆς δόξης verbinden : "Die Bedeutsamkeit des Vergangenen für jede neue Gegenwart... entscheidet sich eben daran, inwieweit jene vergangene Geschichte noch unabgegoltene Zukunft enthält... Das ist bei der Geschichte Jesu in besonderer und unüberholbarer Weise der Fall".[89] Mir scheint, dass Theologie und Kirche wenn sie ihre Grundlegung durch Apostel *und* Propheten realisieren (vgl. Eph. 2:20; 3:5) und sich demgemäss neben dem Studium des Apostolats auch dem Studium der Prophetie, neben dem Studium des Kerygmas auch dem Studium der Geheimnisse Gottes widmen, neue Anstösse gewinnen und geben könnten und zu einer besseren Vermittlung von Vergangenheit und Zukunft finden könnten.

KORREKTURNACHTRAG

Die Diskussion über die Herkunft des Zitats 1 Kor. 2:9 aus dem TJakob und über den jüdischen Charakter des betreffenden Zusammmenhangs im TJak ist noch nicht abgeschlossen; s. O. Hofius, Das Zitat 1 Kor. 2, 9 und das koptische Testament des Jakob : *ZNW* 66 (1975), 140-143; H. F. D. Sparks, 1 Cor. 2, 9 a quotation from the coptic Testament of Jacob? : *ZNW* 67 (1976), 269-276. Die oben in Anm. 47-53 beigebrachten Parallelen sind ein starkes Argument für den jüdisch-apokalyptischen Charakter des Abschnitts. Die Fülle der Parallelen lässt es aber auch möglich erscheinen, dass Paulus das Traditionsstück aus einer ähnlichen Schrift zitierte; vgl. K. Berger, Rezension zu J. M. Rosenstiehl, L'apocalypse d'Elie, in : *Revue de Qumran* 8 (1974), 445-447, der auf eine ähnliche Stelle in von I. Halévy herausgegebenen Äthiopischen Esra-Apokalypse (Transl. p. 180) und in der von H. Schmoldt herausgegebenen Syrischen Daniel-Apokalypse (6, 5) hinweist. Verwandte Stichworte und Motivzusammenhänge begegnen auch grHen 25, eine Deutung der Region im Westen, die Henoch auf seiner Reise gesehen hatte : er hat den endzeitlichen Richterthron Gottes (ὁ μέγας κύριος, ὁ ἅγιος τῆς δόξης, ὁ βασιλεύς τοῦ αἰῶνος 25:3) und den den Auserwählten (ἐκλεκτοὶ 25:5) vorbestimmten Lebensbaum gesehen; diesen darf vor dem Ende kein Fleisch (σάρξ 25:4) berühren. Nach dieser Deutung dankt Henoch Gott weil er dies den gerechten Menschen bereitet (ἡτοίμασεν), solches geschaffen (ἔκτισεν) und ihnen verheissen hat (25:7).

---

[89] Pannenberg, *Eschatologie und Sinnerfahrung*, 52.

VOM ENDE DER URCHRISTLICHEN PROPHETIE

VON

HEINRICH KRAFT

1. *Das Jahrhundert der Prophetie*

Versucht man, die Kirchengeschichte als ganze zu gliedern, so wird man den ersten tiefen Einschnitt etwa zu der Zeit machen, zu der die Bücher des Neuen Testaments sämtlich geschrieben waren. Geht man von der freilich unzutreffenden Voraussetzung aus, dass diese Bücher von apostolischen Verfassern geschrieben wurden, so könnte man dieses erste Jahrhundert der Kirche das apostolische Zeitalter nennen. Manchmal spricht man auch von der Urkirche und dem Urchristentum; doch trifft auch diese Bezeichnung nicht die Sache, weil sich die Kirche in dieser Zeit erheblich von ihren Anfängen fortentwickelt hat und an ihrem Ende der katholischen Kirche näher steht als der Urgemeinde. Man kann versuchen, diesen Zeitabschnitt nach seinem deutlichsten Merkmal zu benennen. Dann muss man davon reden, dass die Kirche in dieser Zeit unter der unmittelbaren Leitung des Heiligen Geistes zu stehen glaubte. Daher könnte man vom prophetischen Zeitalter der Kirche sprechen und könnte die Kirche der Propheten von der Kirche der Märtyrer unterscheiden, deren Zeit sich an die der Propheten anschliesst. Die Prophetie ist das Merkmal, das die Gestalt der Kirche in ihrem ersten Jahrhundert bestimmt.

Die Kirchengeschichte ist nicht stehen geblieben und die Entwicklung der Kirche ist fortgegangen. In den folgenden Jahrzehnten ist die Prophetie teils erloschen, teils aus der Kirche hinausgedrängt worden. Einige Gemeinden in Kleinasien zuerst, aber auch in Africa und Gallien haben versucht, die ursprünglichen Zustände der Kirche und ihre Leitung durch den Geist zu erhalten. Die Kirche hat diese Versuche auf die Dauer als Häresie angesehen und mit dem Ketzernamen des Montanismus bezeichnet. Als Kaiser Konstantin i.J. 326 sein Gesetz gegen die Häresien erliess, da ging er auch gegen die Reste des Montanismus vor. Von seinem Ende wissen wir nichts. Gleich anderen radikalen Bewegungen, die nach ihm gekommen waren und vergehende Zustände der kirchlichen Ordnung zu erhalten versucht hatten, werden auch seine Reste im Manichäismus aufgegangen sein. Vielleicht hat manches apokalyptische Gedankengut auf dem Weg über die Katharer die mittelalterliche Apokalyptik belebt und befruchtet. Darüber kann man Spekulationen wagen, aber kaum etwas Genaues sagen. — Als mit dem Montanismus die Propheten aus der Kirche ausgeschieden waren, da traten innerhalb der Kirche die Märtyrer das Erbe der Propheten an; durch sie sprach nun der Heilige Geist, und das Charisma der Märtyrer geriet in Konflikt mit der Amtsgewalt der Bischöfe. Dann wurde die Kirche aus der verfolgten und verbotenen Kirche zur Staatsreligion. Die Martyrien hörten auf. Die Vollmacht, kraft Heiligen Geistes der Kirche Weisung zu erteilen, wurde nach den Propheten und nach den Märtyrern von den Asketen beansprucht, und mit ihnen hatte sich hinfort das Bischofsamt auseinanderzusetzen und auf die Forderungen ihrer Frömmigkeit Rücksicht zu nehmen. Damit endet im Abendland die Geschichte der alten Kirche. Die Frömmigkeit des Mittelalters ist in seinen ersten Jahrhunderten so verschieden von der altkirchlichen Frömmigkeit, dass da fürs erste keine Zusammenhänge sichtbar werden.

Das prophetische Zeitalter der Kirche hat gut ein Jahrhundert gedauert. Um das Jahr 135 hat sich, wenigstens in Kleinasien, die Naherwartung noch einmal belebt, und die Kirche wurde von apokalyptischer Bewegung ergriffen. Aber diese Erregung führt zur Scheidung der Geister und führt das Ende der kirchlichen Prophetie herbei, auch wenn dieser Prozess noch zwei Menschenalter andauern sollte. Seine Gründe sind vielfältig und verwickelt, doch heben sich zwei davon besonders hervor. Das sind der Rückgang der Naherwartung und die Ausbildung des monarchischen Episkopates. Die Reichgotteserwartung ist um die Mitte des 2. Jhs weder in ihrem Inhalt noch in ihrem Eifer mit der Naherwartung der Urgemeinde zu vergleichen. Mit der Veränderung der Naherwartung wurde auch das Prophetenamt überflüssig, dessen zentrale Aufgabe gewesen war, die Naherwartung zu erwecken und wachzuhalten. Das Bischofsamt entwickelte sich zu dieser Zeit so zur einzigen Autorität in der Kirche, dass neben ihm das Prophetenamt nicht mehr bestehen konnte, das seine Autorität aus der unmittelbaren Inspiration durch den Heiligen Geist herleitete.

2. Der Zusammenhang von urchristlicher und alttestamentlicher Prophetie

Die Verbindung von Kirche und Prophetie ist mit der Kirche entstanden. Im Augenblick der Entstehung der Kirche sind Kirche und Prophetie identisch. Die Kirche wurzelt in den Heilsverheissungen der nachexilischen Prophetie; sie ist deren Verwirklichung. Kreise des Judentums, die an der Verkündigung dieser Prophetie besonders interessiert waren, finden in der Kirche ihre Organisation. Eine Reichsgottes-Erwartung und eine Vorstellung von der Gestalt des Gottesreiches besassen alle Juden in neutestamentlicher Zeit. Aber die verschiedenen Begriffe von der Königsherrschaft Gottes und den Bedingungen ihres Eintritts gingen weit auseinander und lagen auch auf verschiedenen Ebenen. Die Herrschaft Gottes konnte, um nur die beiden wichtigsten Verstehensweisen zu nennen, politisch und sittlich interpretiert werden, ihr Umfang wurde verschieden weit ins Auge gefasst, und über die Wege, auf denen Gott kommen werde, um seine Herrschaft anzutreten, war man sich alles andere als einig. Die Mehrzahl dieser Erwartungsinhalte hatten die Juden im AT gefunden oder aus ihm erschlossen, und wenn alle Juden auch überzeugt waren, dass das AT das Gesetz Gottes sei, so dürfte ihre Mehrzahl es doch auch daneben als Weissagung auf das Gottesreich gelesen haben. Unter den Juden gab es aber Kreise, die ihre Erwartungen vorzugsweise aus den Propheten ableiteten und die darum an der Prophetie besonders interessiert waren. Man muss dazu im Auge behalten, dass die alttestamentliche Prophetie sich weitgehend selber auslegt und dass die jüngeren Propheten mit ihren Weissagungen auf denen der älteren fussen. Daher können die Erwartungen, um die es hier geht, eigentümlich der Prophetie zugeschrieben werden. Dabei handelt es sich um die sich zunehmend verdichtende Überzeugung, dass das Gottesreich Ausdruck für die aller menschlichen Bemühung zuvorkommende Gnade Gottes sei; sie drückt sich in der Überzeugung aus, dass Gott allein sein Reich herbeiführen werde. Diesem überwiegend politisch gemeinten Satz entspricht auf sittlichem Gebiet die Vorstellung, dass die Gottesherrschaft in der unmittelbaren Leitung der Erwählten durch den Heiligen Geist bestehen werde. Man kann hier darum von einer eigentümlich prophetischen Vorstellung sprechen, weil der Gehorsam des Menschen gegen den auf ihm ruhenden und ihn leitenden Heiligen Geist die Form war, in der sich die Propheten das Zusammenwirken von Gott und Mensch in der prophetischen

Verkündigung vorstellten. In der Konsequenz dieses Gedankens liegt die Überzeugung, dass das Gottesreich sich durch die Ausgiessung des Heiligen Geistes auf die Erwählten, Berufenen und Würdigen verwirklichen werde. Hiernach ist die Gestalt, in der der Herr sich am Tage seines Kommens offenbaren wird, der Heilige Geist. Daher finden wir mit dieser Erwartung die Überzeugung verbunden, dass der Leben schaffende Heilige Geist auch die Toten erwecken werde, sei es das Volk, sei es den einzelnen. Die Erwartung der Geistausgiessung und der Auferweckung der Toten haben in dem Wirken des lebendigen Geistes ihren natürlichen Zusammenhang.

Dieser Zusammenhang erlangte für die Entstehung der Kirche grundlegende Bedeutung. Die ersten Erscheinungen des Auferstandenen hatten die bei Jesu Verhaftung in ihre Heimat geflohenen Jünger veranlasst, sich wieder in Jerusalem zu versammeln, um hier den Anbruch des Gottesreiches zu erleben. Was sie in dieser Erwartung erlebten, war die Ausgiessung des Heiligen Geistes, d.h. die Erfüllung der Joel 3:1-6 ausgesprochenen Verheissung. So deutet Petrus in der Pfingstgeschichte das Ereignis, und durch die Erfahrung der Geistausgiessung ist das Selbstbewusstsein der Kirche im Augenblick ihrer Entstehung bestimmt. Sie versteht sich als das vom Geist geleitete Volk der Endzeit, als ein Volk von Propheten. Der Heilige Geist lebt in der Kirche als dem Volke Gottes. Er leitet jeden einzelnen und macht ihn dadurch zum Propheten. Ebenso sind die Ämter der Kirche, die sich nun ausbilden, nichts anderes als das prophetische Amt in seinen verschiedenen Formen. Der einzelne Christ kann auf mannigfaltige Weise im Dienst der Gemeinde stehen; der Heilige Geist, den die nun in die Gemeinde Eintretenden durch die Taufe erhalten, macht, dass er in einem prophetischen Amt steht.

3. Die verschiedenen Formen des prophetischen Amts

Da es differenzierte Amtsaufgaben gab, gab es von Anfang an auch differenzierte Ämter. Dabei muss man die Besonderheit der Urgemeinde gegenüber den nach ihr entstehenden Missionsgemeinden im Auge behalten. Die Urgemeinde hat in ihrer Struktur nicht den Missionsgemeinden als Modell gedient. Vordergründig liegt das an den Enstehungsverhältnissen, die nicht vergleichbar waren. Die Urgemeinde ist auf eine für sie charakteristische und auf keine andere Gemeinde übertragbare Weise entstanden. Die Missionsgemeinden sind ihrerseits auf eine Art entstanden, die ihre Form bestimmte. Der eigentliche

Grund ist aber, dass die Urgemeinde sich als Verwirklichung des Gottesreiches verstand, d.h. als Gesamtkirche, und dass ihre Ämter daher nicht als Ämter der Jerusalemer Gemeinde aufgefasst werden konnten, sondern gesamtkirchliche Ämter waren. Dem entspricht die Herleitung der Einzelämter aus dem prophetischen Amt. Der Prophet ist kein Beamter einer Gemeinde. Er ist bevollmächtigter Vertreter Gottes. Er ist weder einer Gemeinde Rechenschaft schuldig, noch ist er einer besonderen Gemeinde anders als durch göttlichen Auftrag zugewiesen. Wie der Heilige Geist in der ganzen Kirche nur ein Geist ist, so hat die ganze Kirche nur ein Prophetenamt, und die aus dem Prophetenamt abgeleitete charismatische Trias der Apostel, Propheten und Lehrer kann daher vom Wesen her keine Gemeindeämter bedeuten.

Nichtsdestoweniger hat hier aber eine Differenzierung stattgefunden. Über die Art, wie es zur Ausbildung eines Amtes der Lehrer gekommen sei, haben wir nur Vermutungen, aber keine Nachrichten. Die Annahme liegt nah, dass es sich bei ihnen um jüdische Schriftgelehrte gehandelt hat, die in die Gemeinde eingetreten waren, und die durch ihre Ausbildung und ihre bisherige Beschäftigung mit der Schrift die besondere Befähigung für diesen Stand mitbrachten. Dass Propheten als Lehrer bezeichnet werden, ist im AT nicht ungebräuchlich, und dass die Lehrer im Gottesreich eine ausgezeichnete Stellung einnehmen werden, war geweissagt. Dazu kommt, dass die Lehrer ohnehin bei den Juden besonders geehrt wurden. Im übrigen brauchte man sie. Denn das Bewusstsein der Gemeinde, das endzeitliche Gottesvolk darzustellen, wurde aus dem AT gespeist, aber einem nach den Regeln der Prophetie ausgelegten AT, für das die ganze Bibel Weissagung auf das endzeitliche Gottesvolk war. Auch dürften die Lehrer, wenn wie zu vermuten ist, im Gottesdienst regelmässig die Schrift ausgelegt wurde, von Anfang an ein liturgisches Amt wahrgenommen haben. Doch dürfte die Existenz der Lehrer nicht den Grund dafür abgegeben haben, dass sich aus dem allgemeinen Prophetenamt besondere Ämter herausbildeten.

Diesen Grund hat man vielmehr in der Entstehung des Apostolates zu sehen. Der Apostolat ist aus der Überzeugung der Urgemeinde entstanden, den Anbruch der Endzeit erlebt zu haben. Man wartete auf die Vollendung des Gottesreiches, und in diesem Warten suchte man zu erklären, warum die Ereignisse nicht ihren Fortgang nähmen. Die nahliegende Erklärung war dieselbe, die auch die Juden gaben, wenn sie auf den Anbruch des Gottesreiches warteten : es seien noch nicht alle Erwählten berufen, und die Zahl der Gerechten sei noch

nicht voll. Darum war es nötig, das Gottesreich zu verkündigen, und
allmählich erkannte die Urgemeinde dass es nicht genug war, die
Verkündigung an die Pilger zu richten, die in Jerusalem auf das
Gottesreich warteten. Man wird sich zunächst nach Galiläa gewandt
haben, wo schon die Boten Jesu den Anbruch der Gottesherrschaft
ausgerufen hatten, und wo es noch Anhänger Jesu aus der voröster-
lichen Zeit gab. Die Boten Jesu haben denen der Urgemeinde als
Modell gedient.

Damit hat es folgende Bewandtnis : In der späten alttestamentlichen
Prophetie werden die Boten, die das Gottesreich verkündigen, zwar
als Propheten verstanden, aber wegen ihrer besonderen Botschaft aus
der allgemeinen Prophetie als Evangelisten herausgehoben. Wenn die
Juden auf das Gottesreich warteten, dann warteten sie auch auf die
Boten, die Jes. 52:7 ("Wie lieblich sind auf den Bergen die Füsse der
Boten, die da Frieden verkündigen") geweissagt waren, und vermutlich war diese Weissagung ein Grund für Jesus, Jünger mit der
frohen Botschaft auszusenden.

Vielleicht war die Urgemeinde zunächst noch unsicher, ob sie
ihrerseits berechtigt sei, solche Boten auszusenden. Denn aus der
Auslegung der zitierten Jesajastelle bei Paulus Röm. 10:15 ("Wie
sollen sie aber verkündigen, wenn sie nicht ausgesandt werden?")
lässt sich schliessen, dass die Bevollmächtigung der Boten problematisch war. Aber hier gaben zwei Erscheinungen des Auferstandenen,
vor Jakobus dem Herrenbruder und vor allen Aposteln, den Ausschlag.

Die Erscheinungen des Auferstandenen sind von der Urgemeinde
als Erteilung eines besonderen Auftrags gedeutet worden. Durch die
drei ersten Erscheinungen war die Kirche gegründet worden; die
folgenden Erscheinungen wurden als Auftrag verstanden, das Gottesreich denen zu verkündigen, die sich noch nicht bekehrt hatten.
Der Amtstitel "Apostel" bedeutet nicht den Sendboten, wie wir aus
der Bedeutung des griechischen Worts zu entnehmen geneigt sind,
sondern wieder den bevollmächtigten Stellvertreter, hat also denselben
Inhalt wie der biblische Begriff des Propheten. Er meint auch nicht
bloss die Sendboten, sondern vereinigt den Verkündigungsauftrag in
Jerusalem und ausserhalb.

Für die Entstehung des besonderen Prophetenamtes in der Urgemeinde gibt es wieder keine Nachrichten. Wie die Lehrer werden
sie plötzlich in der Apostelgeschichte als vorhanden vorausgesetzt;
von da an tragen sie durch ihre Weissagungen dazu bei, die Ent-
schlüsse der Gemeinden zu lenken. Indessen war den Juden zu dieser

Zeit das Auftreten von Propheten nicht ungewohnt. Erst recht wird
man innerhalb der Urgemeinde es als selbstverständlich hingenommen
haben, dass in einem Volk, das insgesamt aus berufenen Propheten
bestand, und in dem jeder Einzelne Anteil am Heiligen Geist hatte,
der Geist aus einzelnen Brüdern in besonderem Masse sprach, und
dass dem einen die prophetische Gabe mehr als dem andern verliehen
war. Die Existenz von Propheten, die durch ihre Begabung und ihr
Auftreten einen besonderen Anspruch auf dieses Amt erheben konnten,
schloss doch nicht aus, dass alle Getauften zu Propheten berufen
waren, und dass jeder einzelne nach dieser Gabe streben konnte, weil
er sie grundsätzlich bereits besass.

Damit ergibt sich für das prophetische Amt in der ältesten Kirche
das folgende Bild: Gemäss dem Selbstverständnis der alttestamentlichen Prophetie wird unter einem Propheten ein bevollmächtigter
Vertreter Gottes verstanden, der den Auftrag hat, den Willen Gottes
zu verkündigen und durch diese Verkündigung zu vollstrecken. Der
Wille Gottes, um den es in diesem Zusammenhang in erster Linie
geht, ist die Darstellung des Gottesreiches. Diesem Ziel sind die
einzelnen Massnahmen und Weissagungen untergeordnet. Durch die
Geistausgiessung und deren rituellen Vollzug in der Jerusalemer
Taufe sind die Glieder der Gemeinde zu Propheten berufen. Aus
dieser allgemeinen Berufung differenzieren sich drei besondere Ämter,
doch ohne sich vom allgemeinen Prophetenamt abzutrennen. Der
durch die Erscheinung des Auferstandenen berufene Apostel hat den
besonderen Auftrag, das Evangelium denen zu verkündigen, die sich
noch nicht bekehrt haben. Durch seine besondere Kenntnis der
Heiligen Schrift und ihrer Auslegung zeichnet sich ein Stand christlicher Lehrer aus. Die besonders reiche Begabung mit dem prophetischen Charisma hebt den Propheten aus dem allgemeinen Prophetenamt aller Getauften heraus, ohne ihn grundsätzlich zu unterscheiden.
Es gibt daher auch in der christlichen Gemeinde keine andere Prophe-
tenberufung als die, die mit der Taufe und dem Eintritt in die Gemeinde
zum Abschluss kommt. Die Amtsaufgaben der Lehrer und Propheten
sind wie die der Apostel aus dem allgemeinen Prophetenamt abgeleitet.
Dem Lehrer kommt es zu, die Bibel prophetisch auszulegen und aus
ihr das alttestamentliche Christuszeugnis und die Weissagungen auf
die endzeitliche Gemeinde zu erheben. Der Prophet hält die Erwartung
der noch ausstehenden Endereignisse wach; er deutet die Zeichen
der Zeit als Vorzeichen des Endes. Wenn er auch in erster Linie in die
Zukunft blickt, so befähigt ihn der Heilige Geist auch andere verborgene Sachverhalte aufzudecken.

Dieses Bild vom prophetischen Amt in der Urgemeinde deckt sich mit dem, was der Apostel Paulus 1 Kor. 12 und 14 über die Prophetie schreibt. Der Geist ist der in der Gemeinde lebende und wirkende Geist Gottes. Er allein befähigt und ermächtigt zu allen gemeindlichen Verrichtungen, die dadurch sämtlich prinzipiell gleichrangig sind. Aus der Fülle der Geistesgaben heben sich jedoch die regelmässigen und ordentlichen Ämter der Apostel, Propheten und Lehrer hervor. Paulus setzt sie 1 Kor. 12:28 mit "erstens, zweitens, drittens" von den übrigen Geistesgaben ab. Die Berufung aller Gemeindeglieder zu den verschiedenen Ämtern zeigt sich daran, dass man nach den Geistesgaben streben kann. Diese Möglichkeit zeigt, dass die Grenze zwischen dem allgemeinen Prophetenamt aller Getauften und dem besonderen Amt fliessend ist. Die prophetischen Gaben des einzelnen zeigen sich in der Fähigkeit zu prophetischer Rede, die vielfach jedoch die von Paulus hinter die eigentliche Prophetie zurückgesetzte Zungenrede ist, d.h. ein ekstatisches und zumeist unverständliches Lallen. Bei der Beurteilung dieser Erscheinung befindet sich Paulus im Konflikt zwischen zwei gültigen Grundsätzen. Einerseits soll der Geist in keiner seiner Äusserungen unterdrückt werden, auch die Glossolalie nicht. Andererseits weiss Paulus, dass die Geister der Propheten den Propheten untertan sind, d.h. vom Bewusstsein kontrolliert, und das ist bei der Glossolalie nicht der Fall. Den Ausgleich findet Paulus mit Hilfe der Maxime, dass die Ämter als Äusserungen des Geistes dem Aufbau der Gemeinde dienen, und dass daher die Glossolalie nur eine bedingte Berechtigung hat.

4. Die Hinweise auf eine Krise des prophetischen Amtes in den Korintherbriefen des Apostels Paulus

Das Bild von der Gemeinde und ihren Ämtern, das Paulus 1 Kor. 12 und 14 entwirft, und an dem sich die Korinther ausrichten sollen, ist nicht das Bild der korinthischen Gemeinde, sondern der Urgemeinde und ist darüber hinaus ein idealisiertes Bild. Korinth ist eine Gemeinde im Westen des paulinischen Missionsgebietes; selbst wenn die Gemeinde ihre Gestalt durch ihre judenchristlichen Mitglieder erhalten hätte, hätte sie doch auch der enge Kontakt mit der griechischen Umwelt geformt. Es ist daher verwunderlich, dass Paulus die Ämter allein unter dem Gesichtspunkt der Geistesgaben darstellen kann und sich bei der namentlichen Nennung auf die Ämter beschränken kann, die in der Urgemeinde entstanden waren. Die Verfassungswirklichkeit der korinthischen Gemeinde wird mit den Begriffen "Hilfsleistungen" und "Leitungen" nur angedeutet. Dabei müssen die Ämter, die sich unter diesen Begriffen verbergen, von viel grösserer Bedeutung für die wirkliche Gestalt der korinthischen Gemeinde gewesen sein. Nun sieht die Gemeinde nach dem ersten Korintherbrief noch nicht so aus, als sei sie durch einen Verfassungskonflikt erschüttert. Sie ist vielmehr, in der Sicht des Paulus, in Parteien gespalten und durch den Gegensatz zwischen diesen bewegt. Aber im Hinblick auf unser Thema ist zu fragen, ob die Parteien nicht auch Gegensätze in der Auffassung vom geistlichen Amt zum Ausdruck bringen. Paulus stellt freilich die Dinge so dar, dass in dem Parteienwesen nur ein unbegründeter und dem Wesen der Kirche widersprechender Personenkult zum Ausdruck kommt. Das war insofern berechtigt, als es in Korinth Kreise gegeben hatte, die den Apollos gegen Paulus auszuspielen versuchten — soviel lässt sich über die Parteien sicher sagen. Aber Paulus zeigt uns, dass es dabei nicht allein um die Personen ging, sondern auch um die Beurteilung des Rangunterschieds zwischen dem Täufer und dem Apostel. Darum betont Paulus den gesamtkirchlichen Charakter des geistlichen Amts und nennt nur die aus dem prophetischen Amt abgeleiteten eigentlich geistlichen Ämter mit Namen. Aus eben diesem Grund stellt Paulus bereits im 1 Kor. die Unabhängigkeit des Apostels von der Gemeinde heraus, der er dient, und bestreitet auch den Korinthern das Recht, ihn in seiner Amtsführung zu beurteilen (1 Kor. 4:3). Der 2 Kor. wird dann zur grossen Apologie des Apostolates. Sicher haben auch Angriffe gegen die Person des Paulus eine Rolle gespielt. Anscheinend hatte man auch die — ebenso aus der Apostelgeschichte erkennbare — Behauptung aufgestellt, Apostel seien nur die von Jesus schon zu seinen Lebzeiten ausgesandten Jünger (2 Kor. 5:16). Sie war jedoch durch den Apostolat des Herrenbruders Jakobus und des Barnabas von vornherein als falsch erwiesen. Paulus jedenfalls verteidigt nicht sich, sondern das Amt des Apostels, und was er über Glanz und Elend des Amtes sagt, das ist nichts anderes als der nach dem urchristlichen Bild des alttestamentlichen Propheten entfaltete Amtsbegriff, nach dem er das prophetische Amt des Urchristentums interpretiert. Dieses Bild deckt sich völlig mit dem, das in anderen neutestamentlichen Texten, etwa in den Aussendungsreden oder in der Apokalypse vom urchristlichen Amt entworfen ist.

Auch die Ausführungen des Paulus über Glossolalie und Prophetie enthalten einen Hinweis darauf, dass eine Krise der Prophetie sich vorbereitet. Die schlichte These des Paulus, dass die Geister der

Propheten den Propheten untertan seien (1 Kor. 14:32), lässt darauf
schliessen, dass man zumindest die Frage bereits erörtert hatte, ob
ein Prophet in der Ekstase prophezeien dürfe oder vielleicht sogar
müsse. Hier wirkt sich der grundsätzliche Unterschied zwischen
biblischem und griechischem Verständnis der Prophetie aus. Man
darf zur Beurteilung dieser Frage die ältesten und die jüngeren Teile
des ATs nicht einfach gleichsetzen. Die Vorstellung vom Wesen des
prophetischen Amts, die im Lauf der Geschichte der alttestamentlichen Prophetie entwickelt worden war, verlangte, dass der Prophet
seine Prophezeiungen bei wachem und kontrolliertem Bewusstsein
sprach. Da der Prophet nach seiner menschlichen Person dem Heiligen
Geist gehorsam ist, wenn er sein Amt ausübt, und da dieser Gehorsam
eine wichtige, unerlässliche sittliche Leistung der menschlichen Person
darstellt, muss der Prophet bei sich und darf nicht ausser sich sein,
wenn er prophezeit. Es ist natürlich nicht der Heilige Geist, der dem
Propheten untertan sein muss, sondern die leitende Instanz im
menschlichen Geist muss ihre Kontrollfunktion ausüben. In der
griechischen Welt herrschte gerade die entgegengesetzte Vorstellung
vom Charakter prophetischer Rede. Der Prophet wird hier als das
willen- und bewusstlose Werkzeug des Gottes aufgefasst, der durch
ihn spricht. Aus dem Umstand, dass der Prophet an seiner Verkündigung uninteressiert und unbeteiligt ist, leiten die Griechen den Beweis
für die Inspiration des Propheten ab. Die Wahrheit des Orakels beruht
gerade darauf, dass es ohne wesentliche menschliche Mitwirkung
ergeht. Nach griechischem Empfinden ist die Verbalinspiration die
höchste, wenn nicht die einzige Form der Inspiration überhaupt.
Das Übergehen prophetischer Rede in ekstatisches Lallen erscheint
den Griechen daher weder ungewöhnlich noch anstössig. Angesichts
des heidnischen Charakters dieser Gestalt der Prophetie ist es über-
raschend, dass Paulus das Zungenreden zwar in seinem Wert relativiert
aber keineswegs verboten hat (1 Kor. 14:39). Mit seinem eigenen Amts-
verständnis liess es sich nicht in Einklang bringen. Man wird aus
diesem Sachverhalt zunächst auf die Verbreitung der Glossolalie zu
schliessen haben. Für Paulus kommt aber noch ein besonderer Grund
hinzu. Zur Zeit der Abfassung des 1 Kor. war in der Urgemeinde
das Recht auf Heidenmission immer noch umstritten und immer
noch gab es hier Kreise, die die Zulässigkeit der Heidenmission überhaupt ablehnten und die Behauptung vertraten, die Verheissungen
seien in ihrer Geltung auf die natürlichen Glieder Israels beschränkt.
Der Beweis für die Zulässigkeit der Heidenmission war aber durch

die Tatsache erbracht worden, dass der Geist auch auf die Heiden gefallen war, und dass sich die ekstatischen Erscheinungen in juden- und heidenchristlichen Gemeinden nicht unterschieden. Das wird der eigentliche Grund dafür gewesen sein, dass Paulus der Glossolalie gegenüber nachsichtiger war, als seiner Auffassung vom Wesen der Prophetie entsprach.

5. *Das Ende der Apostel, der Lehrer und der Gemeindeprophetie*

Die Geschichte der Prophetie hat für deren verschiedene Formen einen unterschiedlichen Verlauf genommen. Das Ende des Apostolates stellt in verfassungsgeschichtlicher Hinsicht ein ungemein verwickeltes Problem dar; für unsere Fragestellung liegen die Dinge einfacher. Da zum Wesen des Apostolates die Berufung des Apostels durch den Auferstandenen gehörte, und da die Erscheinungen des Auferstandenen ein Ende hatten, sind die Apostel ausgestorben. In Jerusalem sind, das deutet die Apostelgeschichte an, nach und nach Presbyter an die Stelle der Apostel getreten, und ein Kollegium aus Aposteln und Presbytern leitet die Urgemeinde. Allgemein sah man überall in der Kirche in den Presbytern die Amtsnachfolger der Apostel. Dass der Inhalt und Charakter dieses Amtes in den verschiedenen Gemeinden ganz verschieden verstanden wurde, macht die Frage nach der Verfassungsgeschichte so schwierig. Doch hat sich das nun aufkommende und sich verfestigende Bischofsamt nicht mehr mit den Aposteln auseinandersetzen müssen, sondern mit ihren Amtsnachfolgern, den Presbytern. So ist wenigstens aus den überlieferten Nachrichten zu schliessen. Es kann jedoch sein, dass die Überlieferung hier einseitig ausgewählt hat, weil niemand in der Kirche daran interessiert war, Nachrichten über den Konflikt des die Kirche in Zukunft repräsentierenden Bischofsamtes mit den hoch angesehenen alten Aposteln festzuhalten; Act. 6:2 könnte trotz allem die Erinnerung an einen solchen Konflikt bewahrt haben. — Der Untergang der Urgemeinde durch ihren Auszug aus Jerusalem kann das Ende des Apostolates nur beschleunigt haben. Aus der Zeit nach dem jüdischen Krieg wird nur an zwei Stellen von Aposteln als lebenden Personen gesprochen, nämlich in der Didache und im Sendschreiben der Offenbarung nach Ephesus. Möglicherweise hat es sich in beiden Fällen nicht um Apostel im alten Sinn gehandelt, sondern um wandernde Pneumatiker, die sich als Nachfolger der alten Apostel ansahen und ihren Amtstitel zu übernehmen versuchten. (Beide Schriften kennen

Presbyter nicht als Amtstitel). Beim Sendschreiben ist es sicher, dass die dort genannten Apostel keine alten Apostel waren, und bei der Didache ist es die wahrscheinlichere Möglichkeit. Danach sind die Apostel nur noch Grössen der Vergangenheit.

Mit den Lehrern steht die Sache etwas anders, weil nicht das Amt des Lehrers ausgestorben ist, sondern die alten charismatischen Lehrer unauffällig durch einen neuen Typ des philosophischen Lehrers abgelöst wurden. Dieser neue Lehrertyp übernahm viel von den Aufgaben der alten Lehrer, nämlich die Apologetik und die Entwicklung der Theologie. Auch behielten die neuen Lehrer, da sie sich zunächst nicht in die Hierarchie eingliederten, dieselbe Sonderstellung ausserhalb der Gemeinde bei, die auch die alten charismatischen Lehrer gehabt hatten. Aber dieser neue Lehrer ist eine Erscheinung der hellenistischen Welt und hängt auf keine Weise mit dem AT und der Urgemeinde zusammen. Das Amt leitet sich aus der griechischen, speziell der platonischen Philosophie her. Zwar befragt auch der neue Lehrer die Bibel und legt sie aus, aber er fragt in anderer Weise nach andern Dingen und folgt dabei andern Auslegungsregeln und -grundsätzen. Dennoch sind die alten und die neuen Lehrer nicht ohne jeden Zusammenhang; sie müssen sich die Hand gereicht haben, vielleicht haben sie einige Jahrzehnte, etwa unter Hadrian und Antoninus Pius neben einander existiert. Man sieht das nicht nur an der Gleichheit von Amtstitel und Amtsaufgaben, sondern an dem überraschenden Interesse dieser neuen philosophischen Lehrer an Eschatologie und Geschichte, sogar an der Heilsgeschichte, das mit ihren sonstigen Fragen nach dem Wesen Gottes und der Gestalt, in der sich Gott der Welt zuwendet, nicht recht zusammenpasst. Auch haben sie von den alten Lehrern mit dem Interesse an der Geschichte bestimmte Beweisverfahren und Theorien übernommen. Trotz dieser Kontinuität in manchen Einzelheiten, die sich vielleicht auch aus der völkischen Herkunft erklären lässt, hat sich der Charakter des Amts so grundsätzlich geändert, dass man vom Aussterben der alten charismatischen Lehrer sprechen muss.

Schliesslich scheint auch die Gemeindeprophetie mit der zweiten christlichen Generation im wesentlichen erloschen zu sein. Nirgends mehr wird ein so deutliches Bild einer erweckten Gemeinde gezeichnet, wie Paulus es für Korinth entworfen hatte. Dieses Erlöschen der Gemeindeprophetie wird sich über längere Zeit hingezogen haben; vielleicht ist sie sogar bei den Montanisten wieder aufgelebt, wenn sich diese Vermutung auch nur schwer beweisen lässt.

Wenn in dem wohl zu Anfang des 2 Jhs geschriebenen Sendschreiben der Offenbarung nach Ephesus der Gemeinde vorgeworfen wird, dass ihre erste Liebe erkaltet sei, dann meint dieser Vorwurf das Erlöschen der Geistesgaben in der Gemeinde und kann als das Aussterben von Glossolalie und Prophetie in der Gemeinde verstanden werden. Wenn dieser Schluss zutrifft, dann kann man auch noch einen Schritt weiter gehen. Aus dem Sendschreiben nach Sardes erfahren wir, dass die Gemeinde in dem Ruf steht, eine lebendige Gemeinde zu sein. Dann müssten folglich die Geistesgaben in der Gemeinde noch betätigt werden. Wir erfahren freilich, dass diese Gemeinde in den Augen des Propheten in Wahrheit tot ist, und die Gründe für dieses Urteil haben beim Ausscheiden der Propheten aus der Kirche die entscheidende Rolle gespielt. Sardes ist scheinbar eine lebendige Gemeinde, weil dort scheinbar der Heilige Geist wirkt. Denn der Heilige Geist ist der lebenspendende Geist, und wenn eine Gemeinde den Ruf geniesst, eine lebendige Gemeinde zu sein, dann sagt man von ihr, dass in ihr der Geist am Werk ist. Auch für Philadelphia lässt sich die Vermutung begründen, dass hier Prophetie und prophetische Schriftauslegung nicht nur in der Zeit des Sendschreibens, sondern sogar in der Zeit des Ignatius noch in voller Blüte stand. Aber wir haben diese Beispiele in dem Gebiet gefunden, in dem zwei Jahrzehnte nach Ignatius der Montanismus entstand, und die genannten Zeugnisse lassen sich genausogut dahin deuten, dass es sich nicht mehr um Gemeindeprophetie gehandelt hat, sondern um Prophetie durch Propheten im eigentlichen Sinn; das wird nicht endgültig zu entscheiden sein.

6. *Das Ende der Naherwartung*

Die bisher besprochenen Formen der Prophetie sind erloschen und ausgestorben. Demgegenüber sind die urchristlichen Propheten unter heftigen Kämpfen aus der Kirche hinausgedrängt worden. Die Voraussetzungen dafür waren das Aufgeben der Naherwartung durch die Kirche und die Ausbildung des monarchischen Episkopates.

Die eigentliche Amtsaufgabe der Propheten und ihre wichtigste Funktion in der Gemeinde war, die Erwartung des Gottesreiches wachzuhalten. Zwar sprechen alle urchristlichen Ämter die Mahnung zur Wachsamkeit und Bereitschaft aus, aber diese Predigt war das *opus proprium* der Propheten. Denn die Propheten waren in besonderer Weise dazu befähigt, in den Zeichen der Zeit die Nähe des Gottesreiches zu erkennen; sie verstanden es, die gegenwärtigen

Nöte und Bedrängnisse als tröstliche Hinweise auf das Kommen
Gottes zu deuten. Wenn Agabus in der Apostelgeschichte (11:28)
eine Hungersnot voraussagt, die über den ganzen Erdkreis kommen
werde, dann versteht er darunter gerade nicht — wie Lukas erklärt,
um die Weissagung zu bestätigen — eine lokale Hungersnot, die
unter Kaiser Claudius eintrat und auch wieder ihr Ende fand, sondern
er meint die grosse, apokalyptische Hungersnot, die in der Johannes-
offenbarung das Werk des dritten Reiters ist. — Gegen Ende des
ersten Jahrhunderts laufen bei Juden und Christen Weissagungen um,
die den Zusammenbruch des Römerreiches als bevorstehend ankün-
digen. Diese Weissagungen mögen von der domitianischen Verfolgung
ausgelöst und von der Feindschaft gegen Rom gespeist worden sein.
Aber ihr eigentlicher Inhalt ist der Zusammenbruch der Ordnung,
die bis dahin vom Römerreich aufrecht erhalten worden war. Einen
wirklichen Trost konnten solche Prophezeiungen nur für solche
Kreise darstellen, die in Krieg, Blutvergiessen, Hunger und Pest die
unvermeidlichen Durchgangsstadien vor dem Anbruch der Gottesherrschaft sahen, und die zugleich überzeugt davon waren, dass Gott
seine Erwählten auch durch diese Nöte hindurch retten werde.

Wir sind gewohnt, die Mahnungen zur Wachsamkeit und Bereitschaft sittlich auszulegen. Dieses Verständnis ist zwar nicht falsch,
aber auch nicht vollständig. In der Offenbarung des Johannes ist
die sittliche Seite dieser Mahnung untrennbar mit der kultischen
verbunden. Götzendienst und Hurerei sind hier Synonyme, und
gemeint ist mit diesen Ausdrücken in erster Linie der Kompromiss
mit dem Heidentum und dem heidnischen Kult. — Aber die Aufforderung, bereit zu sein, konnte noch ein anderes, politisches Verständnis einschliessen. Unter dem Druck jeder Verfolgung erwächst
die Bereitschaft, dem Gottesreich im wörtlichen Sinne entgegenzugehen. Einen solchen Auszug hatte die Urgemeinde vor oder bei
Beginn des jüdischen Krieges vollzogen. Sie hatte sich ursprünglich
in Jerusalem auch darum versammelt, weil sie erwartete, die Offenbarung des himmlischen Jerusalem werde auf dem Zion stattfinden.
Doch das himmlische Jerusalem liess auf sich warten. Als die Be-
drängnis durch die jüdischen Behörden einerseits und die zelotischen
Kreise andererseits immer grösser wurde, da erwachte in der Urgemeinde die alte, prophetischer Kulturfeindschaft entstammende
Überzeugung, dass das Gottesreich sich in der Wüste offenbaren
werde an einer Stelle, wo noch kein Haus gestanden habe, und dass
Jerusalem wie Sodom und Ägypten ein Ort sei, den man verlassen

müsse, wenn man sich retten und dem Heil entgegengehn wolle. So kam
es zum Auszug der Urgemeinde in das Ostjordanland. Danach haben
bei Christen und Juden immer wieder solche Auszüge stattgefunden
bis auf den heutigen Tag. Neben der Wüste finden wir auch den
hohen Berg als Ort, wo man die Niederfahrt der Himmelsstadt erwartet.
Das hängt mit der Offenbarung Gottes auf dem Sinai oder Horeb
zusammen.

Wie nun der Druck der Verfolgung die Reichsgotteserwartung bis
zum Paroxysmus des Auszugs steigert, so folgt dem Nachlassen
dieses Druckes regelmässig, dass die Wachsamkeitsmahnung überwiegend sittlich gedeutet wird. Wenn die Auszüge durch Berechnungen
von Zeit und Stunde ausgelöst worden waren, so werden dann auch
Berechnungen angestellt, die beweisen wollen, dass noch zwei- bis
dreihundert Jahre bis zum Anbruch des Reiches vergehen werden.
Erlischt die Naherwartung, so erlischt auch das Interesse an der
Prophetie. Wenn die Aufforderung zur Wachsamkeit nicht mehr
bedeutete als den Befehl, sich vor der Sünde zu hüten, so bedurfte
es für diese Mahnung keines speziellen Amtes.

7. Der Übergang der Entscheidungsbefugnis in aktuellen Fragen auf die Bischöfe

Nach der Erweckung der apokalyptischen Wachsamkeit war die
wichtigste Aufgabe der Propheten, die Probleme zu entscheiden, die
sich den Gemeinden stellten. Wenn Paulus im 1 Korintherbrief die
Fragen beantwortet, die sich in Korinth aufgeworfen hatten, dann
zeigte er uns nicht nur eine Reihe von Beispielen für diese Probleme,
sondern nennt auch die Möglichkeiten, nach denen man sie entscheiden
konnte. So weit es sich dabei um allgemeine und grundsätzliche
Probleme handelte, standen Rechtsquellen zur Verfügung, die die
Entscheidung ermöglichten. Es gab vor allem direkte Anweisungen
des Herrn, es gab den Consensus mit andern Gemeinden (freilich noch
keine Traditionen), es gab die Natur der Sache und den gesunden
Menschenverstand, und es gab nicht zuletzt das Alte Testament,
aus dem die Lehrer durch prophetische Auslegung verbindliche
Weissagungen auf die Zustände im Gottesreich gewinnen konnten.
Paulus hat u.a. 1 Kor. 10 ein Beispiel dafür überliefert, wie man
dem Alten Testament, ohne es als Gesetz zu verstehen, doch Vor-
schriften abzugewinnen vermag. Aber es gab darüber hinaus Fragen
genug, die sich auf keine der geschilderten Weisen entscheiden liessen.

Lukas gibt in der Apostelgeschichte Prophetensprüche als Grund
dafür an, dass man sich zur Unterstützung der Urgemeinde durch
Spenden entschloss (11:27ff) und dass man die Mission in der jüdischen
Diaspora in Angriff nahm (13:1f). Die letzten grossen Beispiele für
die Entscheidung anstehender Fragen durch Prophetenspruch liefert
die Geschichte der Kirchenbusse. Die ursprüngliche Überzeugung,
dass Christen nicht wirklich sündigten, war durch die Erfahrung
widerlegt worden, dass auch schwere Sünden begangen werden konnten.
Es wird besonders der Abfall gewesen sein, mit dem man als besonders
schwerer Christensünde zu rechnen hatte. Schliesslich musste man
sich aber auch mit Sünden auseinandersetzen, die von ihrem Gewicht
her den Verbleib des Sünders in der Gemeinde ausschlossen, obwohl
dieser sein Tun bereute und auch bereit war, Bussleistungen zu
erbringen und seine Reue deutlich zu zeigen. So musste entschieden
werden, in welchen Fällen die Busse möglich, in welchen sie unmöglich
war, wie lange sie in jedem Einzelfall zu dauern habe, und wer befugt
sei, die Rekonziliation des Sünders vorzunehmen. Derartige Fragen
hätten durch Gemeindeprophetie oder durch Propheten entschieden
werden können, aber es war von vornherein abzusehen, dass die Entscheidungsgewalt gerade hier schliesslich dem Bischof zufallen musste.
Denn der Bischof war der Leiter der Abendmahlsversammlung, und
durch Zulassung oder Zurückweisung entschied er, wer zur Gemeinde
gehörte. In der ersten Hälfte des 2. Jhs hat in Rom noch einmal ein
Prophet die wohl bereits geübte Praxis der Kirchenbusse auf Grund
unmittelbarer Offenbarung zu legitimieren versucht und die zweite
Busse sanktioniert. Die literarische Form, in der er selber oder ein
redaktioneller Bearbeiter seine Ausführungen veröffentlicht hat, zeigt
uns, dass wir schon in der Spätzeit der Prophetie stehen. Vielleicht
ist die Überzeugung des Hermas, dass die zweite Busse unwiderholbar
sei und nur den Getauften geboten werde, als Ausdruck seines Glaubens
an die Nähe des Endes zu werten, der sonst in diesem Buch keine
grosse Rolle mehr spielt. Der Faden, der den Hermas mit der urchristlichen Prophetie verbindet, scheint schon recht lang und dünn zu
sein. — Dann hat noch einmal der Geist zur Frage der Kirchenbusse
gesprochen. Das ist freilich erst bei den Montanisten nach ihrer
Abspaltung geschehen. Ein kirchlicher Bischof — dass es der römische
war, wie aus dem Text hervorgeht, wird allgemein bestritten — war
dazu übergegangen, auch Unzuchtssünder zur Kirchenbusse zuzu-
lassen. Aber der Geist erklärte durch die montanistischen Propheten,
dass die Kirche zwar die Vollmacht habe, Unzuchtssünden zu ver-

geben, dass sie aber keinen Gebrauch davon machen werde, um
keinen Anreiz zur Sünde zu schaffen. — Einige Jahrzehnte danach
stehen in der decischen Verfolgung wieder Fragen der Busse, diesmal
von Abfallssündern, zur Entscheidung an. Aber nun sind es nicht
mehr die Propheten, sondern die Märtyrer, die dem Bischof seine
Entscheidungsgewalt streitig machen.

8. *Der Übergang der liturgischen Aufgaben auf die Bischöfe*

Die ursprüngliche Entscheidungsgewalt der Propheten ist teils
friedlich, teils unter Kämpfen, auf die Bischöfe übergegangen. Für
diesen Übergang wird es auch eine Rolle gespielt haben, dass man
nicht immer und überall Charismatiker zur Verfügung hatte. Charismatiker musste man nehmen, wie es sie gab; die Inhaber des institutionellen Amtes konnte man wählen, wie man sie brauchte. Den Heiligen
Geist und mit ihm die Amtsgnade besassen die einen wie die anderen.
Im Unterschied von den Aposteln, die durch den Auferstandenen
berufen sein mussten, brachten die Propheten und Lehrer für ihr
Amt nur solche Gaben und Fähigkeiten mit, nach denen jeder Christ
streben konnte, wenn er sie nicht besass. So gab es keinen Grund,
warum Bischöfe und Diakone nicht an die Stelle der Propheten und
Lehrer treten sollten, wenn Bedarf bestand. Dieser Bedarf wurde aber
in jeder Gemeinde durch den Gottesdienst geschaffen. Die Gebete,
die die Propheten aus Heiligem Geist frei zu formulieren gewohnt
waren, konnten auch in agendarischer Form von den gewählten
Kultbeamten gesprochen werden. Es war nicht allein der Bedarf an
Liturgen, der dem Bischofsamt zur Verbreitung verhalf. Auch eine
Verschiebung im Verständnis des Gottesdienstes steigerte das Ansehen
der Bischöfe und half mit, dass sich die Gemeindeleitung von den
Propheten zu den Bischöfen verschob. Der Bischof war ursprünglich
ein Verwaltungsbeamter der Gemeinde; er leitete die Wirtschafts-
organisation. In der Urgemeinde hatten die Verwaltungsämter ein
viel geringeres Ansehn genossen, als die eigentlich geistlichen Ämter.
Lukas lässt Act. 6:2 die Zwölf klar den Vorrang des Wortdienstes
vor dem Tischdienst aussprechen. Aber der Tischdienst, d.h. die
Kassenführung, die Ausrüstung des Gemeinschaftsmahls und die
Armenfürsorge nahm an Bedeutung zu. Wenn in der Geschichte von
Maria und Martha auch noch einmal der Vorrang des rein geistlichen
Amtes vor dem Wirtschaftsamt ausgesprochen ist, so befindet sich
hier das geistliche Amt doch deutlich in der Defensive. Der Grund

für diese Entwicklung, bei der das Wirtschaftsamt an Bedeutung
zunahm, wird zunächst darin gelegen haben, dass die hellenistischen
und durch die Mission der Hellenisten gegründeten Gemeinden in
geistlicher Hinsicht zunächst von der Urgemeinde und ihren Ämtern
abhängig blieben, aber sich eigene Wirtschaftsorganisationen auf-
bauen mussten. Propheten und Lehrer konnten sie sich nicht selber
geben, aber Bischöfe und Diakone konnten sie sich wählen.

Dass das Verwaltungsamt der Bischöfe aber auch rasch geistlichen
Rang erlangte, nämlich eigene liturgische Bedeutung, kam dadurch
zustande, dass in den hellenistischen Gemeinden die Abendmahlsfeier
zum Höhepunkt des gottesdienstlichen Lebens wurde. Natürlich hat
auch die Urgemeinde das Abendmahl gefeiert und damit auf den
Anbruch des Gottesreiches hin gehandelt. Aber bei den Hellenisten
verschiebt sich die Deutung des Abendmahls dahin, dass das Ziel
der Feier nicht allein die Herbeiführung und Darstellung des Gottesreiches ist, sondern auch die Vereinigung mit dem auferstandenen
Herrn durch den Genuss seines Leibes. Die Deutung des Abendmahls
verschiebt sich in ihrem Schwerpunkt vom Tod zur Auferstehung
des Herrn. Man erkennt den Ausgangspunkt dieser Bewegung noch
in den Abendmahlsgebeten der Didache, die allein die Einheit des
Gottesreiches als Ziel der Abendmahlsfeier darstellen. Aber es ist
wahrscheinlich, dass diese Gebete ein gutes Stück älter sind als die
Didache selber. Zweifellos war die Abendmahlsfeier von Anfang an
ein Bekenntnis zur Heilskraft des Todes Jesu gewesen. Wenn aber
ursprünglich der Gedanke im Mittelpunkt stand, dass Jesu Opfertod
Gegenwart und Zukunft des Gottesreiches herbeigeführt habe, und
wenn man in erster Linie auf sein Kommen wartete, so verschob sich
der Inhalt der Feier dahin, dass sie ein Bekenntnis zum gegenwärtigen
auferstandenen Herrn wurde, den ebenso sein Leib und sein Blut
vergegenwärtigten, wie die Gemeinde, die seinen Leib darstellte.
Als Bekenntnis zur Gegenwart Gottes kam die Feier der Frömmigkeit
der Griechen entgegen; als Bekenntnis zum Opfertod Jesu wurde sie
zur Schutzmauer gegen die andrängende Häresie, die die Geschichtlichkeit der Fleischwerdung und des Todes Christi bestreiten und die
Heilskraft seines Leidens leugnen wollte. Damit wurde der Bischof
zu der Person, die in erster Linie den Abwehrkampf gegen den
Gnostizismus zu führen hatte, während die Propheten in Misskredit
kamen, weil sich die Häretiker der Gestalt des Propheten bedienten,
um in die Kirche einzudringen.

9. *Die vergebliche Suche nach einem Kriterium für die Prophetie*

Die Geschichte der alttestamentliche Prophetie ist von der Geschichte
der Frage begleitet, woran man eigentlich erkennen könne, ob ein
Prophet ein wahrer Prophet sei. Man darf diese Frage nicht mit der
Suche der Griechen nach einem Wahrheitskriterium verwechseln. Die
Griechen wollen wissen, woran man ein Urteil als wahr erkennen
könne. In der Bibel richtet sich die entsprechende Frage auf die
Person des Propheten. Man sucht nach der Möglichkeit, den echten
Beauftragten Gottes von Personen zu unterscheiden, die behaupteten,
Propheten zu sein, und die auch in der Gestalt von Propheten auf-
traten, aber die sich dennoch das Amt nur angemasst hatten. Die
naive Auskunft, dass beim wahren Propheten die Weissagungen
einträfen und dass seine Zeichen seine Ermächtigung bewiesen, liess
sich auf die Dauer nicht halten. Denn man sah, dass auch heidnische
Propheten wahre Prophezeiungen aussprechen konnten, und dass die
wahren Propheten nicht nur Machttaten verrichteten, sondern auch
Leiden auf sich nehmen mussten, die eher ihre Ohnmacht als die
Macht Gottes offenbarten. Auf die Dauer stellte die Leidensbereitschaft
des wahren Propheten ein zuverlässigeres Kriterium dar als seine
Machttaten. Man erkannte auch die Gründe, aus denen das so sein
musste. Das in der Spätzeit geschriebene Buch Jona ist die Einkleidung
der logischen Durchdringung des Konflikts zwischen Ermächtigung
und Wirksamkeit des Propheten in eine ansprechende Prophetenlegende. Das Ergebnis dieses Gedankengangs war, dass der wahre
Prophet und Busspediger mit logischen Zwang blossgestellt werden
muss. Predigt er wirksam und hat den Erfolg, den Gott mit seiner
Entsendung beabsichtigt, dann trifft gerade das nicht ein, was er
weissagt. Andernfalls hätte seine Predigt durch ihre Unwirksamkeit
seine Machtlosigkeit gezeigt. Später hat man, immer noch mit diesem
Problem beschäftigt, die Kenntnisse zusammengestellt, die man von
den Lebensläufen der Propheten besass. Dabei stellte sich heraus,
dass Machttaten und Leiden neben einander und unausgeglichen als
Wahrheitsbeweis für den Propheten dienen mussten. Wenn das
Interesse an der Prophetie, das in den Prophetenleben zutage tritt,
etwas antiquarisch zu sein scheint, so lebt im christlichen Verständnis
von der Prophetie die Meinung der Propheten auf, dass gerade die
Leiden des göttlichen Gesandten seine Wahrheit und Ermächtigung
beweisen und dass Gottes Macht sich in der Ohnmacht seines menschlichen Bevollmächtigten offenbare und durch sie zur Verwirklichung
komme (2 Kor. 4:7; 12:9).

Diese Erkenntnis war jedoch zwar geeignet, das Wesen des geistlichen Amtes zu erfassen; doch konnte man mit ihr nicht im Alltag der christlichen Gemeinden entscheiden, ob ein Prophet ein wahrer Prophet sei. Als Paulus den 1. Korintherbrief schrieb, da hatte sich das Problem noch nicht in seiner späteren Schärfe gestellt. Der Apostel setzt voraus, dass die Gemeinde die Gabe der Unterscheidung der Geister besitze, und dass sie kraft dieser Gabe die Geister prüfen könne, ob sie aus Gott seien (1 Kor. 12:10; 14:29). Aber diese Gabe der Unterscheidung der Geister ging rasch verloren. (Sie wird bei den apostolischen Vätern nur in der Didache 11:7 erwähnt, und dort wird die Möglichkeit ausdrücklich bestritten.) Die Gemeinden wagten nicht, von ihr Gebrauch zu machen. Denn man hätte damit möglicherweise den Heiligen Geist auf die Probe gestellt, und hätte sich damit einer besonders schweren Form der Gotteslästerung, einer unvergebbaren Sünde schuldig gemacht; die Didache zitiert sogar ein Herrenwort, um das zu beweisen. Stattdessen empfiehlt diese Schrift, die auf der Übergangsstufe vom charismatischen zum institutionellen Amt steht, die Lebensweise des Propheten zu beachten. Die Gemeinden können prüfen, ob er die Sitten des Herrn zeige (und somit in der Nachfolge Christi stehe). Das läuft auf die Feststellung seiner Uneigennützigkeit hinaus. Man kann auf diese Weise erkennen, ob der Prophet sein Amt dazu gebraucht, sich zu bereichern. — Aber gerade in der Didache folgt nun ein Abschnitt, in dem sich zeigt, dass man mit diesem Kriterium nicht weit kommt. Da wird der Prophet schlechthin von dem erprobten und vertrauenswürdigen Propheten unterschieden. Dieser Prophet kann möglicherweise ein Verhalten zeigen, das der Gemeinde anstössig erscheint. Wenn er aber nicht lehrt, seinem Beispiel zu folgen, so soll die Gemeinde die Sache auf sich beruhen lassen. Der Prophet hat seinen Richter in Gott. Das ist zwar konsequent, aber es widerlegt den Grundsatz, dass man den Propheten an seinem Lebenswandel überprüfen könne. Das Beispiel der alten Propheten, das die Didache in diesem Zusammenhang erwähnt, gibt zu erkennen, dass der Lebenswandel sich doch nicht als Kriterium eignete.

10. *Die Prophetie gegenüber der gnostischen Gefahr*

Vielleicht hätte das Verfahren, das die Didache empfiehlt, in der Praxis doch ausgereicht, wenn es nur darauf angekommen wäre, einzelne unlautere Elemente auszuschliessen. Aber ein neues Problem stellte sich, dem auf diese Weise nicht beizukommen war. Für die letzte Zeit bestand die Erwartung der grossen Versuchung, in der sich die Erwählten und Treuen erweisen sollten. Zu den Formen, in denen sich die Versuchung vollziehen sollte, gehört auch das Auftreten von Pseudopropheten, die zum Abfall auffordern. Die Erfüllung dieser Erwartung erblickte die Kirche in der Gnosis. Der Gnostizismus musste aus zwei Gründen mit der Kirche in Konflikt geraten. Die Entgegensetzung von immaterieller Welt des Seins und materieller Scheinwelt bestimmte sein Weltbild. Danach konnten den im Bereich der materiellen Welt geschehenden geschichtlichen Ereignissen keine Heilsbedeutung zukommen. Die Gnostiker bestritten, dass das Heilsgeschehen sich im geschichtlichen Raum abgespielt habe und bestritten damit die Heilskraft des Todes Christi. Zugleich verdünnten sie auf diese Weise die Auferstehungshoffnung und entleerten die Reichsgottes-Erwartung. Das war alles der prophetischen Theologie gerade entgegengesetzt, und aus diesem Grund hätten die Propheten zur Bekämpfung der Gnosis berufen sein müssen. In der Tat findet sich die leidenschaftlichste Feindschaft gegen die Gnosis in den von prophetischer Frömmigkeit geprägten Kreisen. Dennoch wurde in diesem Zusammenhang die Prophetie selber insofern durch ihre Existenz zur Gefahr für die Kirche, als auch die Gnostiker als Propheten auftreten und sich auf unmittelbare Inspiration berufen konnten. Das machte die Unabhängigkeit und Freiheit der Propheten, die jede wirksame Kontrollmöglichkeit ausschloss, zur grossen Gefahr für die Kirche. — Der andere Grund ist der prinzipielle Synkretismus der Gnosis. Von seiner Entstehung her ist der Gnostizismus geneigt, bei allen Religionen und Philosophenschulen wahre Erkenntnisse über das Wesen Gottes und über den Aufstieg der Seele zu finden, und die Erkenntnisse der verschiedenen Religionen in einander zu überführen und sich dadurch nutzbar zu machen. Da gibt es keine Grenze zwischen Christen- und Heidentum, keine Grenze zwischen Gottes- und Götzendienst, und keinen Grund für das Bekenntnis vor den heidnischen Behörden und für das Martyrium. Das ist zwar eine ganze andere Frömmigkeit als die auf dem persönlichen Treueverhältnis zwischen Gott und dem Menschen beruhende prophetische Frömmigkeit, aber, wie gesagt, die gnostischen Lehrer traten gern als Propheten auf. Da sie darüber hinaus zumeist Asketen waren, versagte ihnen gegenüber völlig das Kriterium der Sittlichkeit. Die kirchliche Mitte zwischen Libertinismus und überstrenger Askese war in der Praxis kaum zu finden, zumal auch die Propheten hier einer grösseren

Strenge zugeneigt waren, als der — auch nicht gerade laxen — kirchlichen Sitte entsprach.

Die Gemeinden in Kleinasien, an die sich die Sendschreiben der Offenbarung und die Briefe des Ignatius wenden, liefern ein lebendiges Bild dieser Gefahr. In Thyatira gibt es nach alttestamentlichem Muster eine ganze Prophetenschule dieser Art. An ihrer Spitze steht eine Frau, die sich selber Prophetin nennt. Das war in der Kirche nicht üblich; die kirchlichen Propheten haben es, vielleicht dem Beispiel des Amos folgend, vermieden, sich selber so zu bezeichnen. Diese Prophetin muss synkretistische Lehren verbreitet und dabei viel Anhang in der Gemeinde gefunden haben. Aus andern Bereichen der hellenistischen Mission, Ägypten beispielsweise, erfahren wir zwar, dass es gnostische Propheten gegeben hat, haben aber fast keine Nachrichten von einem Widerstand gegen die Gnosis.

Wenn die gnostische Gefahr die Propheten in Misskredit brachte, so machte sie die Bischöfe zu den vertrauenswürdigen Verteidigern des kirchlichen und selbst des prophetischen Christentums. Denn die Gabe der Prophetie war den Propheten ja nicht vorbehalten. Von dem Märtyrerbischof Ignatius erfahren wir, dass er in Philadelphia in der Art der alten Propheten durch inspirierte Rede Weisungen an die Gemeinde erteilt hat. Ignatius erwähnt allerdings auch Bischöfe, denen die prophetischen Kreise ihrer Gemeinden "Schweigsamkeit" vorgeworfen haben, d.h. die Unfähigkeit oder Unzulänglichkeit gegenüber der inspirierten Rede.

11. Die Entstehung des Montanismus und das Ende der Prophetie in der Kirche

Das waren die Voraussetzungen, unter denen sich zunächst in Kleinasien der Gegensatz zwischen den in alter Sitte durch Prophetensprüche geleiteten Gemeinden und den vom Bischofsamt geleiteten Gemeinden ausbildete. Der Unterschied zwischen beiden Gemeindetypen äusserte sich in der Verfassung so, dass in den Gemeinden, die an der älteren Verfassung festhielten, der monarchische Episkopat nicht zur Ausbildung kam und das Bischofsamt nicht die ausschliessliche Leitungsgewalt erhielten. Die Gemeindeleitung wurde von Presbytern ausgeübt als den Nachfolgern der Apostel, z.T. auch von dem leitenden Presbyter, und man versuchte, die Presbyterwürde als charismatisches Amt zu deuten, weil man nur die charismatischen Ämter als geistliche Ämter ansah. Der Bischof war und blieb Ver-

waltungsbeamter und Leiter der Abendmahlsversammlung. Zwar
verwaltete er, unterstützt von den Diakonen, die Sakramente, aber
seine Bedeutung blieb insgesamt relativ gering. Das wirkte sich dahin
aus, dass sich die Zahl der Bischöfe vermehrte und dass es auch in
den kleinen Gemeinden auf den Dörfern Bischöfe gab. Über liturgische
Unterschiede haben wir nur Andeutungen, dass die Prophetie in diesen
Gemeinden auch im Gottesdienst ihre alte Rolle behalten hat, die sie
in den bischöflich geleiteten Gemeinden nun rasch verlor.

Mit den Unterschieden in der Gemeindeverfassung vertieften sich
nun die Gegensätze. Dass der Streit zunächst in Kleinasien ausbrach
und hier auch seine grösste Heftigkeit erlangte, wird daher kommen,
dass hier das Gebiet schon früh durch die paulinische Mission und
ihre Konkurrenten für das Christentum gewonnen und die Kirche
weit verbreitet war. Dazu kommt als besonderer Grund, dass Reste
der Urgemeinde sich hier niedergelassen hatten; dadurch war die
ursprüngliche Form des Christentums hier erhalten geblieben. — Zu
einem Zeitpunkt, der an sich umstritten ist, und der mit den üblichen
Datierungen um 150 oder 170 in jedem Fall zu spät angenommen
wird, kam es bei den prophetischen Gemeinden zu einem Auszug
auf einen hohen Berg, durch den man dem himmlischen Jerusalem
entgegenzugehen versuchte. Das war in Phrygien geschehen, und auf
Seiten der daran unbeteiligten Gemeinden, die den Auszug abgelehnt
hatten, sprach man bald auch von der phrygischen Häresie. Als eigentlicher Veranlasser dieses Auszugs erscheint ein Mann namens Montanus.
Er war selber kein Prophet, hatte aber so energisch für die Rückkehr
zur älteren prophetischen Form des Christentums geworben, dass
man dieser Bewegung bald seinen Namen gab, wie man ohnehin
gewohnt war, Häresien dadurch als neueindringende Meinungen zu
charakterisieren, dass man sie nach ihrem wirklichen oder vermeint-
lichen Urheber und Erfinder benannte. Die Montanisten nannten
sich selber einfach "die Prophetie", um das Festhalten an der alten
prophetischen Frömmigkeit und Gemeindeverfassung aber auch den
Besitz des Heiligen Geistes damit anzudeuten. In den folgenden
Jahren und Jahrzehnten entstand aus diesem ersten Zusammenschluss
der prophetischen Gemeinden eine regelrechte Kirchenspaltung. Man
vereinigte sich gegen einander, die ersten Synoden, von denen wir
wissen, fanden bei diesen Gelegenheiten statt, und auf beiden Seiten
tat man alles, um die Kluft zu vertiefen. Die Montanisten forcierten
den alten urkirchlichen Rigorismus in kirchlichen Sitten, oder was
sie dafür hielten. Auf kirchlicher Seite versuchte man, die montanis-

tischen Propheten dem Exorzismus zu unterwerfen, um zu beweisen, dass sie von Dämonen besessen seien. Dafür nannten die Montanisten die Glieder der Grosskirche "Psychiker", um damit auszudrücken, dass dort der Heilige Geist nicht zu finden sei. Schliesslich geriet man soweit auseinander, dass beide Seiten einander zu der Ketzerei auch Unsittlichkeit vorwarfen. Ausserhalb Kleinasien erlebte man den Streit zunächst mit Missvergnügen und nahm nur zögernd Partei. Auf die Dauer liess es sich jedoch nicht vermeiden, dass auch in den Gebieten, die mit Kleinasien in direkter Verbindung standen, Africa und Gallien, sich Gemeinden in ihren grosskirchlichen und ihren montanistischen Teil spalteten. — Die Darstellung der Polemik, die sich dieser Entwicklung anschloss, gehört nicht mehr zu unserer Aufgabe. Wie unnötig die Trennung gewesen war, wie nah die beiden Parteien einander geblieben waren, mag man daraus ersehen, dass die Schriften des bedeutendsten Montanisten, nämlich des Tertullian von Karthago, der abendländischen Kirche in der ganzen Zeit der alten Kirche die Formeln geliefert haben, in denen die abendländische Rechtgläubigkeit im trinitarischen und christologischen Streit zum Ausdruck kam.

DER NEUTESTAMENTLICHE CHARISMATISCHE GOTTESDIENST IM LICHTE DER HEUTIGEN CHARISMATISCHEN ERNEUERUNG DER KIRCHE

VON

ARNOLD BITTLINGER

Wenn ich im Folgenden versuche, einen neutestamentlichen Text von heutigen charismatischen Erfahrungen her zu verstehen und zu interpretieren, dann bin ich mir der Tatsache bewusst, dass ein solches Verfahren nicht unproblematisch ist. Wir haben nämlich keine letzte Sicherheit, dass die heutigen charismatischen Erfahrungen identisch sind mit den Erfahrungen von denen uns im Neuen Testament berichtet wird — selbst wenn dieselbe Terminologie gebraucht wird.

Auf der anderen Seite halte ich es für noch problematischer, wenn wir neutestamentliche Texte, in denen von erfahrenen und erfahrbaren Phänomenen die Rede ist, rein theoretisch zu verstehen versuchen.

Einem der niemals geträumt hat zu erklären, was ein Traum ist dürfte genauso schwierig sein wie einem, der nie "in Sprachen" gebetet hat, zu erklären was "Glossolalie" ist.

Nachdem heute wieder Hunderttausende von Christen in den traditionellen Kirchen das Phänomen des Sprachenredens und andere Charismen persönlich erfahren, erschliessen sich ihnen neutestamentliche Texte in einer ganz neuen Weise und sie beurteilen das, was andere — ohne persönliche Kenntnis des Phänomens — rein theoretisch darüber geschrieben haben weitgehend als unzureichend (z.T. jedoch als falsch und manchmal sogar als unsinnig).

Ich meine deshalb, dass der Rückschluss von einer heutigen Erfahrung her auf das Verständnis einer anderen Erfahrung (selbst wenn sie nicht indentisch mit der heutigen sein sollte) verheissungsvoller ist als ein rein verstandesmässiges Bemühen um Erklärung solcher Phänomene. Was sind das nun für Erfahrungen, die heute gemacht werden ? Worum geht es in der sog. "Charismatischen Erneuerung der Kirche" ? Bevor wir auf diese Fragen näher eingehen zunächst ganz kurz einige Daten zur Geschichte der charismatischen Aufbrüche :

Ein erster charismatischer Aufbruch in unserem Jahrhundert begann am 1. Januar 1901 in Topeka/Kansas [1] innerhalb der aus dem Methodismus hervorgegangenen Heiligungsbewegung und innerhalb einiger Baptistenkirchen.

Dieser Aufbruch wurde von den Mutterkirchen und auch von den anderen Kirchen im allgemeinen nicht akzeptiert und führte deshalb zu einer eigenen Bewegung mit eigener Kirchen- (und z.T. Sekten-) Bildung, der sog. "Pfingstbewegung", die sich sodann weltweit ausbreitete und z.Zt. (vor allem in Lateinamerika und Afrika) der am schnellsten wachsende Zweig der Christenheit ist. Man schätzt, dass die Pfingstbewegung heute etwa 30 Millionen Anhänger umfasst. Die Pfingstbewegung ist jedoch ein sehr unterschiedliches Gebilde. Einige Pfingstkirchen gehören unterdessen dem Oekumenischen Rat der Kirchen an, andere, sind glühende Gegner des Oekumenischen Rates.

1960 begann dann, nach mancherlei Vorläufern, ein zweiter charismatischer Aufbruch, zunächst bei den Anglikanern (Episcopalians) [2] und dann bei anderen reformatorischen Kirchen insbesondere bei Lutheranern und Reformierten.

1967 griff dann diese Charismatische Erneuerung auf die katholische Kirche über [3] und breitet sich seither über die ganze Welt aus.

Dieser Aufbruch ist unter verschiedenen Namen bekannt geworden. Es wird jedoch meistens als "Charismatische Bewegung" bezeichnet. Zu dieser Bewegung bekennen sich heute viele Hunderttausende von Christen innerhalb der verschiedenen Kirchen. Genaue Zahlen liegen nicht vor; aber die Wachstumsrate lässt sich z.B. ablesen an den Besucherzahlen der Jahreskonferenzen der Katholisch-Charismatischen Erneuerung in den USA. Diese Konferenzen fanden von 1967-1974 regelmässig in der Universität Notre Dame/Indiana statt.

1967 waren es	70	Teilnehmer,
1968	150	Teilnehmer,
1969	500	Teilnehmer,
1970	1500	Teilnehmer,

---

[1] Klaude Kendrick, "Zur Geschichte der Pfingstbewegung in den Vereinigten Staaten von Amerika", in: *Die Kirchen der Welt*, Band VII, Stuttgart 1971 (S. 29ff), S. 29f.

[2] Dennis J. Bennett, *Nine O'Clock in the morning*, Plainfield N.J. 1970, S. 9 und 61.

[3] K. u. D. Ranagham, *Catholic Pentecostals*, Paramus N.J. 1969, S. 13ff.

1971	5000 Teilnehmer,
1972	12000 Teilnehmer,
1973	23000 Teilnehmer und
1974	34000 Teilnehmer.[4]

Ein Kennzeichen dieses innerkirchlichen charismatischen Aufbruchs besteht darin, dass die davon Erfassten keine eigenen Kirchen bilden, sondern treue Glieder ihrer Kirche bleiben bzw. es überhaupt erst werden und ihr besser dienen als zuvor. Es gehören zu dieser Bewegung Tausende von Pfarrern und Priestern, zahlreiche Bischöfe und Erzbischöfe und auch eine Reihe von Theologieprofessoren. Wortführer der Katholisch-Charismatischen Erneuerung ist Léon Josef Kardinal Suenens, der Primas von Belgien, der in dieser Bewegung die Hoffnung für die Erneuerung der Kirche sieht.[5]

Das Einheitssekretariat des Vatikans hat 1971 einen fünfjährigen Dialog mit Vertretern der Pfingstbewegung und der Charismatischen Erneuerung initiiert.[6]

Vom Oekumenischen Rat der Kirchen wird ein ähnlicher Dialog vorbereitet.[7]

Am Pfingstmontag 1975 nahm Papst Paul VI, positiv zur Charismatischen Erneuerung Stellung.[8]

Man kann jedoch diesen charismatischen Aufbruch keineswegs als ein einheitliches Gebilde bezeichnen, sondern man muss mindestens drei Hauptströmungen (und mancherlei Nebenströmungen) unterscheiden :[9]

---

[4] Da es sich bei diesen Zahlenangaben um auf = bzw. abgerundete z.T. um geschätzte Zahlen handelt, differieren diese Angaben in den einzelnen Veröffentlichungen. Die im Text genannten Zahlen beruhen auf mündlichen Berichten von Verantwortlichen dieser Konferenzen. 1972 war der Verfasser bei einer solchen Jahreskonferenz persönlich als Referent anwesend. 1975 fand keine Jahrestagung in Notre Dame statt. Die Verantwortlichen der Katholisch-Charismatischen Erneuerung trafen sich statt dessen anlässlich des Heiligen Jahres in Rom.

[5] Vgl. hierzu Kardinal Suenens, *Hoffen im Geist*, Salzburg 1974. Vgl. auch "Interview mit Kardinal Suenens", in : *Der Aufbruch*, Kassel 1973 (S. 10ff).

[6] Vgl. *One in Christ*, vol. X, S. 107.

[7] Ein erstes vorbereitendes Gespräch fand am 27. Mai 1975 unter dem Vorzitz von Rex Davies in Rom statt.

[8] Vgl. hierzu Heribert Mühlen, "Urchristliche Charismen im Petersdom", *Gottesdienst*, 9. Jhr., S. 97ff.

[9] Vgl. hierzu A. Bittlinger, "Pentecostals - Neopentecostals - Charismatische Erneuerung", in *Erneuerung*, Febr. 1975, S. 3.

Die "Pentecostals", die "Neopentecostals" und die Vertreter der "Charismatischen Gemeinde-Erneuerung".

Das Gemeinsame dieser drei Gruppen besteht darin, dass sie Gebetsgottesdienste abhalten, in denen Geistesgaben praktiziert werden. Daneben gibt es jedoch beachtliche Unterschiede zwischen diesen Strömungen.

Die Pentecostals oder "Pfingstler" sind Anhänger der "klassischen" oder "freien" Pfingstbewegung, die Anfang des Jahrhunderts in den USA entstanden ist. Die Pentecostals bilden eigene Kirchen und entwickelten — meist auf dem Hintergrund eines evangelikalen Fundamentalismus — eine eigene Theologie.

Die Neopentecostals verdanken ihre Entstehung dem charismatischen Aufbruch der 60er Jahre. Sie haben weitgehend die Theologie der Pentecostals übernommen, unterscheiden sich aber von ihnen dadurch, dass sie keine eigenen Kirchen bilden, sondern in ihren Kirchen bleiben.

Die Vertreter der Charismatischen Gemeinde-Erneuerung haben ihre Wurzeln ebenfalls im charismatischen Aufbruch der 60er Jahre. Sie unterscheiden sich von den Pentecostals dadurch, dass sie keine eigenen Kirchen bilden, sondern treue Glieder ihrer Kirche bleiben, in denen sie häufig in verantwortlichen Stellen sind. Von den Neopentecostals unterscheiden sie sich dadurch, dass sie nicht die Theologie der Pentecostals übernehmen, sondern das neue geistliche Erwachen auf dem Hintergrund und im Kontext ihrer eigenen traditionellen Theologie interpretieren.[10]

Worum geht es nun bei der Charismatischen Erneuerung?

Wie schon der Name sagt ist das Hauptkennzeichen der Bewegung die Wiederentdeckung und Neubelebung der neutestamentlichen Charismen. Im allgemeinen gilt als Voraussetzung für eine solche Neubelebung der Charismen eine neue Hinwendung zu Jesus Christus, damit Sein Geist durch den Christen hindurch wirke. Die Folge einer solchen Hinwendung zu Jesus ist die Erneuerung des persönlichen Gebetslebens, des Gespräches mit Gott.

Eine weitere Folge ist die Erneuerung des Gottesdienstes und zwar eines Gottesdienstes in dem nicht nur einer redet, sondern viele die Möglichkeit haben sich zu äussern und etwas beizutragen.

---

[10] Vgl. hierzu W. E. Failing (evang.), "Neue charismatische Bewegung in den Landeskirchen", in : *Die Kirchen der Welt*, Band VII (S. 131ff), S. 139ff und H. Mühlen (kath.), *Leitlinien zur Katholisch-Charismatischen Gemeindeerneuerung*, Paderborn 1975.

Der Gottesdienst wird in der Regel als Sammlung der Glaubenden verstanden, die sich zurüsten lassen für den Dienst im Alltag. Dieser Dienst kann recht unterschiedlich aussehen. Für die einen bedeutet er einen evangelistischen Einsatz [11] für die anderen ein sozialpolitisches Engagement [12] für wieder andere ein Bemühen um neue Strukturen des Gemeindelebens.[13]

Das ganze christliche Handeln nach *martyria, diakonia* und *leiturgia* soll charismatisch durchdrungen werden. Das Ziel der Charismatischen Gemeindeerneuerung ist "eine charismatisch erneuerte Kirche die eine spezielle Charismatische Bewegung nicht mehr braucht".[14]

Keimzelle aller charismatischen Tätigkeit ist und bleibt jedoch der Gottesdienst. Wir wollen uns deshalb in den folgenden Ausführungen vor allem mit den Charismen befassen, die für den Neutestamentlichen Gottesdienst bedeutsam sind.

Der Apostel Paulus schreibt in 1 Kor. 14:26 :

> "Sooft ihr zusammenkommt, hat ein jeder etwas in Bereitschaft : ein Lied, eine Lehre, eine Offenbarung, ein Gebet in Sprachen, eine Interpretation. Alles soll zur Auferbauung dienen".

Was bei dieser ältesten und zugleich kürzesten Beschreibung eines frühchristlichen Gottesdienstes zunächst auffällt, ist die Tatsache, dass die ganze Gemeinde von Korinth an einem Ort zusammenkam ("Sooft ihr zusammenkommt", vgl. dazu 23 : "Wenn sich nun die ganze Gemeinde an einem Ort versammelt"). Paulus kann deshalb mit einem Brief die gesamte Gemeinde ansprechen. Das heisst also, dass in der einen Versammlung die verschiedenen theologischen Strömungen und Gruppen vertreten waren (vgl. Kap. 11:18 und Kap. 3:3 und 4), ebenso Angehörige der verschiedenen sozialen Schichten (Kap. 11:21 und 22). Nach Kap. 14:23-25 waren vereinzelt

---

[11] So z.B. für die "Charismatiker" in Hochheim bei Mainz oder in Hurlach bei Augsburg, aber auch für die charismatischen "bands" der "Christusträger" in Bensheim und des "Fisherfolk" in England.

[12] So z.B. für die anglikanische "Church of the Redeemer" in Houston Texas, vgl. Michael Harper, *A New Way of Living*, London 1973; W. Graham Pulkingham, *Gathered for Power*, London 1972.

[13] So z.B. in der Trinity Lutheran Church, San Pedro/Cal., vgl. Larry Christenson, *Eine Botschaft an die Charismatische Bewegung*, Marburg 1974.

[14] Kilian McDonnell, "Die Katholisch-Charismatische Bewegung in den USA", in : Mederlet-McDonnell, *Charismatische Erneuerung der Katholischen Kirche*, Schloss Craheim 1972, S. 26.

auch Taufbewerber [15] und sogar Ungläubige im Gottesdienst mit anwesend.[16] Bei diesen Zusammenkünften wurde das Herrenmahl gefeiert (davon berichtet 1 Kor. 11). Ausserdem wurde ein Gottesdienst abgehalten, wie er in 1 Kor. 14:26 beschrieben wird.[17]

Was geschieht in einem solchen Gottesdienst ?

Zunächst wird festgestellt : "Jeder hat etwas", nicht nur einer ist vorbereitet, sondern jeder bringt die innere Bereitschaft mit zum Geben (vgl. auch Vers 31). Was er gibt, ist jedoch nichts eigenes, sondern ein Geschenk des Geistes, ein Charisma.[18]

Nach Kap. 12:7 ist ein Charisma das Sichtbarwerden des im einzelnen Christen wohnenden Geistes.[19] Dass der Geist in jedem Christen wohnt, ist für Paulus eine Selbstverständlichkeit (Röm. 8:9; Eph. 1:13).[20]

Der im Christen wohnende Heilige Geist wird sichtbar im Charisma. Das kann beim einzelnen Christen sehr verschieden aussehen. Paulus zählt in 1 Kor. 12:7-11 und in Röm. 12:3-8 solche Charismen auf, in denen der Geist sichtbar werden kann. In unserem Textabschnitt 1 Kor. 14:26 werden einige Charismen genannt, die für den Gottesdienst wesentlich sind ("Lied, Lehre, Offenbarung, Gebet in Sprachen, Interpretation").[21]

---

[15] "Idiótes" heisst zunächst "Laie" im Gegensatz zum Fachmann. Dann aber auch derjenige, der noch nicht ganz zu einer Kultgemeinschaft gehört.

[16] Auch bei den heutigen charismatischen Gottesdiensten sind häufig 8-10 % "Aussenstehende" mit dabei.

[17] Es hat sich bewährt, wenn der "charismatische" Teil im Anschluss an die Abendmahlfeier stattfindet. Die Real-Präsenz Christi wird dadurch in besonderer Weise ernstgenommen und erfahren.

[18] Zum Begriff "Charisma", vgl. Friedrich Grau, *Der neutestamentliche Begriff Charisma, seine Geschichte und seine Theologie*, Diss. Tübingen 1946. Vgl. auch Arnold Bittlinger, *Charisma und Amt*, Calwer Hefte 85, S. 9ff.

[19] 1 Kor. 12:7 : "$\dot{\eta}$ φανέρωσις τοῦ πνεύματος". R. Bohren übersetzt mit "Versichtbarung" (R. Bohren, "Die Laienfrage als Frage nach der Predigt", in : *Pfälzisches Pfarrerblatt* 1963/6, S. 45). Ernst Käsemann definiert "Charisma" als "Konkretion und Individuation des Geistes" (*Exegetische Versuche und Besinnungen*, Göttingen 1960, S. 117). Selbstverständlich wird der Geist nicht nur im Charisma sichtbar, sondern etwa auch in der Frucht des Geistes (Gal. 5:22).

[20] Vgl. hierzu die Pfingstbotschaft (1963) der Präsidenten des Oekumenischen Rates der Kirchen : "Alle Christen sind sich in einem Punkt einig; Christ sein heisst den Geist Gottes empfangen haben, und seit dem ersten Pfingstfest heisst Kirche sein, vom Heiligen Geist erfüllt sein", und ebenso die 3. These des Horgen-Reports (1972) : "Es ist der Geist Christi, der einen Menschen zum Christen macht, und das Leben des Glaubenden ist in dem Masse christlich, in dem es unter dem Einfluss und unter der Führung des Heiligen Geistes bleibt" (*One in Christ*, 1974/2, S. 113).

[21] Ein Gottesdienst wie er uns in 1 Kor. geschildert wird, wurde nicht nur in Korinth

Die Aussage "Jeder hat etwas" macht deutlich, dass ein solcher Gottesdienst hauptsächlich von "Nicht-Theologen", also von sog. Laien gestaltet wird. Das ist auch in der heutigen charismatischen Erneuerung so. Pfarrer und Priester haben ihre Funktion bei der Abendmahlsfeier — aber die Gestaltung des charismatischen Teils zu dem nicht nur musikalische oder verbale Beiträge, sondern auch Handauflegung [22] und sonstige Dienste gehören können, geschieht hauptsächlich durch Nicht-Theologen. Charismen sind somit Ausdrucksformen einer mündigen Gemeinde.[23] Dass "jeder" beiträgt heisst auch, dass der charismatische Gottesdienst ein oekumenischer Gottesdienst [24] im weitesten Sinne ist, also nicht nur ein interkonfessionelles sondern auch ein interkulturelles Ereignis.[25]

---

gefeiert, sondern in ähnlicher Weise auch in den anderen paulinischen Gemeinden, in Jerusalem, in den johanneischen Gemeinden und im nachapostolischen Zeitalter (vgl. hierzu Eduard Schweizer, *Der Gottesdienst im Neuen Testament*, Zürich 1958, S. 5f). Einige Zeugnisse für die Praktizierung von Geistesgaben im nachapostolischen Zeitalter : Irenäus V, 6, 1 Justin, *Dial. Tryph.*, Kap. 82 und 88. Origenes, *contr. Cels.* I, 46; VII, 8. *Acta Perpetuae et Felicitatis*, Kap. 7, Tertullian, *contr. Marc.* V, 8.

[22] Zum Problem der Handauflegung durch Laien, vgl. E. O'Connor, *The Laying on of Hands* (Dove-Publication, 1969) zum Grundsätzlichen : Johannes Behm, *Die Handauflegung im Urchristentum* (Leipzig 1911; 2. Aufl., Darmstadt 1968).

[23] Vgl. hierzu Hans-Ruedi Weber, "Mündige Gemeinde", *Oek. Rundschau*, 1960/9, S. 17.

[24] Zur oek. Relevanz der Charismatischen Erneuerung, vgl. die "Craheimer Thesen", die im Juni 1975 von der Third European Charismatic Leaders Conference in Schloss Craheim verabschiedet wurden :

(1) *Selbstfindung.* "Es gibt verschiedene Gnadengaben — aber es ist derselbe Geist" (1. Kor. 12:4). Diese Aussage gilt auch gleichnishaft von den Kirchen, die jetzt durch menschliche Schuld getrennt sind. Jede Kirche hat eine bestimmte spirituelle Tradition und in keiner der Kirchen sind alle Gnadengaben voll verwirklicht. Deshalb muss jede Kirche sich fragen, welche besondere unaufgebbare Berufung sie von ihrem geschichtlichen Ursprung her hat.

(2) *Öffnung.* Jede Kirche muss sich selbstkritisch fragen, ob sie die ihr eigenen Gnadengaben verabsolutiert hat und inwiefern sie so mitschuldig ist an der Spaltung der einen Kirche Christi. Auf diese Weise wird sie fähig auch die Gnadengaben der anderen Kirchen dankbar anzuerkennen und sich von ihnen bereichern zu lassen. Die charismatische Offenheit für alle Gaben des Heiligen Geistes kann auf diese Weise fruchtbar werden für die Zukunft der Kirche.

(3) *Annahme.* Jede Kirche muss sich fragen, was sie von ihrer unaufgebbaren Berufung her von den anderen Kirchen — unter Umständen kritisch — übernehmen kann. Diese Bereitschaft zur Rezeption müsste bis an die Grenze des Möglichen geschehen, denn alle Gnadengaben werden geschenkt "zum allgemeinen Nutzen" (1. Kor. 12:7).

Wir bitten den Herrn der Kirche, dass der Dialog zwischen den Kirchen zur

Jeder Gottesdienstbesucher hat nicht nur die Bereitschaft sondern auch die Möglichkeit und Fähigkeit etwas beizutragen : "Ihr könnt alle prophetisch reden, damit alle lernen und alle ermahnt werden" (1 Kor. 14:31).

Die in 1 Kor. 14:26 genannten Charismen machen deutlich, dass ein Gottesdienst seinem Wesen nach ein Gespräch zwischen Gott und seiner Gemeinde darstellt :

Gott redet mit uns —
wir reden mit Gott.[26]

Wir wollen über diese beiden Aspekte des Gottesdienstes nachdenken.

Konvergenz und zum Konsens führt. Wir wissen, dass dies nicht durch menschliche Anstrengung oder guten Willen erreicht werden kann, sondern nur durch ein Eingreifen des wiederkommenden Christus (Mk. 10:27; Phil. 1:6).

[25] Wesentliche Kennzeichen des charismatischen Gottesdienstes sind : Echtheit, Vielfalt und Spontaneität. Um die Vielfalt der Beiträge und der Gottesdienstbesucher in Erscheinung treten zu lassen haben sich in Deutschland die sog. *Fünf Punkte* bewährt (die sich unterdessen auch in französischen, englischen und nordamerikanischen Gruppen durchgesetzt haben) :

(1) *Stille.* Die Stille ist Grundelement eines charismatischen Gottesdienstes. Aus ihr heraus werden die einzelnen Beiträge geboren.

(2) *Vielfalt der Beiträge*, d.h. nicht zu viel gleichartige Beiträge nacheinander! Wenn 3 oder 4 Personen gebetet haben, dann sollte als nächster Beitrag kein Gebet folgen sondern ein Bibelwort, ein Lied, ein freies Wort oder dergleichen. Danach kann wieder gebetet werden.

(3) *Vielfalt der Personen*, d.h. es sollten nicht zu oft dieselben Personen reden. Für Menschen, die gerne reden gilt : Mut zum Schweigen! (Gott kann auch durch andere reden — manchmal sogar besser). Für Menschen, die schüchtern sind gilt : Mut zur Blamage (Gott kann auch durch schlichte oder ungewohnte Beiträge reden — häufig sogar besser).

(4) *Den Roten Faden beachten!* Es gilt auf Gott und auf den Nächsten zu hören. Der Heilige Geist verleiht dem Gottesdienst eine klare Struktur. Ein wahlloses Aneinanderreihen von "charismatischen" Beiträgen ist noch kein charismatischer Gottesdienst (vgl. hierzu Anmerkung 54).

(5) *Interpretation.* Unverständliche Beiträge sollten interpretiert werden. Nach einem Sprachengebet (oder eines Sprachen-Sologesangs), nach einer nicht ohne weiteres verständlichen Vision oder dgl. muss die Interpretation abgewartet werden.

Diese *Fünf Punkte* sind in erster Linie für Anfänger gedacht. Es hat sich jedoch als gut erwiesen, wenn auch "erfahrene" Gruppen von Zeit zu Zeit darauf achten.

[26] Vgl. hierzu Luthers Aussage bei der Einweihung der Kirche zu Torgau (5.10.1544) : "Dieses Haus soll dahin gerichtet sein, dass nichts anderes darin geschehe, denn dass unser lieber Herr selbst mit uns rede durch sein Heiliges Wort und wir wiederum mit Ihm reden durch Gebet und Lobgesang".

1. *Gott redet mit uns*

Nach den Worten des Apostels Paulus besteht das Reden Gottes im Gottesdienst in Offenbarung und Lehre.

Offenbarung kann sich auf verschiedene Weise ereignen.[27] Der Textzusammenhang (vers 29-32) macht jedoch deutlich, dass Paulus hier vor allem das Charisma der Prophetie im Auge hat. Die Funktion einer Prophetie kennzeichnet Paulus in Vers 3 desselben Kapitels folgendermassen : "Wer prophetisch redet, gibt den Menschen Auferbauung, seelsorgerliche Hilfe, Ermutigung". Gott redet also durch Prophetie, um das, was bei den Hörern zerstört und krank ist, aufzubauen und zu heilen, oder um den Hörer zu ermuntern in seinem christlichen Lauf nicht müde zu werden. Diese Form der Prophetie ist in den heutigen Charismatischen Gottesdiensten die am weitesten verbreitete und zwar werden solche Prophetien in der Regel in der ersten Person gesprochen. Dadurch soll deutlich werden, dass der erhöhte Christus selber zu seiner Gemeinde redet.[28]

Ein Beispiel für viele :

---

[27] Das von Paulus gebrauchte Wort "ἀποκάλυψις" heisst wörtlich "Hinwegnahme einer Verhüllung". Nach den Aussagen des Neuen Testaments wird der Vorhang, der die Welt Gottes verhüllt, am jüngsten Tag vor den Augen der gesamten Menschheit hinweggenommen werden (Off. 1:7; Phil. 2:10f u.a.). In der Zwischenzeit wird jedoch ab und zu einem Charismatiker Einblick gewährt in die Geheimnisse der göttlichen Welt; d.h., ihm wird eine Offenbarung zuteil. Nach dem Neuen Testament ereignet sich solche Offenbarung als "Vision" oder "Prophetie". Beide Erscheinungsformen wurden bereits vom Propheten Joel (Joel. 3:1) verheissen. Nach Apg. 2:16f hat sich diese Verheissung in der Ausgiessung des Heiligen Geistes an Pfingsten erfüllt, so dass hinfort dem Geisterfüllten je und dann solche Gesichte und Prophetien zuteil werden können. Wenn es sich bei der "Offenbarung" um eine Vision handelt, dann bedarf das Geschaute, falls es unklar ist (vgl. Off. 7:13 : "Wer sind diese Weissgekleideten und woher sind die gekommen ?"; Apg. 10:17 : "Petrus wusste nicht, was die Erscheinung zu bedeuten hatte"), der Interpretation. Vgl. Hirt des Hermas, Vis. III, 10:9 : "Die Offenbarung wird erst vollständig durch die Interpretation"). Vgl. hierzu auch G. Dautzenberg, "Zum religionsgeschichtlichen Hintergrund der διάκρισις πνευμάτων", *Bibl. Zeitschrift*, Jhrg. 15/1, S. 93ff.

"Offenbarung" kann sich jedoch auch als *Wort*-Prophetie ereignen. Eduard Schweizer schreibt hierzu : "Der Prophet spricht sein Vollmachtswort im Namen Gottes selbst in die konkreten Fragen der Gemeinde hinein, er rügt und lobt, droht und verheisst. Im Namen des Erhöhten tritt er der Gemeinde entgegen. In ihm spricht der Kyrios selbst, der mit dem Geist identisch ist und zwar so, dass er ganz konkrete Weisung gibt" (*Der Gottesdienst im Neuen Testament*, S. 11).

[28] Das sollte auch das Selbstverständnis einer jeden rechten Predigt sein ! Vgl. Anm. 26.

"... Ich möchte euer Leben zutiefst verwandeln. Schaut auf mich! Ich bin immer noch anwesend in meiner Kirche. Ein neuer Ruf ergeht an euch. Ich schaffe mir aufs neue ein Heer von Zeugen und führe mein Volk zusammen. Meine Kraft liegt auf ihm. Sie werden meinen auserwählten Hirten folgen. Wende dich nicht ab von mir! Lass dich von mir durchdringen! Erfahre mein Leben, meinen Geist, meine Kraft! Ich will die Welt befreien. Ich habe damit begonnen, meine Kirche zu erneuern. Ich will die Welt zur Freiheit führen" [29].

Prophetie kann jedoch auch darin bestehen, dass einem Menschen seine Sünden aufgedeckt werden, und er sich dadurch zu Gott bekerhrt : "Wenn alle prophetisch reden und dann ein Ungläubiger oder ein Uneingeweihter dazukommt, dann wird ihm von allen ins Gewissen geredet, er fühlt sich von allen ins Gericht genommen, die geheimen Gedanken seines Herzens werden aufgedeckt, und so wird er auf sein Angesicht fallen und Gott anbeten..." (1 Kor. 14:24ff).

Diese Form der Prophetie ereignet sich in "charismatischen" Kreisen vor allem in der Einzelseelsorge, gelegentlich jedoch auch beim Dienst der Handauflegung in einem Gottesdienst z.B. wenn jemand mit unlauteren Motiven diesen Dienst begehrt. In den traditionellen Kirchen wird jedoch bei einer solchen prophetischen Diagnose — wohl im Unterschied zu manchen neutestamentlichen Gemeinden — äusserste Diskretion gewahrt.

Die diagnostische Form der Prophetie richtet sich jedoch nicht nur an "Ungläubige", sondern auch an die glaubende Gemeinde (das wird besonders deutlich in den Sendschreiben der Johannes-Offenbarung z.B. 2:2-4, 13-15, 19-20 usw., vgl. auch Apg. 5:3f).

In den heutigen "charismatischen" Gottesdiensten ereignet sich eine solche Diagnose häufig in der Form einer Vision. So wurde z.B. in einem Gottesdienst, der etwas schleppend vor sich ging, einem Teilnehmer folgendes Bild gezeigt :

In einem Boot sitzen einige Menschen die angestrengt rudern, aber nicht von der Stelle kommen, weil das Boot am Ufer angekettet ist.

Die nachfolgende Interpretation machte deutlich, wo das Schiff (= die Gemeinde) "festhing". Die Sache wurde bereinigt. Ein zweites Bild zeigte sodann ein Segelschiff, das mit geschwellten Segeln übers Meer fuhr.

In einer anderen Gemeinde, in der Gemeindeglieder in Gefahr standen, sich über andere Christen zu erheben indem sie meinten,

---

[29] H. Mühlen, *Urchristliche Charismen* (Anm. 8), S. 97.

dass sie allein die wahren Christen seien, hatte ein Gottesdienst-
teilnehmer folgende Vision :

> Der Boden der Kirche wurde durchscheinend. Der "Visionär" sah, dass die
> Fundamente der Kirche, in der der Gottesdienst stattfand, auf einer gotischen
> Kirche ruhten, diese wiederum auf einer romanischen Kirche gebaut war. Diese
> war auf einer römischen Basilika gegründet. Die Basilika ruhte auf einem
> einfachen Haus.

Die Interpretation (die kaum nötig war, da die meisten das Bild
verstanden) machte deutlich, dass die Gottesdienstteilnehmer ein Teil
der gesamten Christenheit waren. Die Interpretation führte somit
hinweg von einem elitären Denken, hin zu einem dankbaren Wissen
um die Verbundenheit mit allen Christen der Vergangenheit und der
Gegenwart.

Und schliesslich noch ein Beispiel für eine "gesprochene" diagnostische Prophetie. Den Mitarbeitern eines Retraiten-Hauses wurde von
einem "Propheten" in einem Gottesdienst folgendes gesagt :

> "Herr, Du zeigst mir, dass in diesem Haus viel Stolz und Hochfahrendes investiert
> ist und dass es viel Schlichtheit und Demut und Demütigungen braucht, dass das
> wahrhaft abgebaut werde und dass ein Ort des Friedens, der Gottesliebe und des
> Gottesdienstes herauswachse und Gestalt gewinne.
>
>   Herr, behüte, die dort wohnen und arbeiten, vor Verzagen und Zweifel. Deine
> Gnade ist gross und stark und reicht aus. Auch Schmerz wird durch Dich zu
> Frieden und Freude werden und zu einer Kraft der wahren Hilfe".

Eine dritte Funktion der Prophetie ist die konkrete Weisung für
eine konkrete Situation (z.B. Off. 2:10). Eine solche Weisung kann
verbunden sein mit einem Ausblick in die Zukunft (z.B. Apg. 11:28ff;
Offb. 2:5).

Solche wegweisenden Prophetien sind auch heute recht häufig,
besonders am Anfang eines neuen Wegabschnittes. So wurde z.B.
der heutige charismatische Aufbruch schon 1936 dem Südafrikaner
David du Plessis durch den englischen Evangelisten Smith Wiggelsworth geweisagt. Wiggelsworth trat eines Morgens grusslos in das
Büro von du Plessis und sprach folgende Worte :

> "Gott sagt, dass du lange genug in Jerusalem warst, jetzt musst du bis an die
> Enden der Erde gehen. Gott wird ein neues Werk tun in der ganzen Welt und
> wird die Ordnung der Dinge auf den Kopf stellen. Es wird eine wunderbare
> Erneuerung durch den Heiligen Geist in den alten Konfessionen herbeiführen
> und du wirst einen Teil an dieser Erneuerung haben. Wenn du demütig und treu
> bleibst, dann wirst du lange genug leben um zu sehen, wie diese Erneuerung sich
> ereignet" [30].

---

[30] *Logos-Journal*, vol. 40/6, S. 11.

Beim Beginn der Charismatischen Erneuerung in der Lutherischen Kirche wurde Larry Christenson, einem Pfarrer der American Lutheran Church, 1961, folgendes prophezeit :

"Siehe, du stehst an der Schwelle eines neuen Tages, denn ich habe wahrhaftig grosse Dinge für dich bereitliegen. Ja, du hast keine Kraft das zu verstehen, was ich in Begriff bin zu tun. Denn ich werde etwas ganz neues sich ereignen lassen. Du sollst dich freuen mit einer überaus grossen Freude. Viele haben zu mir geschrien aus hungrigen Herzen und haben Anteil bekommen an meiner Fülle und haben meine Herrlichkeit gesehen. Aber ich sage dir, dass viele die Wirklichkeit meiner Macht erfahren werden, die bisher nicht im Traume an so etwas gedacht haben. Viele Spötter und Zweifler werden sich hinweggeschwemmt sehen von der anschwellenden Flut der Ausgiessung des Heiligen Geistes. Viele werden sich miteinander freuen über das Wirken des Heiligen Geistes, die sich jetzt noch bis auf's Messer bekämpfen wegen dogmatischer Differenzen und traditioneller Barrieren.

Aber dein Herz sei ermutigt, denn ein neuer Tag dämmert herauf. Ein Tag der Busse und ein Tag, an dem mein Volk versammelt wird, spricht der Herr. Denn sie sollen nicht weiterhin durch Schranken und Vorurteile getrennt leben. Ich bin der Herr und ich will angebetet werden im Geist und in der Wahrheit und nicht in Blindgläubigkeit, Sektiererei und konfessionalistischer Enge.

Die Welt wartet auf eine starke Kirche, die in der Lage ist, ihren Nöten zu dienen. Wie kann ein kränklicher, zergliederter Leib Heilung bringen für eine kranke und sterbende Welt ?

Ich werde meinen Geist gewisslich ausgiessen und durch Prophetien, Zeichen und Wunder, durch viele verschiedene Arten von erstaunlichen Ereignissen und durch Heilungen die Wahrheit meines Wortes bestätigen und die Botschaft vom Evangelium der Versöhnung vielen bringen, die sich sonst überhaupt nicht darum kümmern würden.

Ich bin das Alpha und das Omega. Stehe fest in mir ! Wanke nie ! Sei treu, unbeachtet der offensichtlichen Rückschläge und Entmutigungen. Denn mein Wort wird gewiss erfüllt werden und deine Augen sollen eine Erweckung sehen in Ausmassen, wie sie niemals in der Geschichte der menschlichen Rasse bezeugt worden ist.

Richte dein Auge auf das Ende des Wettlaufs. Der Sieg ist bereits gesichert. Lass dich nicht verwirren und erschrecken durch die Hürden. Bleibe im Rennen ! Ich bin gewiss an deiner Seite. Wie du sie an jeden Tag brauchst, wird die Kraft dir zur Verfügung stehen. Bei diesem Wettlauf wird nicht der Schnelle, sondern der Gehorsame den Preis erlangen" [31].

Aber auch kleinere Weichenstellung und die damit verbundenen konkreten Schritte werden immer wieder "prophetisch" angezeigt. Natürlich kommt dabei auch mancherlei "Menschliches" vor. Es ist deshalb notwendig, dass die Prophetien "geprüft" werden, d.h. es

---

[31] Abgedruckt und exegesiert in A. Bittlinger, "Das Wirken des Heiligen Geistes heute"; Unveröffentlichtes Vortrags-Manuskript vom 20.10.1963 (Vortrag bei der Allianz-Konferenz des Kirchenbezirkes Lahr in Baden).

muss gefragt werden, ob sie übereinstimmen mit dem, was dem
Einzelnen oder der Gemeinde auch noch auf andere Weise (z.B. durch
die Bibel oder durch den gesunden Menschenverstand) deutlich wird.

Als zweiten Ausdruck für das Reden Gottes im Gottesdienst erwähnt
Paulus das Charisma der Lehre.

Wozu dient diese charismatische Lehre ? Der Epheserbrief antwortet
darauf : "... damit wir nicht länger unmündige Kinder seien, von
jedem Wind der Lehre wie Meereswogen hin- und hergeworfen" (4:14).

Worin besteht eine solche "Lehre" ? Sie besteht darin, dass die
alte Botschaft in die neue Situation hinein so gesagt wird, dass sie
die alte Botschaft bleibt.

Nach Matthäus 7:29 bezeugen die Zuhörer Jesu, dass er lehrte,
"wie einer, der Vollmacht hatte, ganz anders als die Schriftgelehrten".
Während die Schriftgelehrten alttestamentiche Vokabeln wieder-
holten, die in eine völlig andere Zeit hineingesprochen waren, bestand
die Lehre Jesu darin, dass er z.B. in der Bergpredigt (Matth. 5-7)
alttestamentliche Gebote in die neue Situation hinein so verkündigte,
dass das eigentliche Anliegen der Gebote, nämlich die Verwirklichung
der Liebe gegenüber Gott und den Menschen auch in der neuen
Situation unverfälscht zur Geltung kam. Wenn Jesus in Matth. 19:8
seine Lehre von der des Moses unterscheidet, dann bringt er damit
zum Ausdruck, dass es eine Zeit gab, in der der eine Wille Gottes
in der Praxis anders ausgelegt werden musste, als in der Situation,
in die hinein Jesus sprach.[32]

Wenn Jesus nach Joh. 14:26 seinen Jüngern versprach, dass der
Heilige Geist sie an alles erinnern werde, was er gesagt habe, dann
wird gerade im Johannes-Evangelium deutlich, dass der Heilige
Geist die Jünger Jesu in der neuen Situation so an das Wort Jesu
erinnerte, dass dieses Wort die Leser in der neuen Situation der
hellenistischen Welt des ausgehenden 1. Jahrhunderts in gleicher
Schärfe traf, wie das Wort, das Jesus zu seinen Lebzeiten geredet
hatte, die Juden in Palästina traf.

Die alte Botschaft wird also in die neue Situation hinein so gesagt,
dass sie die alte Botschaft bleibt; eine Repetition von biblischen
Vokabeln wäre eine Verfälschung der alten Botschaft.

Jesus hat durch seinen Heiligen Geist seiner Gemeinde das Charisma
der Lehre gegeben, damit sie der Gefahr einer solchen Verfälschung

---

[32] Vgl. hierzu A. Bittlinger, "Die Bedeutung der biblischen Normen in einer
säkularisierten Welt", in : *Biblische Seelsorge*, Schloss Craheim 1973, S. 234ff.

immer neu entgehen und das alte Wort Gottes in seiner unveränderten Schärfe in die jeweilige Situation hinein neu sagen kann.[33]

Wenn Gott mit uns redet durch Prophetie und Lehre, dann redet er so, dass wir ihn verstehen, und dass sein Wort unmittelbar in die konkrete Situation unseres Alltags hineintrifft und seine heilende Funktion ausübt. Damit die verschiedenen Situationen des Alltags in rechter Weise durchdrungen werden können, bedient sich Gott zur Verkündigung seines Wortes nicht eines einzelnen Predigers, sondern vieler Christen.[34]

Er spricht dadurch konkret in die konkrete Situation.

2. *Wir reden mit Gott*

Unser Reden mit Gott besteht im Singen ("Lied") und Beten ("Gebet in Sprachen").

Dieses Singen und Beten kann sich auf zweierlei Weise ereignen. Paulus schreibt : "Ich will beten im Geist — ich will aber auch im Verstand beten, ich will singen im Geist — ich will aber auch im Verstand singen" (1 Kor. 14:15), d.h. es gibt eine Weise des Singens und Betens, die für die Zuhörer verständlich ist und eine andere Weise, die unverständlich ist.[35]

---

[33] Da jede gute Bibelauslegung "charismatisch" ist, bedarf es hier keiner Einzelbeispiele.

[34] Vgl. hierzu A. Bittlinger, *Gottesdienst heute* (Calwer Hefte 94), S. 22f.

[35] Auch E. Schweizer ist der Meinung, dass das "Singen im Geist" ein Singen in einer dem Zuhörer unverständlichen Sprache ist. Er schreibt in einem Brief (22.11.1963) an den Verfasser : "1 Kor. 14:15 scheint vorauszusetzen, dass das Singen im Geist nicht verstanden wird von der Gemeinde, so dass sie nicht Amen sagen kann".

Zu diesem "Singen im Geist" schreibt Werner Meyer : "Als musikalisches Urgeschehen stellt die Glossolalia der östlichen Urkirche die Keimzelle oder Urform des gesungenen liturgischen Gebets dar. Wir haben uns solche Urmusik äusserst schlicht und von unserer musikalischen Kultur her sehr primitiv zu denken — wie alles Ursprüngliche; und doch war das Wesentliche der Musik, Rhythmus, Beschwingung, das schwebende Fliessen der Töne, in ganz anders zauberhafter Gnadenhaftigkeit da als bei allem entwickelten Kunstgesang. Im fast überirdischen Schweben und Weben der alten Kirchentöne, auch noch der Gregorianik, grüsst uns ein zutiefst der Glossolalia entsprungenes Element" (Der erste Korintherbrief, *Prophezei*, 1945, Band II, S. 122f).

Charismatisches Singen als ein Singen aus direkter Inspiration heraus kann selbstverständlich auch "verständliches" Singen sein (= "Singen im Verstand").

So behauptet z.B. Martin Luther in seinen Tischreden von dem Lied "Komm Heiliger Geist, Herre Gott", dass der Heilige Geist Text und Melodie gemacht habe (*Handbuch zum EKG*, Sonderband, Göttingen 1958, S. 164).

Für das Singen verwendet Paulus den Ausdruck "$\psi\alpha\lambda\mu\acute{o}\varsigma$" = Psalm. Er deutet damit an, dass es sich bei diesem Singen um ein "Singen" im Stil der alttestamentlichen Psalmen handelt. Im Alten Testament wurden die Psalmen nicht nur gesungen, sondern sie waren begleitet von Instrumentalmusik und von Tanz.[36]

In den heutigen charismatischen Gottesdiensten wurde dieses "Psalmen-Singen" wieder entdeckt. Musik und Tanz spielen dabei eine wesentliche Rolle.

Es begegnen uns in vielfältiger Weise Spontangesänge sowohl in verständlicher Sprache als auch in glossolalischer Form. Innerhalb der Charismatischen Bewegung sind unterdessen viele hunderte von neuen Liedern entstanden, die in der Regel in Lose-Blatt-Form gesammelt, ergänzt und gelegentlich auch wieder ausgeschieden werden.

Oft handelt es sich dabei um ganz einfache Texte und Melodien bei denen manchmal nur eine Zeile neu "gedichtet" wird, während der Refrain gleich bleibt. Selbst kleine Kinder beteiligen sich an diesem "Dichten". So stehen z.B. im neuesten englischen Liederbuch der Charismatischen Bewegung [37] zwei Lieder von 4. jährigen Kindern. Eines davon lautet :

1. Jesus is a friend of mine,
   Praise him.
   Jesus is a friend of mine,
   Praise him, praise him.
   Jesus is a friend of mine,
   Praise him.

2. Jesus died to set us free,
   Praise him.

3. He gave us the victory,
   Praise him.

Es wird auch berichtet, dass der sogenannte Ambrosianische Lobgesang, das "Te Deum laudamus" (die Vorlage unseres Liedes "Grosser Gott, wir loben dich"), aus unmittelbarer Inspiration heraus entstanden sei. Ambrosius und Augustinus hätten dieses Lied bei der Taufe des Augustinus in der Osternacht 387 wechselweise gesungen. Ambrosius habe vom Geist bewegt begonnen und Augustinus habe dann ebenfalls vom Geist erfüllt Zeile um Zeile geantwortet. (Urtext des Liedes und Legende über seine Entstehung s. *Handbuch zum EKG*, Sonderband, S. 220).

Beide Formen des Singens aus direkter Inspiration heraus sind in der heutigen Charismatischen Bewegung weit verbreitet.

[36] Vgl. hierzu Psalm 150; ausserdem J. G. Davies (Ed.), *Worship and dance*, University of Birmingham, 1975.

[37] J. Harper und B. Pulkingham, *Sounds of Living Water*, London 1975.

4. Jesus is the King of kings,
   Praise him.

Es entstehen natürlich auch Lieder, die von Text und Melodie her sehr viel anspruchsvoller sind, aber in der Regel wird ein charismatischer Gottesdienst doch stärker von einfachen Liedern geprägt, die neue Teilnehmer sofort mitsingen können. Fast immer spielt im Gottesdienst eine "band" oder wenigstens eine Gitarrengruppe.

Spontangesänge in unverständlicher Sprache kommen als Solo-Gesänge vor oder als gemeinsames "Singen im Geist".[38] Ein solches "Singen im Geist", das in der Regel aus dem gemeinsamen Beten heraus erwächst, lässt sich nur sehr schwer mit Worten beschreiben. Es klingt wie ein unendlich vielstimmiger, leicht schwebender harmonischer Akkord, der gleichzeitig Einheit und Vielfalt zum Ausdruck bringt.[39]

Neben Gesang und Musik gibt es in charismatischen Gottesdiensten gelegentlich noch andere künstlerische Ausdrucksformen wie Tanz, Malen, Modellieren, Textilarbeiten und dgl. mehr. Die Teams des englischen "Fisherfolk", denen es besonders um die Verlebendigung des Gottesdienstes geht, sind hier wegweisend geworden.

Für das Beten verwendet Paulus den Ausdruck "$\gamma\lambda\hat{\omega}\sigma\sigma\alpha$" = "Beten in Sprachen".[40] Dadurch kennzeichnet er dieses Beten als ein Beten, das ganz auf Gott ausgerichtet ist (1 Kor. 14:12). Es handelt sich um ein Beten, das nicht vom Verstand produziert wird, sondern aus der Tiefe des Herzens heraus zu Gott emporsteigt, also ein Beten aus dem Unbewussten heraus. Paulus sagt, dass bei solchem Beten der Geist unserer Schwachheit zu Hilfe komme, weil wir nicht wissen, was wir beten sollen (Röm. 8:26).

Phänomenologisch ist das heute wieder auftretende Sprachenreden von einer nicht verstandenen Fremdsprache nicht zu unterscheiden. Glossolalie ist eine Sprache, kein Stottern, Stöhnen, Jauchzen oder Lallen. Die Bezeichnung der Glossolalie als "ekstatisches" Reden ist falsch und irreführend. Der Sprachenredner ist bei vollem Bewusstsein (genau wie ein Kind, das in einer selbstgemachten Sprache vor sich hinredet).

---

[38] Vgl. hierzu "Singing in Tongues" in *The New Grove's Dict. of Music.*

[39] Sprachen-Singen ist vielleicht am ehesten vergleichbar dem Ur-Jodler, der in manchen Gegenden der Schweiz noch heute von Jodlergruppen gemeinsam gejodelt wird.

[40] Zum Problem des Sprachenredens, vgl. Arnold Bittlinger, "*... und sie beten in anderen Sprachen*" (Schloss Craheim, 2. Auflage, 1973); ders. *Glossolalie* (Kühne Paperback; 3. Auflage, 1969).

Er hat völlige Kontrolle über sein Sprechen. Er kann nicht nur jederzeit anfangen und aufhören, sondern er kann auch laut oder leise, langsam oder schnell reden.

Sprachenreden gleicht dem Aufsagen eines Textes, der lange zuvor auswendig gelernt wurde und jetzt im Unbewussten bereit liegt. Der einzige Unterschied besteht darin, dass der Text einer Glossa vorher nicht gelernt wird.

Da Glossolalie von einer nicht verstandenen Fremdsprache nicht zu unterscheiden ist, habe ich mehrfach erlebt, dass in charismatischen Gottesdiensten Äusserungen in einer Fremdsprache für Glossolalie gehalten wurden und umgekehrt.

Auch beim Abhören von Tonbandaufnahmen konnten weder Laien noch Sprachexperten den Unterschied zwischen Glossolalie und einer den Hörern nicht bekannten Fremdsprache feststellen.

Es ist deshalb nicht verwunderlich, dass Glossolalie von Experten und Laien immer wieder bestimmten Sprachfamilien zugeordnet wird. Bei einer Befragung von 85 Sprachenrednern, ob ihre "Sprache" eine Ähnlichkeit mit einer bekannten Fremdsprache hätte, äusserten 38 keine Meinung, 47 dagegen hatten u.a. folgende Vermutung:

Chinesisch, Polynesisch, Japanisch, Vietnamesisch, Spanisch, Italienisch, Französisch, Lateinisch, Griechisch, Afrikanisch, Hebräisch, Arabisch, Aramäisch, Skandinavisch, Slawisch, Indianisch.[41]

Ich selber habe mehrere Sprachengebete gehört, die ich semitischen, slawischen, romanischen und indonesischen Sprachfamilien zuordnen konnte.

Damit ist zunächst nichts weiter gesagt, als dass phonetisch eine gewisse Ähnlichkeit zwischen einer bestimmten Glossa und einer bestimmten Fremdsprache besteht.

Diese Ähnlichkeit kann z.B. auf der Verteilung von Vokabeln und Konsonanten beruhen, wodurch eine "ähnliche" Aussprache und Sprachmelodie entsteht.

Glossolalie kann jedoch nicht nur nicht von einer Fremdsprache unterschieden werden, sondern auch nicht von einer "Kunstsprache" (z.B. von einem expressionistischen Gedicht).

In vereinzelten Fällen wird es, zumindest dem Laien, auch schwer fallen, Glossolalie, Fremdsprache oder Kunstsprache von einer "selbstgemachten" Sprache zu unterscheiden.

4 Beispiele sollen dies verdeutlichen:

---

[41] W. J. Samarin, *Tongues of Men and Angels*, New York, 1972, S. 107f.

Oiai laela aia sisialu, ensudio tresa, sudio mischnumi ja lon stuaz,
brorr schjatt, ojazo tsigulu...

Zizka dru vishindramanta, koyantre sizhindri, pilisindri kezan,
trupaka yindri palasu, zandre kela santru...

Tyrini zanyma timi, ny rytyni trassima thama,
mamitiri rari tanyma, rintymi nama...

Omili duchu svaty, rae nasim hostem byti, jjenz jisiv darich bohaty,
nemeskejk nam prijit...

Der Leser mag selbst entscheiden, bei welchem der 4 Texte es sich um eine Fremdsprache, Kunstsprache, selbstgemachte Sprache oder Sprachenrede handelt.

Psychologisch betrachtet ist Sprachenreden ein natürliches Phänomen wie träumen, lachen, weinen, aber auch wie gähnen und sich strecken. Das Unbewusste hat vielerlei Ausdrucksmöglichkeiten, z.B. Bild, Musik, Sprache, Bewegung.

Diese Ausdrucksmöglichkeiten können "offenbar", d.h. sichtbar oder hörbar gemacht werden.

Die innere Bildwelt wird "offenbar" beim Träumen oder beim Malen. Die innere Musik wird "offenbar" beim Improvisieren oder Komponieren. Die innere Sprache wird "offenbar" beim Dichten oder Sprachenreden. Die innere Bewegung wird "offenbar" beim Gähnen, sich Strecken, aber auch bei Tanz und Meditations-Bewegungen.

Psychologisch betrachtet ist Glossolalie somit zunächst ein Hörbarmachen der Sprache des Unbewussten oder der "inneren" Sprache.[42]

Es geht bei dieser inneren Sprache um das, was das Alte Testament "Ausschütten" des Herzens oder der Seele nennt (Ps. 42:5; 62:9; Klagel. 2:19).

Wie kann diese Sprache des Unbewussten psychologisch erklärt werden ? Soweit ich sehe, gibt es zwei Möglichkeiten :

---

[42] Zu dieser inneren Sprache schreibt Justinus Kerner in seiner *Seherin vom Prevorst* (1963), S. 135f : "Friedericke meinte, diese Sprache liege von Natur in ihr und sei eine Sprache, ähnlich der, die zu Zeiten Jakobs gesprochen wurde, in jedem Menschen liege eine ähnliche Sprache. Diese Sprache war äusserst sonorisch, sie blieb sich in ihren Ausdrücken für das, was sie in ihr sagen wollte ganz konsequent, so dass Menschen, die längere Zeit um sie waren, sie nach und nach verstehen lernten. Sie sagte öfters, in dieser Sprache könne sie ihre innersten Gefühle ganz ausdrücken und sie müsse, wenn sie etwas deutsch sagen wolle, es erst aus dieser, ihrer inneren Sprache übertragen. Sie denke diese Sprache aber nicht mit dem Kopf, sie komme eben so aus ihr hervor. Es sei keine Sprache des Kopfes, sondern eine des inneren Lebens, das von der Herzgrube ausgehe".

a) In jedem Menschen scheint eine Grundveranlagung zum Sprachenreden zu liegen. Karl Bühler hat in einer Untersuchung über die
geistige Entwicklung des Kindes nachgewiesen, dass das Kleinkind
in seinen Lallmonologen den lautlichen Steinbruch, der (angeboren)
in der Tiefe des Menschen ruht, anbricht und sich in die verschiedenen Laute einübt. Dieser lautliche Steinbruch umfasst das
Rohmaterial für alle Menschensprachen (und darüber hinaus
Laute, die in keiner Menschensprache vorkommen). Je nachdem,
in welcher Sprache dann das Kind heranwächst, werden bestimmte
Laute weiter ausgebildet und vervollkommnet (bzw. abgeschliffen),
andere dagegen sinken ins Unbewusste zurück.[43]

Ich halte es für möglich, dass dieser lautliche Steinbruch nicht nur
vom Kleinkind angebrochen werden kann, sondern dass auch der
erwachsene Mensch sich dieses sprachlichen Rohmaterials bedienen
kann, wenn er sich in entsprechender Weise für diese Realität auf-
schliesst.

b) In der Schule C. G. Jungs wird die Glossolalie erklärt, als eine
Sprache, die aus dem Kollektiv-Unbewussten kommt.

So schreibt z.B. der Jung-Schüler Prof. Morton Kelsey :

"Bei der Glossolalie geschieht ein echtes Bewusstwerden von Inhalten, die aus
den tiefsten Schichten des Kollektiv-Unbewussten kommen" [44].

Was ist nun die Funktion des Sprachenredens ?
Walter Hollenweger meint :

"Das Zungenreden hat eine psychohygienische Funktion... Der Mensch braucht
eine Möglichkeit der nicht-intellektuell gebundenen Meditation und Entspannung.
Für gewisse Menschen hat diese Funktion die Kunst, für andere das Zungenreden,
wobei diejenigen, die ihre Psyche in beiden Bereichen entlasten und ausbalancieren
können, nicht so selten sind, wie man gemeinhin annimmt" [45].

Es gibt eine ganze Reihe von Psychotherapeuten, besonders aus
der Schule von C. G. Jung, die die heilende Funktion des Sprachenredens bestätigen. Ein Zeugnis für viele :

"Es gibt Leute, die ohne diese Erfahrung niemals fähig gewesen wären, zu
psychologischer Reife zu gelangen. Die Erfahrung des Sprachenredens schloss sie
auf für das unbewusste und vollere, aber auch schwierge Leben" [46].

---

[43] Karl Bühler, *Die geistige Entwicklung des Kindes*, Jena, 1930, S. 221ff.
[44] M. T. Kelsey, *Tongue Speaking*, New York 1964, S. 199.
[45] W. Hollenweger, *Der 1. Korintherbrief*, Klingenmünster 1965, S. 7.
[46] M. T. Kelsey, a.a.O., S. 199.

William Sargant, einer der führenden englischen Psychiater, meint, dass Erfahrungen wie das Sprachenreden ähnliche Wirkungen haben könnten, wie eine Elektroschocktherapie :

> "Beide Male wird eine Hemmung aufgebrochen, die vorher das Individium blockierte. Der Mensch wird dadurch freigesetzt, neue Verhaltenweisen zu entwickeln" [47].

Nach meiner Erfahrung können Träume dieselbe psychohygienische Funktion haben, besonders wenn sie aufgeschrieben oder ausgesprochen und danach interpretiert werden.

Wie alle menschlichen Äusserungen kann auch die Glossolalie in den Dienst Gottes gestellt werden. Sie ist in besonderer Weise geeignet für das Gebet.

So schreibt z.B. Paulus in 1 Kor. 14:14f :

> "Wenn ich in Sprachen bete, dann betet mein Geist, aber mein Verstand ist unproduktiv. Was nun ? Ich will im Geist beten, ich will aber auch im Verstand beten. Ich will im Geist singen, ich will aber auch im Verstand singen".

Im Sprachenbeten oder Sprachensingen kann der Mensch all das, wofür er keine Worte findet, vor Gott bringen.

Karl Barth nennt ein solches Beten "das Aussprechen des Unaussprechlichen".[48]

Und Paul Tournier meint :

> "Die Glossolalie... scheint dem Drang des Geistes zu entsprechen, das Unsagbare zu sagen und im Gespräch mit Gott die engen Grenzen der verständlichen Sprache zu durchbrechen" [49].

Besonders schön formuliert Rudolf Bohren :

> "In der Zungenrede werden die Möglichkeiten der Sprache überholt. Sie ist entfesselte Sprache. Man spricht schon im Morgen, das Morgen ist heute, und das Jauchzen nimmt teil an jener Schönheit, die die Welt erlösen wird... Darum nenne ich die Zungenrede den Sabbat der Sprache, der um des Menschen willen da ist" [50].

Auch für die Fürbitte scheint das Sprachengebet hilfreich zu sein, weil wir oft buchstäblich nicht wissen, was wir für den anderen erbitten sollen. In einem solchen Fall ist es gut zu wissen, dass Gott "die Sprache des Geistes versteht, weil dieser in einer dem Willen Gottes entsprechenden Weise für die Heiligen eintritt" (Röm. 8:27).

---

[47] A.a.O., S. 200f.

[48] Karl Barth, *Kirchliche Dogmatik*, IV/2, S. 942.

[49] Paul Tournier, *Unsere Maske und wir* (1957), S, 210.

[50] Rudolf Bohren, *Predigtlehre* (1971), S. 332.

Und schliesslich scheint der Wert des Sprachenredens in der persönlichen Andacht darin zu liegen, dass nach einem solchen Gebet die Worte, die mit dem Verstand gesagt werden, wesentlich mehr geistererfüllt und durchschlagskräftig sind.

So meint z.B. Rudolf Bohren :

"Der Apostel mehrt die Ehre Gottes durch seinen zungenredenden Lobpreis, und dieses wird nicht ohne Einfluss sein für die fünf Worte, die er mit dem Verstand spricht" [51].

Ähnlich kommentiert Larry Christenson die Verse 1 Kor. 14:18f :

"Wenn Sie zur Auferbauung der Gemeinde berufen sind, was könnten Sie besseres tun, als zunächst einmal in die Stille zu gehen und sich von Gott auferbauen zu lassen, viele tausend Worte in Sprachengebet zu sprechen, damit Sie dann geistlich so erbaut in die Gemeinde kommen, dass fünf Worte aus dem Verstand gesprochen wie geistliches Dynamit wirken. Ich glaube, daran dachte Paulus auch, als er sagte : 'Ich danke Gott, mehr als ihr alle rede ich in Zungen, aber in einer Gemeindeversammlung will ich lieber fünf Worte mit meinem Verstand reden, um auch andere zu unterweisen, als viele tausend Worte in Sprachenrede' " [52].

G. Ruhbach formuliert treffend :

"Fur Paulus befreit das pneuma den nous im Grunde erst zu seiner eigentlichen Funktion" [53].

Dem Inhalt nach handelt es sich sowohl beim Singen, als auch beim Beten um ein "Ausschütten des Herzens vor Gott" (Ps. 42:5; 62:9; Klagel. 2:19).

Wenn dieses "Ausschütten" in einer Art und Weise geschieht, die für die Zuhörer unverständlich ist, dann muss es gedeutet werden ("Interpretation").

Die Interpretation ist eine Zusatzgabe, die den Gebrauch der Sprachenrede in der Gemeindeversammlung ermöglicht und sinnvoll macht (1 Kor. 14:27). Sprachenrede mit Interpretation wird der von Paulus hochgeschätzten Prophetie in ihrem Wert für den Gemeindeaufbau gleichgestellt (1 Kor. 14:5). Interpretation wird dem Sprachenredner selbst gegeben (1 Kor. 14:5, 13) oder einem anderen (1 Kor. 12:10f; 1 Kor. 14:26f).

---

[51] A.a.O., S. 334.

[52] L. Christenson, in : *Die Bedeutung der Gnadengaben für die Gemeinde Jesu Christi* (Marburg 1964), S. 71.

[53] G. Ruhbach, "Das Charismenverständnis des Neuen Testaments", *Monatsschrift für Pastoraltheologie*, 1964, S. 418.

Der Inhalt der Interpretation ist der gleiche wie der des Gebetes in Glossolalie. Interpretation ist jedoch nicht eine genaue Übersetzung, auch keine "Auslegung" des Sprachengebets, sondern eine Darlegung seines Inhalts in der Muttersprache. Interpretation wird genau wie die Sprachenrede durch den Heiligen Geist gegeben, ohne dass der Betreffende die verschiedenen Sprachen der "in Sprachen" Betenden versteht. Das heutige Wiederauftreten des Sprachenbetens hat auch neues Licht auf die Gabe der Interpretation geworfen. Nach meiner Erfahrung "übersetzt" der Interpret nicht die Worte des Fremd-sprachengebets, sondern er gewinnt durch den Heiligen Geist ein intuitives Einfühlungsvermögen in die Psyche des Beters, so dass er in der Muttersprache das ausdrücken kann, was der Beter nur in glossolalischer Form zu sagen vermag. Wie beim Träumen breitet die Psyche auch beim Sprachenreden ihre tiefsten "Gedanken" vor Gott aus, ohne dass der Sperrmechanismus des Bewusstseins in Funktion tritt. Wer jedoch in einem Gottesdienst in Sprachen redet bringt stellvertretend das zum Ausdruck, was im Unbewussten der Gemeinde verborgen ist.

Der Interpret macht nun in der Muttersprache ein solches "Aus-schütten des Herzens" der Gemeinde verständlich und nimmt sie damit hinein in ein Beten, das aus der Tiefe aufgebrochen ist und deshalb aller oberflächlichen Plattheit entbehrt. Die Gemeinde kann nun "Amen" sagen zu "ihrem" Gebet (in den heutigen "charisma-tischen" Gottesdiensten wird das "Amen" häufig durch "Halleluja" oder "praise the Lord" ersetzt).

Auf die Frage wie der äussere Ablauf eines solchen Gespräches zwischen Gott und seiner Gemeinde geschehen soll antwortet Paulus : "Lasset alles in einer schönen Gestalt und Ordnung geschehen" (1 Kor. 14:10).

Diesem Grundsatz ordnen sich die einzelnen Anweisungen in 1 Kor. 14:27ff unter.

Paulus führt seine Anordnung auf das Wesen Gottes zurück, der nicht ein Gott der Unordnung, sondern des Friedens ist (V. 33). Dabei ist bezeichnend, dass Paulus als Gegensatz zur Unordnung hier nicht das Wort "Ordnung" gebraucht, sondern "Friede". Un-ordnung ist dynamisch; man kann sie nicht organisieren. Organisierte Unordnung wäre keine Unordnung mehr, sondern eine — wenn auch schlechte — Ordnung. Der dynamischen Unordnung entspricht deshalb nicht die statische Ordnung, sondern der ebenfalls dynamische Friede.

Man kann den charismatischen Gottesdienst nicht durch ein Formular oder ein starres Schema ordnen, sondern die Ordnung ergibt sich dadurch, dass alle Gemeindeglieder auf den einen Geist hören und einer den anderen höher achtet als sich selbst (Phil. 2:3). Dadurch entsteht Friede als dynamische Ordnung.[54]

Wozu dient nun ein solcher Gottesdienst, in dem Gott mit der Gemeinde redet, und die Gemeinde mit Gott redet? Paulus schreibt : "Er dient der 'Auferbauung' " (1 Kor. 14:26).

Dabei meinte er nicht nur die Auferbauung des Einzelnen, auch nicht nur die Auferbauung der Gemeinde, sondern durch den auferbauten Einzelnen und durch die auferbaute Gemeinde hindurch soll die "Welt" auferbaut werden. Jeder Gottesdienst wird damit zur Zurüstung für den Gottesdienst im Alltag. Ein Bild mag dies deutlich machen : Die Gemeinde ist wie ein trockener Schwamm. Dieser Schwamm wird hineingetaucht in eine Schüssel mit Wasser. Indem der Schwamm das Wasser aufsaugt, kommt er selbst zu seiner Fülle. In ähnlicher Weise ist die Gemeinde dazu bestimmt, all das, was sich ausserhalb des Herrschaftsbereiches Christi befindet, "aufzu-

---

[54] Ein charismatischer Gottesdienst wird jedoch nicht beliebig viele Strukturen haben, sondern der erhöhte Herr leitet durch Seinen Geist die Gottesdienst-Teilnehmer so, dass nachträglich ein roter Faden festgestellt werden kann, der dem Gottesdienst eine ganz bestimmte Struktur verleiht. Es gibt folgende vier Grundstrukturen eines charismatischen Gottesdienstes :

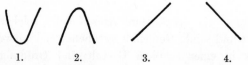

1.   2.   3.   4.

ad 1 : Der Gottesdienst beginnt "oben" (z.B. Lob, Dank und Anbetung), führt in die "Tiefe" (z.B. Busse, Fürbitte) und wieder zurück in die Höhe.

ad 2 : Der Gottesdienst beginnt in der "Tiefe" führt nach "oben" und wieder zurück in die "Tiefe".

ad 3 : Der Gottesdienst beginnt "unten" und führt nach "oben".

ad 4 : Der Gottesdienst beginnt "oben" und führt nach "unten" (es kann sein, dass dann die Gottesdienst-Teilnehmer feststellen, dass sie ganz unten erst recht eigentlich "oben" sind !).

Ein Gottesdienst der so ∿∿∿ vorläuft ist kein charismatischer Gottesdienst.

Da uns zivilisierten Abendländern der natürliche Sinn für Strukturen weithin verloren gegangen ist, kann es hilfreich sein, wenn der charismatische Teil eines Gottesdienstes im Rahmen eines strukturierten Gottesdienstes (z.B. liturgisches Stundengebet; Abendmahls-Gottesdienst oder auch vorgeplanter "freier" Gottesdienst) stattfindet.

saugen" und in ihr Leben hineinzunehmen (eine Gemeinde, die das nicht tut, bleibt "vertrocknet" !).

Wie kann das geschehen? — Durch die Liebe! Jedes gesetzliche Christentum, das bestimmte Menschen und Bereiche ausklammert, wird niemals zu seiner Fülle gelangen können. Die Liebe ist die Saugkraft des Schwammes, der alles in den Bereich Christi hineinzieht. Die Liebe wagt es, den Blick über den Zaun zu tun; sie wagt es, sich dem zuzuwenden und zuzuneigen, was zerbrochen, zerstört und gottentfremdet ist. Nur die Liebe bringt Heilung. Jeder Mensch hat in der Tiefe seines Herzens ein Verlangen nach der Lichtwelt Gottes. (Paulus sagt in Röm. 8, dass dieses Verlangen sogar in der ganzen Schöpfung liegt). Die Liebe weckt dieses Verlangen neu und bringt das in den Schmutz Getretene und Verdorbene in seinen Ursprung, d.h. zu Gott zurück. Je mehr wir im Singen und Beten unser Herz vor Gott ausschütten und dadurch hineingenommen werden in die Herrlichkeit Gottes, desto besser können wir der Welt dienen. Je mehr wir aber der Welt dienen, ausgesandt durch das konkret an uns ergangene Wort Gottes, desto näher sind wir bei Gott, desto wirklicher ist unser Gottesdienst.

Dass der auferbaute Christ und die auferbaute Gemeinde mit dazu beitragen, dass die Schöpfung Gottes wieder heil wird, d.h. dass das Reich Gottes anbricht, darin liegt der tiefste Sinn eines Charismatischen Gottesdienstes.

JESUS UND SEINE PROPHETEN

Gesprächsbeitrag

VON

DIETER LÜHRMANN

Die folgenden Überlegungen gehen nicht auf ein während der Tagung in Bossey gehaltenes Referat zurück, sondern sind der Versuch, einige Diskussionsvoten des Verfassers während dieser Tagung zusammenzufassen und weiterzudenken. Sie ergeben in dieser Form keinen in sich geschlossenen und ausgeführten Aufsatz, sondern lediglich einen Gesprächsbeitrag, der sich bezieht auf die hier abgedruckten Referate. Anstoss dafür ist die Meinung des Autors, dass die Frage nach der Prophetie im Neuen Testament nicht beschränkt werden sollte auf die "klassischen" Komplexe Paulusbriefe, Apostelgeschichte und Offenbarung Johannis, sondern auch von einer Untersuchung der Jesusüberlieferung der ersten drei Evangelien Antworten erhoffen könne. Daher ist vieles, was in Referaten und Diskussionen gesagt worden ist, mit ausdrücklichem Dank aufgenommen, doch handelt es sich insgesamt um kritische Anfragen an einen relativen Konsensus, wie er sich aus der Gesamtheit der Referate ergibt.

1. Formgeschichtliche Beobachtungen

Trotz der in mehreren Referaten geäusserten Bedenken gegenüber der Tragfähigkeit formgeschichtlicher Fragestellungen für das Gesamtthema, auch gegenüber dem formgeschichtlich orientierten Buch von U. B. Müller (*Prophetie und Predigt im Neuen Testament*, 1975), scheinen mir deren Möglichkeiten bei weitem unterschätzt worden zu sein. Man sollte sie doch wohl zunächst noch weiter auszuschöpfen versuchen, bevor man sich allein auf phänomenologische und begriffliche Beobachtungen stützt, deren Recht natürlich keineswegs geleugnet sein soll. Als Arbeitsweg würde sich dabei empfehlen, nach in der neueren Erforschung der alttestamentlichen Prophetie herausgearbeiteten Formen und Gattungen prophetischer Rede auch im Neuen Testament zu fragen, unter Einbeziehung der Frage nach der

Vermittlung solcher Formen und Gattungen durch die jüdischen Schriften der Zwischenzeit. Danach könnte man vielleicht auch noch nach speziellen neuen Formen prophetischer Rede auch im Neuen Testament suchen.

Schon R. Bultmann stellte in seiner *Geschichte der synoptischen Tradition* unter der Überschrift "Prophetische und apokalyptische Worte" zusammen : Heilspredigt, Drohworte, Mahnrede, apokalyptische Weissagung, wobei freilich hier wie durchgehend in seinen Formbestimmungen formale und inhaltliche Kriterien schwer voneinander zu trennen sind. Das wiegt in diesem Falle um so schwerer, als Bultmann sich auf eine noch frühe formgeschichtliche Erfassung der alttestamentlichen Prophetie bezieht und damit auch einem bestimmten Prophetenbild verpflichtet ist. Zudem gelten seine Formbestimmungen für kleinste Einheiten, nicht für grössere Kompositionen.

Ein an der heutigen Prophetenforschung orientierter neuer Versuch formgeschichtlicher Klassifizierung der Jesusüberlieferung könnte vermutlich zu einer ganzen Reihe neuer Ergebnisse führen. Ein gutes Beispiel ist die Rede der Logienquelle, die aus Mt. 23 und Lk. 11:37-52 als gemeinsame Grundlage zu rekonstruieren ist : eine Reihe von Weherufen mit einem abschliessenden durch διὰ τοῦτο (לכן) eingeleiteten Drohwort wie Jes. 5:8-24. (Von Bultmann wird dieser Text übrigens bezeichnenderweise nicht als Einheit behandelt und klassifiziert).

Eher zugestanden würde das Recht solcher Fragen wahrscheinlich bei der Überlieferung von Johannes dem Täufer im Neuen Testament, z.B. bei der Darstellung seiner Verkündigung in der Logienquelle (Lk. 3:7-9.16f/Mt. 3:7-12), die sich von ihren Elementen her als prophetische Rede erweist : Anrede, Aufruf, Zurückweisung eines Einwands, Gerichtsankündigung. Auch Johannes ist an dieser Stelle nicht als "Prophet" bezeichnet, wohl aber identifiziert ihn diese Formung seiner Verkündigung als solchen. Lukas nimmt dieses Stück in seine Darstellung des Lebens und der Verkündigung des Täufers nach Art einer Prophetenlegende (Lk. 3:1-20) auf, wiederum ohne dass Johannes mit dem Titel "Prophet" vorgestellt würde. Durch diese Gestaltung jedoch ist er sehr eindrücklich als der letzte der Propheten Israels charakterisiert (vgl. Lk. 16:16).

Man könnte aber auch fragen, ob nicht der Vorgang der Überlieferung von Jesusworten als solcher eine naheliegende Analogie in der über Jahrhunderte gehenden Überlieferung von Prophetenworten hat. Auch diese entsprang ja nicht einem historisch-biographischen

Interesse, sondern dem Bewusstsein, dass die Worte der Propheten noch nicht voll eingelöst seien, vielmehr noch einen Überschuss enthielten, der auf seine Ratifizierung wartete. Auch die Überlieferung der Jesusworte enthält vielleicht solche Aspekte, die bei einem Vergleich etwa nur mit der rabbinischen Traditionstechnik nicht in den Blick kommen können.

Würde sich herausstellen, dass Jesus durch die Überlieferung seiner Worte (von der Formung seiner Verkündigung wie von der Tradierung als solcher her) in die Linie der alttestamentlichen Propheten gestellt ist, so wäre damit schon vor der Frage nach der Anwendung des Titels *(ὁ) προφήτης* auf ihn und erst recht vor der Frage nach einem etwaigen prophetischen Selbstbewusstsein des historischen Jesus ein wichtiges Ergebnis gewonnen.

Dagegen spräche auch nicht der zweite grosse Block der Jesus-überlieferung, den Bultmann in die Kontinuität der Weisheitsüber-lieferung stellte, denn die wechselseitigen Beziehungen zwischen Prophetie und Weisheit haben sich ja in der alttestamentlichen Forschung der letzten Jahre als eine zwar diffizile, doch nötige Frage-stellung bewährt. Es handelt sich — formgeschichtlich wie inhaltlich — um ein Wechselspiel gegenseitiger Durchdringung bis hin zur Weg-bereiterschaft für die Apokalyptik, in deren Genealogie ja wohl beide Ströme ihren Platz haben.

Solche formgeschichtlich orientierten Beobachtungen könnten ge-stützt werden durch inhaltliche :

2. *Das Schicksal Jesu und seiner Jünger in der Kontinuität des Schicksals der Propheten Israels*

O. H. Steck hat in seinem Buch über *Israel und das gewaltsame Geschick der Propheten* (1967) eine traditionsgeschichtliche Dar-stellung des Prophetenbildes der deuteronomistischen Tradition einschliesslich seiner Auswirkungen auf Judentum und frühes Christen-tum gegeben. Wichtig für unseren Zusammenhang ist vor allem, dass nach der Konzeption der Logienquelle das Schicksal Jesu und seiner Jünger in der Kontinuität des Schicksals der zu Israel gesandten Propheten gesehen wird : Lk. 6:22f/Mt. 5:11f; Lk. 11:47f.49f/ Mt. 23:29f, 34f; Lk. 13:34/Mt. 23:37.

Lukas sieht dabei konsequent in der Folge seines oben bereits erwähnten Geschichtsbildes die Propheten als Propheten des Alten Bundes, neben die er die Apostel des Neuen Bundes stellt (Lk. 11:49).

Bei Matthäus jedoch ist hier der wohl ursprünglichere Text erhalten. Spricht nämlich bei Lukas in 11:49 die Weisheit in einer nicht näher bestimmten Vergangenheit ($\epsilon\hat{\iota}\pi\epsilon\nu$) und blickt von da aus voraus auf eine Sendung von Propheten und Aposteln (in dieser Reihenfolge!), so ist bei Matthäus Jesus der Sprecher des Drohwortes ($\epsilon\gamma\grave{\omega}$ $\mathring{\alpha}\pi o\sigma\tau\acute{\epsilon}\lambda\lambda\omega$ im Präsens!), der Propheten, Weise und Schriftgelehrte sendet.

Ähnlich ist das Verhältnis zwischen Lk. 6:23 ("das gleiche nämlich haben *ihre Väter* den Propheten getan") und Mt. 5:12 ("so nämlich haben *sie* die Propheten, die vor euch waren, verfolgt"). Während Lukas deutlich zwischen der Zeit der Väter und der jetzigen Zeit und damit auch zwischen den Propheten und den Jüngern Jesu unterscheidet, fehlen solche Differenzierungen bei Matthäus und dementsprechend wohl auch in Q, da sich der lukanische Text aus spezifischen theologischen Interessen des dritten Evangelisten erklären lässt.

Nur bei Matthäus findet sich die Zusammenstellung von "Propheten und Gerechten": 13:16f ("Propheten und Könige") Gestalten der Vergangenheit, und 10:41 (ohne direkte Parallele), für sich genommen ein sentenzhafter Grundsatz, im Kontext aber auf die von Jesus Ausgesandten bezogen (10:40 : ihr, 10:42 : Kleine, Jünger).

Bei Matthäus, aber wohl auch für die Logienquelle zu erschliessen, gibt es also eine Deutung des Schicksals Jesu und seiner Jünger nicht nur in Analogie (so Lukas), sondern in Kontinuität zum Schicksal der Propheten Israels. Dem lassen sich zuordnen das aus der Propheten-tradition bekannte Motiv der Sendung in der Aussendungsrede von Q (bei Matthäus : Sendung zu Israel, 10:5b, 6, 23), das damit verbundene Bild "wie Schafe" (Mt. 10:14) und die johanneisch klingende Formu-lierung der Sendung Jesu selber als Voraussetzung der Sendung der Jünger (Mt. 10:40). Schliesslich liesse sich fragen, ob nicht auch der $\mathring{\alpha}\pi\acute{o}\sigma\tau o\lambda os$-Titel selber eine seiner Wurzeln in der Propheten-sendung hat.

3. *Jesus als "der Prophet (wie Mose)"*

Wäre nach dem bisher Gesagten aber nicht zu erwarten, dass (ὁ) προφήτης im Neuen Testament sehr viel häufiger und vor allem eindeutiger als christologische Kategorie begegnete, als es tatsächlich der Fall ist? (vgl. zuletzt F. Schnider, *Jesus der Prophet*, 1973). Es gab ja im Judentum die Erwartung des Propheten wie Mose auf Grund von Dtn. 18:15, 18 ebenso wie die Erwartung des Elia redivivus

nach Mal. 3:23f, die im Neuen Testament zur Deutung des Verhält-
nisses zwischen dem Vorläufer Johannes und dem Messias Jesus dient.
Offenbar waren aber einer Prophetenchristologie andere christologische
Kategorien überlegen, in denen sich das mit Jesus gekommene Heil
umfassender formulieren liess. Mk. 8:27ff zeigt das sehr deutlich.
Vielleicht wären aber neue Aspekte zu gewinnen, wenn man entgegen
herrschenden Trends doch einen stärkeren Einfluss der Gottes-
Knechts-Lieder auf die Entwicklung der Christologie nachweisen
könnte und diese Lieder bei Deuterojesaja eine Verarbeitung prophetischer Erfahrungen darstellen.

Was wir bisher herausgestellt haben, ist also zunächst nur *eine*
Linie innerhalb der Jesusüberlieferung, die sich nicht so sehr auf die
Christologie als Formulierung der einmaligen Heilsfunktion Jesu
bezieht, sondern mehr auf die Bedingungen der Formung und Weiter-
überlieferung seiner Worte. Jesus ist mehr als ein Prophet, auch
mehr als *der* Prophet. Das gilt nicht nur für die methodisch kaum zu
verantwortende Rückfrage nach einem prophetischen Selbstbewusstsein des historischen Jesus, sondern auch für die frühe Christologie,
also die Formulierung der Wirkung seines gesamten Geschicks auf
seine Jünger (vor und nach Ostern). Wohl aber war eine dieser Wirkungen, dass man sein Schicksal und das eigene in der Kontinuität
des Schicksals der alttestamentlichen Propheten sehen (2.) und seine
Worte in aus der alttestamentlichen Prophetentradition bekannten
Formen der Rede überliefern konnte (1.).

In der Jesusüberlieferung fehlt denn auch die Einleitung der Verkündigung mit der Botenformel כה אמר יהוה. Wohl aber werden
seine Worte für die überliefernde Gemeinde zu λόγοι κυρίου, also im
Munde der seine Verkündigung aufnehmenden Überlieferungsträger
zu Prophetenworten als Ausrichtung der Botschaft des κύριος.
Daher scheint mir wichtiger als eine Zuspitzung der Fragestellung
auf die Christologie ein Rückschluss auf die Träger der Überlieferung,
die ihr Reden und Tun als Fortsetzung des von Jesus Gesagten und
Getanen verstanden.

4. *Die Jünger als Propheten Jesu*

Die bereits oben herangezogene Aussendungsrede der Logienquelle
lässt die Ausgesandten verkündigen, wie Jesus selbst verkündigt hat,
und sie sollen dieselben Wunder tun, die auch Jesus getan hat.
P. Hoffmann (*Studien zur Theologie der Logienquelle,* 1972) hat aus

der Analyse dieser Aussendungsrede auf eine von prophetischem Charisma geprägte Gruppe als Träger dieser Überlieferung geschlossen, und G. Theissen hat in einer soziologischen Untersuchung der Jesusüberlieferung gezeigt, wie konkret gerade fremdartige Züge dieser Überlieferung gefüllt werden können, wenn man sie direkt auf Auftreten und Verhalten der Träger bezieht (Wanderradikalismus, *ZThK* 70 [1973], 245-271) : Wanderschaft als asketische Heimatlosigkeit, asketischer Verzicht auf Besitz usw. Wir stossen damit auf Phänomene, die sich bis in das 2. Jahrhundert hinein verfolgen lassen, ja darüberhinaus einen Grundtyp christlicher Lebensgestaltung neben dem geschichtlich wirksameren der sakramental bestimmten ἐκκλησία ausmachen. Die Didache und andere Schriften zeigen die Reibungen, die beim Zusammenstoss beider Typen entstehen können.

Die Propheten in Korinth hingegen scheinen fest in der Gemeinde verwurzelt, freilich offenbar ohne dass sie eine Fortsetzung über die erste Generation hinaus finden, denn in den Gemeinden der paulinischen Tradition sind sie schon im (deuteropaulinischen) Epheserbrief wie die Apostel Gestalten der Vergangenheit. Wie aber kommen überhaupt Propheten nach Korinth, oder präziser gefragt : Wie kommt es, dass bestimmte Leute in frühchristlichen Gemeinden als "Prpoheten" bezeichnet werden, was doch nicht nur beim heutigen Exegeten Assoziationen an die Propheten des Alten Testaments hervorruft? Die Prophetie hängt hier sicher am Geistbesitz und kann deshalb auch andere pneumatische Phänomene wie Zungenreden aufnehmen. Insofern aber wären eigentlich alle Gemeindeglieder Propheten. Ist aber vielleicht mit einem bestimmten Prophetenamt hier etwas integriert worden, was ursprünglich nur lockerer auf die Gemeinde bezogen war?

In diese Richtung deuten vielleicht jene wenigen Prophetengestalten, die wir aus der Apostelgeschichte kennen. Wir begegnen ihnen im Zusammenhang mit Gemeinden, doch häufig unterwegs : 11:27 Propheten von Jerusalem nach Antiochien ziehend; einer von ihnen, Agabus, später von Jerusalem nach Cäsarea kommend (21:10); dort in Cäsarea die Töchter des Evangelisten Philippus (21:9). Wo liegt überhaupt, hält man sich nicht an das normative Apostelbild des Lukas, die Grenze zwischen Apostel, Prophet und Lehrer in Apg. 13:1-3 ? Vielleicht könnte die Frage nach dem Verhältnis zwischen den Propheten der paulinischen Gemeinden und dem Prophetenbild der Jesusüberlieferung manche Alternative in der Interpretation der "klassischen" Prophetentexte aus 1 Kor. 12-14 überholen.

Die Funktion dieser korinthischen Gemeindepropheten scheint mir
mit der Mehrzahl der in diesem Band vertretenen Autoren mit dem
Stichwort παράκλησις zu bestimmen zu sein. Nun gehört aber weder
dieses Substantiv noch das Verbum παρακαλεῖν in den Zusammenhang
der für die Jesusüberlieferung bestimmenden deuteronomistischen
Prophetentradition. Es findet sich auch nicht an Stellen wie Joel. 3,
die für die Begründung der urchristlichen Prophetie wichtig sind.
Durch die jüdische Überlieferung lässt sich jedoch ein anderer, wenn
auch schmaler Strang verfolgen, der auf Deuterojesaja zurückgreift,
wo ja von 40:1 an נחם/παρακαλεῖν beherrschendes Thema ist. So wird
die Funktion von Propheten gekennzeichnet in Sir 48:24 (Jesaja),
49:10 (zwölf Propheten), 2 Makk. 2:3 (Jeremia). Vielleicht erklärt sich
so auch die Übersetzung des Namens Barnabas in Apg. 4:36 als
υἱὸς παρακλήσεως; schon früher war eine Erklärung des Namens
als בר־נבואה vertreten worden.

Haben vielleicht die beiden verschiedenen Typen frühchristlicher
Prophetie schon im Judentum ihre je verschiedenen traditions-
geschichtlichen Vorbilder? Spielt hier der Unterschied zwischen
Heils- und Unheilspropheten mit herein?

5. *Das Amt des Propheten*

Schon die Frage nach der Herkunft des Propheten in Korinth setzt
ihr Vorhandensein nicht einfach voraus. Das gilt erst recht für die
Überlegung, warum es überhaupt Propheten im frühen Christentum
gibt. Historisch gesehen ist wohl jener bekannte Satz von der prophe-
tenlosen Zeit im Judentum nicht Wiedergabe der historischen Wirklichkeit, sondern aus bestimmten Interessen formuliertes Dogma.
Wenn es also im Judentum in dem uns interessierenden Zeitraum
noch Propheten gegeben hat — und Josephus' Darstellung derartiger
Charismatiker scheint das sehr eindeutig zu belegen —, dann wäre
das Auftreten auch urchristlicher Propheten nicht ein so erstaunliches
Faktum, wie es denen scheinen muss, die jenem Dogma allgemeine
Gültigkeit zubilligen.

Doch wäre mit solchem historischem Hinweis die eigentliche Frage
nach dem *Amt* des Propheten nicht beantwortet. In der klassischen
Trias von König, Priester und Prophet ist es das Amt des Königs,
die Gerechtigkeit Gottes durchzusetzen, das Amt des Priesters, im
Kult diese Gerechtigkeit als die Ordnung der Welt aufrecht zu erhalten,
und das Amt des Propheten, die Frage nach der Gerechtigkeit als

solche wachzuhalten. Sein Amt ist dabei das zweideutigste, denn durch die Geschichte hindurch steht bis in das Neue Testament hinein (Mt. 7:15ff!) Prophet gegen Prophet.

Von solchen Überlegungen her könnten sich auch Hinweise auf die Frage nach der Prophetie *heute* ergeben, die nicht aufgingen in der Schilderung heutiger charismatischer Phänomene, sondern auch hier radikaler nach dem Amt des Propheten fragten. Gerade eine Ausweitung der Fragestellung über die "klassischen" Texte hinaus könnte dazu wichtige Hilfen leisten, selbst wenn schon bei der Darstellung der Vorgänge in Korinth nicht diese selber Ziel der Interpretation sind, sondern ihre Wertung durch Paulus. Hier würden stärker die alten konstitutiven Elemente der Prophetie in den Blick kommen : das Leiden des Propheten, seit Jeremia auch und gerade an der ihm aufgetragenen Botschaft, und seine Beharrlichkeit, die Welt auch gegen ihren Willen als Gottes Schöpfung zu reklamieren.

Prophetenwort ist allemal ein neues Wort, auch wenn es den Menschen auf die Erfahrungen, die er mit sich, der Welt und mit bereits ergangenem Wort gemacht hat, anspricht, aber nicht ein Wort, das man, bevor es ergangen, schon gewusst hätte — nicht der Prophet, nicht seine Hörer. In diesem Sinne der prophetischste Text im Neuen Testament scheint mir die Aussendungsrede der Logienquelle, so wenig modern sie scheinen mag.

PROPHECY IN THE ECUMENICAL MOVEMENT

Ambiguities and Questions

BY

HANS-RUEDI WEBER

The aim of these introductory comments is not to explore the theme "Prophetic Vocation in the New Testament and Today", but rather to show, how topical and important this theme is for the present ecumenical movement.

1. *The strange lack of ecumenical reflection about the prophetic vocation of the Church*

There is no doubt that since its beginning in the late 19th century the modern ecumenical movement has often fulfilled a prophetic vocation : a small minority of committed men and women have seen a vision, the vision of God's *oikumene*, God's inhabited world, into which the now divided Churches are sent with a common mission and service and the common calling to bring the joys and hopes, the griefs and anxieties of this world before God in common worship.[1] These men and women have obeyed their vision and become prophetic watchmen, courageously speaking out and initiating a long series of prophetic acts. No wonder, that texts from the Old Testament prophets are predominant in Bible studies at ecumenical gatherings.[2] If one

---

[1] R. Rouse and S. C. Neill (Eds), *A History of the Ecumenical Movement : 1517-1948* (Vol. I), London 1954, and H. E. Frey (Ed.), *The Ecumenical Advance : 1948-1968* (A History of the Ecumenical Movement, Vol. II), London 1970. For the developing self-understanding of the ecumenical movement see the literature reviewed and the definition proposed in H. R. Weber, *Asia and the Ecumenical Movement : 1895-1961*, London 1966, 33-51.

[2] R. C. Rowe, *Bible Study in the World Council of Churches*, Geneva 1969 : In his survey of 1293 Bible studies in WCC meetings (pp. 50-61) Rowe detects a "strong christological emphasis" (82). The books most often studied are (1) the Gospels of Matthew and John and (2) the Gospel of Luke and the Acts. On the third place, however, stands the book of Isaiah. If one takes account of the length of books then Jonah is the most often studied book in the Old Testament (54ff).

reads the history of the ecumenical movement and is existentially involved in it, again and again one is caught up in prophetic situations and challenged to speak and act prophetically.

This being so one might expect that in the course of the last 50 years an ecumenical study on the prophetic vocation of the Church would have been initiated and that in reports of ecumenical meetings one could find statements about this matter. This, however, is not the case. In the two volumes of the official *"History of the Ecumenical Movement"* the subject of prophecy is never taken up, and the terms "prophet" or "prophecy" do not occur in the "Index" of official reports and statements of the WCC from 1948-1967. In the documents of the Movement for Faith and Order one finds numerous discussions on the ministry of priests and the priesthood of all believers, but practically no mention is made of the prophets and the prophetic ministry of the Church.

A small exception is a paragraph on "The Gift of Prophecy and the Ministry of the Word" in the Report of the Edinburgh Conference on Faith and Order in 1937. Prophecy is there related to the Spirit : "All manifestations of the Spirit are manifestations of God's divine activity. It is here that prophecy finds its place in the Church's corporate life. In Christ all the truth of God's redemptive purpose for men is fully and sufficiently contained, but every age has its own problems and difficulties, and it is the work of the Spirit in every age to apply the one truth revealed in Christ to the circumstances of the time".[3] The paragraph goes on to say : "The Spirit may speak by whomsoever He wills. The call to bear witness to the Gospel and to declare God's will does not come to the ordained ministry alone; the Church greatly needs, and should both expect and welcome, the exercise of gifts of prophecy and teaching by laity, both men and women. When prophetic gifts appear it is for the Church not to quench the Spirit or despise prophesyings but to test these prophesyings by their accordance with the abiding truth entrusted to it, and to hold fast that which is good".[4]

This paragraph evoked the reaction of a prominent French church leader who proposed to omit the reference to prophecy in connection with the laity because " 'Prophecy' is a very dangerous thing to

---

[3] L. Hodgson (Ed.), *The Second World Conference on Faith and Order*, London 1938, p. 234f.

[4] *Ibid.*, p. 235.

allow to the laity. It has proved itself to be so in the history of our
Church which from time to time has been disturbed by waves of
prophétisme. I wish to support encouraging the activity of lay people,
but not to 'prophecy' ".[5] The drafting committee answered that
"prophecy always has been dangerous, and surely not dangerous
only for the laity". In the end the controversial paragraph was
maintained with the following interesting remark : "The Committee
felt that possibly the word 'prophecy' in English and 'prophétisme'
in French produced different impressions". Therefore some other
word should "be found for the French version of the Report which
accurately conveys to French ears what the English version means
to English ears".[6]

This observation on linguistic difficulties with regard to prophecy
is even more relevant today than it was in 1937. Today not only
French and English ears have to be considered, but also those of
African Christians and Latin American liberation theologians, the
ears of Western political radicals and of members of the worldwide
charismatic movement. Moreover, Old and New Testament scholars
react differently to the term prophecy. In a study on "Prophetic
Vocation in the New Testament and Today" such divergent and
often deeply emotional associations with the same term must conti-
nuously be kept in mind.

The short discussion on prophecy at the Faith and Order Conference
in Edinburgh 1937 is also significant simply because it seems to be
the only such discussion recorded in official ecumenical documents
before 1969. One could of course point to many statements on prophecy
in the writings of prominent contemporary theologians who were
deeply involved in the ecumenical movement, such as W. A. Visser
't Hooft,[7] K. Barth, D. Bonhoeffer and J. Hromádka.[8] Nevertheless,
the fact remains that the subject of prophecy seems never to have
been in the centre of either a meeting organised or a publication
issued by the World Council of Churches and its predecessor move-

---

[5] *Ibid.*, p. 161. M. Boegner, who made this statement, was later supported by the
Orthodox theologian H. S. Alivisatos : "It is true that in the Orthodox Church the
laity has a very prominent place in teaching. But I have my views about the word
"prophecy" and would like to omit it" (*ibid.*, p. 162).

[6] *Ibid.*, p. 172.

[7] Cf. e.g. W. A. Visser 't Hooft, *Le Renouveau de l'Église*, Genève 1956, p. 77ff.

[8] J. Smolik, *Die prophetische Aufgabe der Kirche*, Hamburg 1971, has examined the
role of prophecy in the thinking of these three theologians.

ments. In the work of the International Missionary Council and the present World Council Division for Mission and Evangelism prophecy appears almost exclusively in connection with the separatist movements of Bantu prophets in Africa, but not as a reflection on the prophetic vocation of the Church.[9] In the Movement for Life and Work and the present World Council Department on Church and Society certainly many prophetic words have been spoken and prophetic acts been initiated, but this reality is not reflected upon in the light of the prophetic vocation of the Church.[10]

With this meager result from Protestant and Orthodox ecumenical documents one turns to the constitutions and decrees of the Second Vatican Council in the hope to find there a more substantial reflection about the prophetic vocation of the Church. Yet in this extensive literature there are only four isolated references to prophecy, twice in summary statements about God speaking to the people of Israel through prophets and twice in actual quotations of New Testament passages.[11]

How can this strange silence be explained? What led to the lack of theological reflection on the prophetic vocation of the Church in the ecumenical movement?

Much thinking and study which is relevant to prophecy has undoubtedly been done under such headings as "preaching and teaching",

---

[9] So far as I could check the only reference to prophecy in the seven volumes of the World Mission Conference at Tambaram in 1938 is the following observation in vol. IV on *The Life of the Church*, Tambaram Series, Oxford/London 1939 : "The Indian Church has no prophet. And those with the promise of prophecy in them were drawn into some church organisation and were turned from waiting upon God for the living message and delivering it fearlessly, to minding a petty denominational machinery. The solitary exception to this was Sadhu Sundar Singh of revered memory. The Church does not make room for prophets. It is so busy producing priests, and so sure that the priest can also be a prophet, that the chances of a prophet arising in its midst and the chances of his being heard, should he arise, are sadly remote" (p. 11). —Contrary to this the phenomenon of prophecy is widespread among the African independant Churches. Cf. the recent ecumenical publication on these Churches in the special number of *RISK* VII/3 (1971), with a presentation of the main African prophets (p. 23ff) and a short bibliography on this matter (p. 62).

[10] As far as I could check neither at the Life and Work Conferences at Stockholm 1925 and Oxford 1937, nor at the World Conference on Church and Society in Geneva 1966, was the significance of prophetic words and deeds a major subject.

[11] The summary statements on God speaking also through prophets are in *Dignitas Humanae* 4 and *Dei Verbum* 14. The New Testament passages are Hebr. 1:1-2 (in *Dei Verbum* 4) and Eph. 3:4-6 (in *Dei Verbum* 17).

"the charismatic nature and ministries of the Church", "Church and politics". Yet is remains strange that this has not led to a study on the prophetic vocation of the Church. One might suggest that within the ecumenical movement the Churches are so much involved in actual prophetic speaking and acting, that they have no time to reflect about prophecy. It must be acknowledged that with the exception of Jeremiah, the prophets apparently did not reflect much about their prophetic vocation.

Nevertheless, this almost total lack of ecumenical reflection on prophecy remains a disturbing fact. The danger is great, that the terms "prophet" and "prophecy" are being filled with all kinds of content. The Bible is then easily misused, providing only prooftexts for statements and decisions which in fact are not submitted to the judgment, grace and direction of the biblical testimony. A study on prophetic vocation in the New Testament and today is therefore of great importance to the ecumenical movement.

2. *Old or New Testament prophets?*

A second reason for the importance of the study on prophecy is connected with its relevance for the much debated subject of the relationship between the Old and the New Testament. Have Old Testament texts and notions authority for the Church, even if they are not reaffirmed in the New Testament? Or does the Old Testament receive authority only through the New Testament? Despite the remarkable concensus reached in ecumenical discussions on biblical hermeneutics [12] the just mentioned question of the authority of the Old Testament is still widely open. In 1971 the Faith and Order Commission therefore set up a special study on "The Relationship of Old and New Testament and particularly the contemporary significance of the Old Testament".[13]

For the World Council of Churches this is an existential question because some critics affirm that its thinking and action is too one-sidedly influenced by the Old Testament. If one analyzes the actual

---

[12] Cf. E. Flesseman-Van Leer, "Biblical Interpretation in the World Council of Churches", *Study Encounter* VIII/2 (1972), 1-8, and the literature indicated there.

[13] A first paper for this study was prepared by a Dutch group of theologians and circulated in 1973 as a multicopied document on "The Relation between Old and New Testament", FO/73, June 1973, *WCC Archives*.

Bible studies made at ecumenical conferences, this general affirmation cannot be substantiated.[14] It must be acknowledged, however, that ecumenical social thought has been concerned mainly with the penultimate questions of life in *this* world and time : the questions of war and peace, of economic development, of political and scientific revolutions and of survival. For such questions the words and deeds of Old Testament prophets and the ethics of the Old Testament wisdom literature seem to be more immedialtey relevant than Jesus' preaching of the Kingdom at hand or Paul's theology of the cross. It can also not be denied that for instance at the World Mission Conference at Bangkok in 1973 the reflection on "Salvation Today" was as much influenced by the Old Testament story and theology of the Exodus as by the Pauline emphasis on the justification by faith. And it certainly is true that the little thinking on prophecy done so far in the ecumenical movement was almost exclusively based on the Old and not on the New Testament.

How is this state of affairs to be evaluated ? Has the Old Testament less authority for Church's vocation than the New Testament ? Does the message of Old Testament prophets receive contemporary significance only in so far as it is taken up and confirmed by Jesus and New Testament prophets ?

One way of answering these questions appears in the reflection of the Dutch theologian K. H. Miskotte on this matter. On some subjects and aspects of our faith the New Testament says more than the Old. Yet the complementary statement is true also. Compared with the New Testament there are not only shortcomings in the Old Testament, but also what Miskotte calls the "surplus of the Old Testament".[15] He believed that this surplus is particularly pertinent today. In his list of "Old Testament surplus" prophecy is very prominent.[16] Miskotte does not deny that prophecy exists also in the New Testament, yet he sees the continuation and fulfilment of this Old Testament tradition not in the New Testament prophets but in Christ. According to him the Church must therefore turn to the Old Testament and to

---

[14] R. C. Rowe, *op. cit.*, shows the strong christological emphasis in the WCC (p. 52) and nowhere does his analysis of ecumenical Bible studies reveal an undue and onesided emphasis on the Old Testament.

[15] K. H. Miskotte, *Als de Goden Zwijgen* : Over de zin van het Oude Testament, Amsterdam 1956, p. 145-248. The paper mentioned in note 13 is strongly influenced by Miskotte's view (*op. cit.*, p. 5).

[16] Miskotte, *op. cit.*, p. 224ff.

Christ in order to discover what a prophet is and what its prophetic ministry means.

If Miskotte is right, the disregard for the New Testament prophets in the ecumenical movement was justified. But many challenge this view. It is therefore important to examine the way in which Jesus continued, fulfilled and transformed the ministry of Old Testament prophets. What is the relationship between Jesus the prophet and the prophets of the New Testament Churches ? What insights concerning the more general question of the relationship between the Old and the New Testament can be gained by the study of prophecy ?

3. *The Tension between "the priestly ministry of liberating reconciliation and the prophetic ministry of liberating conflict"*

Since 1969 the strange silence on the prophetic vocation of the Church is being broken in the ecumenical movement. One reason for this awakening interest for prophecy is the growing charismatic movement among the Churches of most confessional traditions and in all continents.[17] However, the particular event which started the present ecumenical discussion on prophecy was the creation of the "Programme to combat Racism".

When the Church leaders, theologians and Christian lay people met in 1968 at Uppsala for the fourth Assembly of the World Council of Churches they had to face a challenge to prophetic action as perhaps never before in the history of the ecumenical movement. Martin Luther King, the designated preacher for the Assembly's opening worship service, had been assassinated some months' beforehand because of his struggle against racism. The world situation spoke so strongly—through the student revolts, the finally recognized widening gulf between the rich and the poor nations and other circumstances—that the Assembly never really could settle down to inner-ecclesiastical points of agenda.[18] Only shortly before the Assembly began a Sunday afternoon session on "White Racism or World Community" had been added to the programme. The World Council of Churches and its

---

[17] Cf. the paper by A. Bittlinger in this volume.

[18] Cf. N. Goodall (Ed.), *The Uppsala Report 1968*, Geneva 1968. The short Message of this Assembly (*op. cit.*, p. 5f) summarizes well this prophetic situation, although the terms "prophet" and "prophecy" are not used there nor are they prominent in the other Uppsala documents.

preceeding ecumenical organisations had since many decades recognized
the sin of racism and courageously spoken out against it.[19] Yet with
a few exceptions the Churches remained aloof from courageous action,
and the sin of racism had become ever more urgent, especially as the
world-wide forms of institutionalized racism as well as the Churches'
own involvement in it became now more manifest.

One speaker of that Sunday afternoon session was James Baldwin,
the famous North American novelist. Although as a boy he had
himself been a preacher of the Gospel, he had since many years left
the Church. But at Uppsala he spoke to the most representative
ecclesiastical gathering assembled until then, and his words were
hard to accept : "At this moment in the world's history it becomes
necessary for me, for my own survival, not to listen to what you
say but to watch very carefully what you do, not to read your
pronouncements but to go back to the source (i.e. the Bible) and to
check it out for myself". "Then it may very well mean that the
revolution which was begun two thousand years ago by a disreputable
Hebrew criminal may now have to be begun again by people equally
disreputable and equally improbable".[20] Those who had ears to hear
understood immediately that there and then they were confronted
with a prophet from God, "applying the one truth revealed in Christ
to the circumstances of the time", as prophecy had been defined at
the Edinburgh Conference of 1937.

Long before that special afternoon session was added to the
programme a performance of the play "On that day" by Olaf Hartman
had been scheduled for the evening of the same day.[21] This dramatic
ballet on the life and message of the prophet Amos, written especially
for the Assembly, was masterly performed by a Swedish dance- und

---

[19] The first ecumenical conference which drew the attention of Christians to the
danger and sin of racism was the World Conference at Peking in 1922, organized by
the World's Student Christian Federation. Already then it was recognized, that racism
is intimately interwoven with violence and war. Cf. the "Peking Revolutions" in
Eleventh Conference World's Student Christian Federation, Peking 1922, Peking 1922,
p. 26ff and minutes of discussion on p. 1-26. For the further development of the
ecumenical discussion on race relations and struggle against racism cf *Ecumenical
Statements in Race Relations*, 1937-1964, Geneva 1965 and E. Adler, *A small beginning*,
Geneva 1974.

[20] J. Baldwin, "White Racism or World Community ?", Multicopied Document,
No 27, WCC, Uppsala, *Archives WCC*, p. 2.

[21] O. Hartman, *On that day*, Philadelphia 1968.

theater group. Amos, the prophet—the prophetic challenge of James
Baldwin : one had to be blind and hard-heartened if one did not see
the relationship between the two and hear the challenge for a
prophetic response. The Uppsala Assembly indeed decided to launch
an action programme to combat racism. A proposal for this programme
was worked out at the Consultation on Racism at Nottinghill/London
in May 1969. The Central Committee of the World Council of Churches
meeting at Canterburry in August of the same year initiated the
programme. This decision to grant financial support to liberation
movements who struggle non-violently and sometimes also violently
for racial justice has become the most passionately discussed, the
most deeply accepted or rejected decision and action in ecumenical
history, although in the actual work, staff-time and budget of the
World Council of Churches it plays only a very small part.

This Programme to combat Racism was not only a response to a
clear prophetic challenge, but it has itself become a prophetic action
with all the characteristic dangers, ambiguities and divisive effects
of prophecy. No wonder that it was in this connection that the
prophetic vocation of the Church became a subject for theological
reflection in the ecumenical movement. In the "Plan for an ecumenical
Programme to combat Racism", adopted at Canterbury in 1969,
the term prophecy does not yet occur. The struggle against racism is
there seen as "a task of exorcism".[22] It is significant, however, that
in the same year and at the same place the Working Committee of
the Commission on Faith and Order began again to speak about
prophecy. In a discussion on racism the following question was asked :
"How can one and the same community embody the priestly mission
of reconciliation among men, and the prophetic mission of rebuking
evil and making militant cause against its attack upon God's creatures
and upon the People of God in particular ? The agony of the Church
lies in the tension which she must share between openness to sinners
and the struggle against sin". "This question of how the Church militant
unites reconciliation and prophetic action is, as we see it, the most

---

[22] The post-script to the plan states : "Our struggle is not against flesh and blood.
It is against the principalities, against the powers of evil, against the deeply entrenched
demonic forces of racial prejudice and hatred that we must battle. Ours is a task of
exorcism. The demons operate through our social, economic and political structures.
But the root of the problem is as deep as human sin, and only God's love and man's
dedicated response can eradicate it" (*Minutes and Reports from the WCC Centrla
Committee 1969, Canterbury*, Geneva 1969, p. 277).

searching challenge to the universal claims of Christian unity in our day".[23]

Through its Programme to combat Racism the World Council of Churches has in a largely unplanned way and to its own astonishment stumbled into the role of a partly acclaimed and often hated prophet. Yet to the vocation of an ecumenical agent belongs also very centrally the ministry of reconciliation. Therefore the above mentioned crucial question has recurringly been posed. In 1972 the chairman of the World Council's Central Committee, M. M. Thomas, rephrased the question in the following way : "The basic issue is how we can comprehend in the fellowship of the churches and of the ecumenical movement what have been called the priestly ministry of liberating reconciliation and the prophetic ministry of liberating conflict. How can we be at once 'messengers of peace in a world of strife, and messengers of strife in a world of false peace' " ? [24] One need not be a prophet to foretell, that at the fifth Assemly of the World Council at Nairobi in 1975 this will be one of the basic dilemmas.

4. *True or false prophecy ?*

Many thoughtful Christians all over the world begin to wonder whether through its Programme to combat Racism the World Council of Churches is in fact a true or a false prophet. What begins as true prophecy can develop into false prophecy. The Churches therefore desperately need criteria for discerning a true or a false prophet.

---

[23] *Minutes of the Meeting of the Working Committee 1969, Canterbury,* Faith and Order Paper, No 54, Geneva 1969, p. 17f.

[24] *Minutes and Reports of the WCC Central Committee 1972, Utrecht,* Geneva 1972, p. 127f.—The same question is taken up again in a paper on "Racism in Theology and Theology against Racism" ("Sixth Meeting of the Commission on the Programme to combat Racism", Cartigny/Geneva 1975, Document No 23, *WCC Archives*). "It has been stated that the Programme to combat Racism is an expression of prophetic judgment on the churches. This poses the question how this prophetic task is related to the priestly and pastoral functions of the church. It seems necessary to take a fresh look at the biblical understanding of prophecy. What is the role of the prophet in the Old Testament ? How does the New Testament see the prophetic element if one takes into consideration that Jesus is at once the prophet of the coming Kingdom of God, its suffering servant and the High Priest sacrificing himself for the people ? To what extent may these aspects of Christ's ministry be separated in the ministry of the church ? Who can claim to be prophetic ? How do we deal with the notion of true and false prophets ?" (p. 13).

Such discernment is not only called for with regard to the right response to racism but also with regard to the growing charismatic movement. Many consider this movement as the one most important and hopeful development in modern Church history. Reading the news letters of some of its leaders, one gets the impression that we are at the brink of a tremendous break-through of the Spirit, if it is not the coming of God's Kingdom itself. Many others, however, consider this world-wide charismatic movement sceptically. They wonder whether it is not a retreat from Christian responsibility in and for this world into a sectarian piety or an ecstatic religiosity. Nevertheless, characteristic traits of the New Testament Churches, among them the phenomenon of prophecy, appear today in the charismatic movement. This poses again the question on how to distinguish true from false prophets.

It is symptomatic that two recent attempts to give criteria for the discernment of prophecy within the ecumenical movement have been based exclusively on Old Testament texts.[25] The result consists mainly of negative tests, as difficult to apply today as they were in Old Testament times. Is it possible to receive better criteria from New Testament texts on prophecy ? The exegetical contributions of this volume will be of great importance for the ecumenical movement as they try to clearly state what is the true prophetic vocation of the Church in the light of the New Testament.

---

[25] The Old Testament criteria of false predictions, fidelity to the tradition and the promise of salvation are examined and tested with regard to their applicability for the USA Churches' stand in the Vietnam war in an article by F. Sontag and Th. P. Wahl, "Voices in the Wilderness : How to Recognize a Prophet ?", *Study Encounter* X/1 (1974), 1-12.—In a Bible study on Jeremiah 23, held at the meeting of the Faith and Order Commission at Accra in 1974 ("The God from afar", FOCA/74:1, *WCC Archives*), E. Flesseman-Van Leer suggests that the differentia between a true and a false prophet can be seen in the kind of God to whom they appeal : "The real God whose word Jeremiah speaks and whose servant he is, is a 'God from afar' (Jer. 23:23 MS, cf the change of this harsh oracle in the LXX). The prophets appeal to a God from nearby, that is to a God with whom man can be familiar, a God who is in his heart and his conscience, or to say it in modern terms, a God to whom our religious longing is directed, who is a projection of our hopes and wishes. The God of Jeremiah, the God from afar, is an alien God, who addresses man from the other side, a God who cannot be encapsulated in our thought forms and needs" (p. 5).

REPORTS OF THE WORK GROUPS

I. GROUPE DE TRAVAIL SUR "LA PROPHÉTIE ET L'ESPRIT"

Dès le départ, le groupe s'est déclaré unanime à penser que le lien entre les conférences principales et l'aspect pastoral de cette consultation devait être assuré par les groupes de travail. Il s'est donc efforcé, à plusieurs reprises, de dégager l'actualité pastorale de la prophétie pour l'église chrétienne d'aujourd'hui.

Afin d'éviter une confusion entre l'Esprit Saint et la prophétie par une définition trop souple, il s'agissait d'examiner de près la pneumatologie de St. Luc et l'exégèse des Actes des Apôtres au chapitre 2. Chez Luc se trouvent nombre de références à l'Esprit qui portent toujours avec insistance sur son "action". Le passage d'Actes 19, 6 constitue le seul endroit où le lien est nettement établi entre la venue de l'Esprit, l'imposition des mains et le don de prophétie. Le second chapitre des Actes est une actualisation du texte de Joël, chapitre 3, tout en le dépassant par une universalité foncière. Luc s'efforce de montrer que toute chair recevra l'Esprit, mais cela n'implique pas que tout le monde sera prophète.

Toute prophétie chrétienne est caractérisée par la confession de Jésus en tant que Seigneur ou *kyrios* (cf. Actes 2:21, etc.) et l'église possède une fonction en tant que prophète (cf. Apoc. 11:2ss.). Tout prophète prophétise grâce à l'action de l'Esprit Saint. On peut dire que là où il y a des prophètes se trouve aussi l'Esprit Saint. Réciproquement, partout où l'Esprit Saint est présent, il y a prophétie sans qu'il y ait nécessairement des ministères prophétiques. La communauté chrétienne est prophétique *de jure*; celui qui est ministre prophétique aide l'église à devenir prophétique *de facto*.

Dans le monde d'aujourd'hui, il est permis de dire que l'église chrétienne ne se rend pas suffisamment compte du fait qu'elle est minoritaire : elle reste un peu attachée à un mode de pensée qu'elle avait autrefois, quand elle était majoritaire. Il lui faut se détacher d'une telle mentalité pour découvrir plus clairement qu'elle est l'église pauvre et prophétique. Elle peut retrouver sa propre identité en s'ouvrant au charisme de prophétie qui lui est confié aujourd'hui comme au commencement. Ainsi redécouvrira-t-elle sa tâche et son élan missionnaires.

Dans leurs exposés, E. Cothenet et G. Dautzenberg ont souligné deux fonctions de la prophétie : E. Cothenet a parlé de la "consolation", "παράκλησις" ; G. Dautzenberg a plutôt mis l'accent sur la révélation des mystères (cf. 1 Cor. 2:6-16). Il fallait élaborer une synthèse entre les deux aspects. Le thème de la "consolation" a paru être le plus large des deux, fournissant ainsi un élément de synthèse de l'église dans son sens prophétique et des ministères prophétiques particuliers à l'intérieur de l'église. On peut représenter cette idée par deux cercles concentriques : le cercle extérieur constituerait l'église dotée du charisme prophétique ; le cercle intérieur rappellerait les ministères prophétiques particuliers. Commun aux deux cercles serait l'élément de "consolation".

Les travaux du groupe pourraient être résumés en trois points. Il a d'abord été établi qu'il n'existe pas de séparation entre l'église dans son sens prophétique et le ministère des prophètes reconnus comme tels ; les membres de l'église étant des prophètes potentiels et l'esprit de prophétie ayant été accordé à l'église.

Deuxièmement, deux possibilités ont été proposées pour définir la spécificité de la prophétie. Il parait fondamental de définir la prophétie selon son propre dynamisme, qu'il soit d'action ou de parole, compris par la communauté et révélé directement par l'Esprit. Le prophète ne peut parler que par l'impulsion de l'Esprit, jamais de son propre gré. Il paraîtrait souhaitable de tenter d'établir une définition à partir du contenu de la prophétie. Les exposés ont cependant montré que le contenu est varié — la "consolation", la révélation des mystères — et donc relatif. Ainsi ne fournit-il pas un moyen adéquat de définition. Par contre, le prophète se définit toujours en fonction de son expérience personnelle et immédiate de Dieu.

Troisièmement, l'église se doit d'engager une réflexion profonde sur le fait prophétique et le charisme de prophétie. Il existe aujourd'hui un courant de pensée qui cherche à identifier la prophétie avec la lutte : le prophète vétéro-testamentaire est décrit comme un homme qui luttait, qui déconcertait. C'était plutôt Dieu qui déconcertait le prophète ! Dans le Nouveau Testament, l'élément de lutte ne se manifeste pas chez le prophète, car il est le conseiller charismatique de la communauté. La prophétie est également nécessaire à la tâche missionnaire de l'église. Le lien profond existant entre prophétie et apostolat est clairement mis en évidence dans le texte de Galates 1:15-16 où St. Paul y definit son appel à l'apostolat en reprenant des expressions qui rappellent la vocation prophétique de Jérémie.

(Texte rédigé par Philip O'Brien, Leicester, England)

GROUP STUDY : PROPHECY AND THE KERYGMA

Although the title excludes consideration of Old Testament prophecy and the prophetic phenomenon in non-Christian religions, two important points relating to Old Testament prophecy contributed to the discussion. The Old Testament provides an acceptable model for prophecy, in which three foci have to be accommodated : God; his spokesman, the prophet, who is in a sense over against the community yet part of it; and the people (usually, in the Old Testament, Israel). Secondly, the activity of the Old Testament prophet is controlled by a "given", the presence of which assures us that the prophet is not offering his own opinions on a situation : the "Thus saith the Lord" is kerygmatic in the sense that the prophetic utterance is thereby embedded in the awareness and acceptance of God's self-consistency, his will and purpose affirmed in creation and disclosed, in history, as a redemptive purpose.

New Testament statements like Rev. 19:10c "The testimony to Jesus is the spirit of prophecy" and Rom. 12:6 which affirms that he who prophecies should do so κατὰ τὴν ἀναλογίαν τῆς πίστεως suggest that prophetic utterance in the New Testament is similarly bound to and by a "given", Jesus Christ as witnessed to in the preaching (κήρυγμα) of the Church. The setting of prophetic activity is therefore in the Church where that kerygma is affirmed, and prophecy is directed to the Church for its edification.

The kerygma, the proclamation of the once-for-all Christ-event, never appears in the New Testament (nor can it be affirmed today) without a context, a context in salvation-history, i.e. in the plan and purpose of God. The prophet may, with charismatic authority, illumine or define further the kerygmatic context through the elucidation of the Old Testament scriptures (cf. E. Cothenet's lecture) : or he may unveil secrets or mysteries interpretative of the kerygma, thus keeping the question of the divine will and God's saving purpose before the minds of the congregation (cf. G. Dautzenberg's lecture).

In both cases (if prophetic activity is involved) the prophet serves the kerygma as its interpreter. But his most important function may not be to provide information or illumination. The broadly ethical aspect of New Testament prophecy must be stressed. As, for example, exhortation, judgment, consolation and warning (παράκλησις and παραμυθία), prophecy has consequences for the life of the Christian individual and congregation that are derived from the kerygma and that must involve the prophetic application of the *whole* kerygma—the cross of Christ *and* (not, or) his vindication and glory. The message about Jesus the Christ, when prophetically applied, both judges and inspires.

The absence from a given prophetic utterance of a kerygmatic reference *may* form a criterion by which to distinguish Christian prophecy from the expression of the speaker's natural, human impulses, as well as from perverse or false prophecy (cf. Matt. 7:15ff.).

In applying the kerygma to the life of the individual and the congregation, the prophet and the teacher may be saying similar things, but the prophet may be differentiated from the διδάσκαλος by the immediacy of his experience of the Spirit, by the use of the oracle form (λέγει κύριος or "let it be known unto you") and even by predictive power : the fact that prophetic utterances are available to us only in literary transcriptions does not deprive them of their prophetic character.

The test of all genuine Christian prophecy — in the New Testament church and today — is its Jesus-reference. The kerygma—the message of God's action in and through Jesus—as interpreted from the Old Testament and applied in preaching is the norm by which all Christian prophecy is to be assessed.

(Compiled by Dr. D. Hill, Sheffield, England)

ARBEITSGRUPPE : PROPHETIE UND KIRCHE

Zu Beginn der Arbeit nannte Hans-Ruedi Weber drei Gründe, aus denen er in der Arbeit des Weltrats der Kirchen an diesem Thema interessiert sei :

1. die Diskussion um das Antirassismusprogramm, in der die rechte Wahrnehmung des prophetischen Amtes der Kirche umstritten ist;
2. die Diskussion mit Pfingstkirchen ausserhalb des Ökumenischen Rates und mit Vertretern der "charismatischen Erneuerung" ;
3. in beiden Komplexen werde zur Kennzeichnung der Prophetie üblicherweise vom Alten Testament ausgegangen, es sei aber zu fragen, ob man nicht auch vom Neuen Testament Antworten erwarten könne.

Ausgangspunkt der *ersten* Sitzung war dann eine von H. Kraft angebotene Definition der Prophetie : In der Prophetie wird der Wille Gottes vom Propheten erkannt, verkündigt und vollzogen; insofern sei Prophetie zu unterscheiden von theologischer Erkenntnis, die nach dem Wesen Gottes frage, aber auch vom institutionalisierten Lehramt.

In der anschliessenden Diskussion wurde gegen diese Definition eingewandt, dass sie sich zu weit vom konkreten historischen Bild frühchristlicher Prophetie entferne, z.B. von ihrer Beziehung zur Apokalyptik. Weiter schien schon vom Alten Testament, aber auch vom Neuen Testament her eine Trennung von Wesen und Willen Gottes fragwürdig.

Als neuer Einsatzpunkt wurde daraufhin ein neutestamentlicher Text gewählt, und zwar die Zusammenstellung von Aposteln und Propheten als den kirchengründenden Ämtern im Epheserbrief (2:19-22; 3:5; 4:7-16). wobei man sich über die nichtpaulinische Verfasserschaft einig war. Es standen sich zwei Interpretationen gegenüber: einmal wurden die Apostel und Propheten als heilsgeschichtliche Grössen der Vergangenheit verstanden, deren Vermächtnis, das Mysterium, übergegangen sei auf die Evangelisten, Hirten und Lehrer; auf der anderen Seite stand die Meinung, dass der Epheserbrief bewusst an der paulinischen Charismenordnung festhalte zu einer Zeit, in der sich sonst überall bereits eine episkopale Gemeindeordnung durchsetzte. Von beiden Interpretationen her besteht eine sehr enge Verbindung zwischen Prophet und Kirche: die Propheten sind konstitutiv für die Kirche, umgekehrt sind Propheten ohne Bindung an Gemeinde nicht im Blick.

Für die *zweite* Sitzung wurde als Thema die Frage nach dem Verhältnis zwischen Prophetenbild und Christologie im frühen Christentum gewählt. Auch hier gab H. Kraft wieder den Einstieg mit einem Beitrag unter dem Thema: "Inwiefern ist Jesus Herr der Propheten?", in dem er Thesen seines ausführlichen (in diesem Band abgedruckten) Referates vorwegnahm. Leitend waren die beiden Gesichtspunkte: Jesus beruft den Propheten, und Jesus ist Vorbild des Propheten, der in seiner Existenz zeichenhaft auf Jesus verweist.

In der anschliessenden Diskussion war einmal umstritten, ob man überhaupt eine Prophetenchristologie annehmen könne. Zum anderen wurde verwiesen auf den Einfluss des speziellen Prophetenbildes der deuteronomistischen Tradition auf die Jesusüberlieferung. Schliesslich wurde gefragt, inwiefern die Beziehung zum irdischen Jesus als konstitutiv angesehen werden könne etwa für die Propheten in Korinth, die eher eine Christologie des Erhöhten vertreten hätten. Vorbild sei Jesus zudem nicht nur für den Propheten, sondern auch für den Apostel wie für jeden Glaubenden.

Gesammelt wurden dann unterschiedliche Kennzeichen des frühchristlichen Propheten : zu ihm gehöre fundamental die Gemeinschaft
mit dem Gekreuzigten; er sei kein "Hofprophet"; er sei nicht wie
Orakelpropheten an einen bestimmten Ort gebunden, sondern an die
Ökumene gewiesen.

Daraus ergab sich als Fragestellung für die *dritte* Sitzung : Was ist
der besondere Inhalt der urchristlichen Prophetie? Hier bewegte sich
die Diskussion um die folgenden vier Themenkreise :

1. Die Nähe des Reiches Gottes als Zentrum der prophetischen
Verkündigung Jesu. Ausgehend davon, dass Jesu Auftreten und
seine Verkündigung viele prophetische Züge zeige, wurde Einigkeit
darin erzielt, dass Jesus die Gegenwart neu interpretiere von der
unmittelbar bevorstehenden Zukunft des Reiches Gottes her. Umstritten war, wie weit es frühchristliche Prophetie als unmittelbare
Fortsetzung des prophetischen Wirkens Jesu gegeben hat.

2. Christologische Inhalte der Prophetie. Strittig war hier, gerade
wenn ein Zusammenhang zwischen der Ausbildung des Dogmas und
dem Erlöschen der Prophetie konzediert wurde, wie weit ein spezifisch
prophetischer Beitrag zur Christologie zu bestimmen ist, etwa als
Geist-Christologie oder in der Form einer spezifisch prophetischen
Schriftauslegung.

3. Ethische Inhalte der Prophetie. Zur prophetischen Verkündigung
gehört der eschatologische Bussruf, auf der anderen Seite gibt es
grosse Partien frühchristlicher Ethik, die keinen direkten Bezug zur
Prophetie erkennen lassen. Zum Propheten gehört das παρακαλεῖν
— aber, und diese Frage blieb strittig : was unterscheidet das prophetische παρακαλεῖν von der Paraklese im allgemeinen?

4. Prophetischer Gesang. Im Neuen Testament ist im Zusammenhang der Prophetie von Gesang die Rede; auch die Hymnen in Lk.1
und 2 sind als prophetische Lobgesänge zu charakterisieren.

Die Diskussionen der Arbeitsgruppe standen natürlich auch unter
dem Eindruck der jeweils im Plenum gehörten Vorträge. Die verschiedenen Ansatzpunkte der einzelnen Teilnehmer wiesen wohl
auch darauf hin, wie vielschichtig das Phänomen "frühchristliche
Prophetie" ist, wie differenziert gerade das Verhältnis zwischen
Prophet und Kirche zu sehen ist und wie spröde unsere Quellen in
Bezug auf diese Problematik sind.

(Zusammengestellt von Dr. K.-M. Fischer, Leipzig, DDR,
Prof. Dr. D. Lührmann, Bethel, BRD)

INDEX OF AUTHORS

INDEX OF BIBLICAL REFERENCES

I. OLD TESTAMENT

II. NEW TESTAMENT

THE CONTRIBUTORS

Dr. Samuel Amsler, Professeur d'exégèse et de théologie de l'Ancien Testament à la Faculté de Théologie de l'Université de Lausanne.

3, av. des Cerisiers, CH - 1009 Pully.

Arnold Bittlinger, Pfarrer, Landeskirche. Beauftragter für Fragen der charism. Bewegungen.

D - 8721 Wetzhausen.

Abbé Édouard Cothenet, Professeur à l'Institut Catholique de Paris.

30, rue Porte-Jaune, F - 18.000 Bourges.

Dr. Gerhard Dautzenberg, Professor für Bibelwissenschaften an der Justus Liebig-Universität Giessen.

D 6300 Lahn 1 - Giessen, Fichtestrasse 13.

The Rev. Dr. E. Earle Ellis, Professor of Biblical Studies, New Brunswick Theological Seminary.

New Brunswick, New Jersey 08901, USA.

Rev. Dr. David Hill, Senior Lecturer in Biblical Studies, Sheffield University.

Department of Biblical Studies, The University, Sheffield, S10 2TN, England.

D Heinrich Kraft, Professor für Kirchengeschichte an der Christian-Albrechts-Universität in Kiel, Direktor des Theologischen Seminars.

D - 23 Schulensee/ü. Kiel, Hamburger Landstrasse 40.

Dr. Dieter Lührmann, Professor für Exegese des Neuen Testaments an der Kirchlichen Hochschule Bethel.

D - 4800 Bielefeld 13, An der Rehwiese 42.

Dr. Johannes Panagopoulos, Lecturer in New Testament Exegesis, Theological Faculty, Athens University, Greece, Faculty Member of the Ecumenical Institute of Bossey.

Institut Œcuménique de Bossey, CH - 1298 Céligny, Genève.

Dr. Jannes Reiling, Professor of New Testament Exegesis, University of Utrecht.

Merellaan 5, Bilthoven, Netherlands.

Dr. Hans-Ruedi Weber, Direktor für Biblische Studien beim Oekumenischen Rat der Kirchen.

CH - 1211 Genève 20, route de Ferney 150.

DATE DUE

~~JUN 0 3 '79~~			
NOV 08 1988			
APR 15 '91			
MAY 15 '91			
GAYLORD			PRINTED IN U.S.A.